Droemer
Knaur®

*Dem Geheimnis
des Vogelzugs auf der Spur*

Aus dem Amerikanischen
von Margit Enders

Originaltitel: Father Goose
Originalverlag: Crown, New York

Die Folie des Schutzumschlags sowie die Einschweißfolie
sind PE-Folien und biologisch abbaubar.
Dieses Buch wurde auf chlor- und säurefreiem Papier gedruckt.

Die Deutsche Bibliothek – CIP-Einheitsaufnahme

Lishman, William:
Vater der Gänse : dem Geheimnis des Vogelzugs auf der Spur /
William Lishman. Aus dem Amerikan. von Margit Enders. –
München : Droemer Knaur, 1996
Einheitssacht.: Father Goose <dt.>
ISBN 3-426-26908-2

Umschlaggestaltung: Agentur ZERO, München
Umbruch: Ventura Publisher im Verlag
Druck und Bindearbeiten: Graficromo, S.A., Cordoba
Printed in Spain
ISBN 3-426-26908-2

5 4 3 2 1

DIESES BUCH ist meiner verstorbenen Mutter, Myra White Cronk, gewidmet, die zu Beginn dieses Jahrhunderts als Farmerstochter in bescheidenen Verhältnissen und in der Tradition der Quäker aufwuchs und als eine der wenigen Frauen ihrer Generation an der University of Toronto einen Magisterabschluß in Biologie machte. Ihrer Familie zuliebe verzichtete sie auf eine akademische Laufbahn.

Meine Mutter führte mich nicht nur in die Biologie ein, sondern weckte auch meine Achtung vor der Natur, die im Laufe der Jahre nur noch zunahm.

INHALT

Abschied der Gänse

OWEN NEILL

Die Stimme des altgewohnten Altweibersommers
Ertönt noch immer nach altem Brauch
Im ruhigen Schlagen eifriger Flügel,
Die prüfen, was die Nordwinde künden.

Was flüstern die Winde in kluge Ohren,
Was verkündet die rechte Aufbruchzeit?
Ein Wunder ist's, die Botschaft erreicht
Auf den zweiten Blick alle zugleich.

Mit Vorbereitung, geduldig und entschlossen,
Geboren aus dem Ei, mit allem, was er braucht,
Folgt jeder Vogel seinem ursprünglichen Plan,
Den Zehntausende Jahre nicht vergessen machen.

Wir drangen einst ein mit sorgloser Gewalt
Und durchschnitten den natürlichen Lauf.
Doch nun treibt uns die Reue an,
Den früheren Zustand zurückzugewinnen.

Wir geben die Wildgänse noch einmal frei.
Wir markieren, prägen und üben den Flug ein.
Wir nehmen Anlauf und fliegen, wieder und wieder,
Bis wir von gleichem Wesen sind.

Mensch und Tier sind auf seltsame Weise eins.
Doch kann der eine den anderen nicht verstehen.
Während des Flugs wird bald wieder erinnert:
Wild und Zahm sind Brüder.

Im Gedächtnis ist ein einziges Ziel fixiert.
Alle Augen ruhen fest auf dem fernen Horizont.
Es wird Zeit, sich zu erheben, wo einst
Natur ihr feierliches Zepter schwang.

Sanft strömende Bewegung unter Herbstwolken.
Eine Mensch-Vogel-Gemeinschaft fliegt:
Ein antiker Mythos, den wir aufnehmen,
Der süßes Geheimnis in unsere Augen bringt.

Unrecht wird wiedergutgemacht - von Grund auf,
nicht nach Krämerart.
Eine Schönheit, die wir nie zuvor gekannt,
Gibt unserer Welt wenigstens etwas Hoffnung
Und wird die Früchte ernten, die wir bescheiden gesät.

Die Stimme des altgewohnten Altweibersommers
Ertönt wieder nach altem Brauch
Im stillen Geheimnis neugeborener Schwingen.
Sie wissen wieder, was die Nordwinde künden.

(übersetzt von Ulrike A. Bies)

PROLOG

Es ist Sonntag, der 2. September 1990. Frühmorgens, gegen zehn vor sieben, rollt Clive Beddalls Kombiwagen leise die Zufahrt zu meinem Haus hinunter. An den Wipfeln der zwölf Meter hohen Pappeln südlich des Hauses läßt sich eine leichte Brise aus westlicher Richtung ablesen. Die Sonne ist bereits aufgegangen, und in den Talsenken haben sich wieder zarte Nebelschwaden gebildet.

Wir trinken rasch einen Schluck Kaffee und stellen unseren Flugplan auf. Clive und Tim Allen werden das Cosmos-Ultraleichtflugzeug, einen Zweisitzer, fliegen. Tims Aufgabe ist es, die Videokamera zu bedienen. Wir wollen unsere aus neun Tieren bestehende erste Gänseschar herauslassen, damit die Tiere zum Aufwärmen ein paar Runden für sich drehen. Sobald sie zurückkommen, werde ich mit dem Riser starten und sie zu einem Flug mitnehmen. Clive und Tim werden im Cosmos folgen und hoffen, in der Formation mitfliegen und Videoaufnahmen machen zu können.

Ich fahre mit dem Lieferwagen zur Werkstatt und hole von dort die Kamera und eine frisch aufgeladene Batterie, während Clive und Tim am Cosmos die Checks durchführen. Zum Rollfeld zurückgekehrt, lasse ich die Gänse aus dem Verschlag. Sie erheben sich sofort und fliegen in geringer Höhe davon; ihre Silhouetten zeichnen sich vor der aufgehenden Sonne ab. Als ich zum Hangar hinüberschlendere, ruft mir Tim etwas zu und deutet nach Norden. Einen Augenblick lang glaube ich, meine Gänseschar zu sehen, die sich bereits auf dem Heimflug befindet. Aber nein, was sich da aus Nordwesten in geringer Höhe nähert, ist eine Schar von zwanzig, nein, dreißig Gänsen. Dann höre ich aus östlicher Richtung Schreie und entdecke über der Rollbahn meine eigenen Gänse auf ihrem Nachhauseweg. Sie queren etwa 100 Meter vor der wilden Gänseschar deren Flugbahn. Zu unserer Überraschung drehen ihre Artgenossen eine Neunzig-Grad-Kurve und schließen sich im Nu meinen Tieren an. Wildes Geschrei – und meine neun finden sich mit den anderen in einer etwas zerrissenen V-Formation wieder. Die ganze Schar ist innerhalb von Sekunden in südlicher Richtung aus dem Blickfeld verschwunden. Mir bleibt fast das Herz stehen. Tim, Clive und ich sind einen Moment lang unfähig, zu reagieren. Es ist, als hätte man unsere Kinder vor unseren eigenen Augen entführt.

Ich zögere nur kurz. Dann schiebe ich das Ultraleichtflugzeug aus dem Schuppen und unterziehe es einem Schnellcheck von 30 Sekunden. Glücklicherweise habe ich es am Vorabend noch vollgetankt. Benzinhahn auf, Zündung an, Choke ganz raus, Startknopf gedrückt. Pop! Pop! Gurgel! Wrumm! Ich schiebe den Choke hinein, und der Motor läuft gleichmäßig im Leerlauf. Ich wärme ihn noch 20 Sekunden lang vor – Sekunden, die mir so lang erscheinen, als könnte ich in dieser Zeit die Sonntagszeitung von der ersten bis zur letzten Seite durchlesen.

Währenddessen werden meine Gänse von ihren wilden Kumpanen entführt und fliegen weiter in südlicher Richtung davon; schreiend und schnatternd entfernen sie sich immer weiter von ihrem Zuhause. Inzwischen müssen sie wenigstens 3 Kilometer weit weg sein. Vollgas, nasses Gras schlüpft unter meinen Füßen dahin, das Ultraleichtflugzeug erreicht eine Geschwindigkeit von 25 Meilen pro Stunde, Steuerknüppel ziehen. Das Gras entfernt sich. In einem engen Bogen gewinne ich an Höhe und komme gerade noch an den Pappeln im Süden vorbei. Meine Gänse sind nirgendwo zu sehen. Als ich in einer Höhe von 500 Fuß über Grund dahinfliege, geht mir so mancher Gedanke durch den Kopf. Habe ich sie jetzt endgültig verloren? Oder begleiten sie ihre wilden Artgenossen nur ein Stück weit und kommen dann wieder? Bringen sie die wilde Schar mit sich zurück? Kann ich sie einholen? Und falls mir das gelingt, was mache ich dann?

Die Luft ist ruhig, die helle Morgensonne schickt ihre Strahlen durch das Geäst der hohen, aus dem dünnen Morgennebel ragenden Bäume. Ich gebe weiter Vollgas und trimme den Riser auf Höchstgeschwindigkeit, so daß er fast 50 Meilen pro Stunde erreicht und die Drähte seiner Verspannung in der anströmenden Luft sirren. Falls die Gänse mit ihrer gewohnten Geschwindigkeit von 30 Meilen pro Stunde fliegen, habe ich dann eine Chance, sie einzuholen, bevor ich in die Kontrollzone des Flugplatzes von Oshawa gelange, wo ich unweigerlich umkehren muß? Haben sie sich auf einem der zahlreichen Teiche im Süden niedergelassen? Haben sie ihre Flugrichtung geändert? Ich fliege weiter in südlicher Richtung und halte die Höhe von 500 Fuß. Ein gleichmäßiger Seitenwind von 10 Meilen pro Stunde treibt mich leicht nach Osten ab.

Ich überfliege den bewaldeten Hügelkamm, der sich kilometerweit in Ost-West-Richtung erstreckt, und halte angestrengt ringsherum Ausschau, ob sich etwas regt. Es scheint hoffnungslos. Vielleicht sollte ich einfach umdrehen und zurückfliegen. Ich überquere eine aufgelassene Kiesgrube, in der ein paar Geländemotorradfahrer gerade ihre in Fluoreszenzfarben lackierten Maschinen abladen, die sich grell leuchtend vom Hintergrund der dunkelgrauen erodierten Kiesdünen abheben. Ich erinnere mich an die Zeit, als ich selbst mein antiquiertes Motorrad, Marke Triumph, startklar gemacht habe. Schon will ich zu ihnen hinunterrufen und sie fragen, ob sie vielleicht eine Schar Gänse gesehen haben, als mir die Sinnlosigkeit dieses Unterfangens bewußt wird.

Südlich des Hügelkamms läuft das Land in sanft gewellte Äcker aus, unterbrochen von mäandrierenden, bewaldeten Tälern und gesprenkelt mit zahlreichen Tümpeln. Sie könnten in jedem beliebigen dieser Tümpel landen, oder sich eines der Stoppelfelder aussuchen.

Ich nähere mich der Kontrollzone über dem Flughafen von Oshawa, dieser unsichtbaren Blockade westlich von mir. Ich bin auf der Suche nach einem großen Teich, der – soviel ich weiß – von Wildgänsen aufgesucht wird. Gleichzeitig schaue ich nach Norden, um zu sehen, ob die Jungs im Cosmos in der Luft sind, kann jedoch nirgendwo die Silhouette eines Hängegleiters erkennen … aber halt! Weit unten, etwa 1 Meile nördlich von mir, nehme ich kaum sichtbare Bewegungen wahr. Aneinandergereiht wie Perlen auf einer Schnur leuchten die Flügelspitzen in der Morgensonne vor dem dunklen immergrünen Hügelkamm. Den Steuerknüppel voll nach rechts gedrückt, bringe ich den Riser auf einen Kurs, auf dem ich die Gänse abfangen werde. Der Windmesser an der zweiten Strebe zeigt eine Geschwindigkeit von 50 Meilen pro Stunde an. Die Gänse fliegen sehr niedrig – gerade mal ein paar Meter – über den Baumwipfeln dahin.

Zwischen mir und den Gänsen spannt eine Überlandleitung ihre kaum sichtbaren Drähte zwischen den rostigen und schwer zu erkennenden Masten aus wie eine Spinne ihre todbringenden Fangfäden. Also halte ich meine Höhe,

Neun Gänse überqueren im Licht der Morgensonne den großen, von Fichten bestandenen Hügelkamm.

bis ich vorüber bin, und gehe erst dann in den Sinkflug über, um die Gänseschar abzufangen.

Es müssen ungefähr fünfzig Gänse sein; im Licht der aufgehenden Sonne heben sie sich wunderbar golden gegen den dunklen Fichtenwald ab.

O bitte, denke ich, meine neun Gänse sollen sich aus der Schar lösen und mit mir kommen, oder sie sind für mich verloren, von der Freiheit gebannt, haben mit einem Mal ihre wahre Heimat entdeckt? Ich komme dicht heran. Als ich noch etwa 300 Meter von der Leitgans entfernt bin, führt sie eine weite 180-Grad-Wendung nach Westen aus. Nun bin ich vor den Gänsen. Ich lasse den Riser über einen Flügel abkippen und kehre um. Die Schar dreht nach Süden ab – meine neun müssen dabeisein. Wenn ich nur irgendwie Kontakt zu ihnen aufnehmen könnte, dann würden sie sich vielleicht – nur vielleicht – aus dem Verband lösen und mit mir kommen. Noch immer fliege ich mit Vollgas und versuche nun, an der südlichen Flanke der Schar vorbeizufliegen. Die Gänse befinden sich höchstens 150 Fuß über Grund. Die Brise von West hat etwas aufgefrischt, und in dieser geringen Höhe gibt es heftige Turbulenzen. Hier müssen irgendwo die Drähte der Überlandleitung sein. Auf meinem Flug durch die Täler werde ich kräftig durchgeschüttelt. Mein Blick fällt auf ein malerisches Gehöft, und ich kann den Schriftzug auf einem Lastwagen lesen: »Ken Jen Streichelzoo«. Ich befinde mich nun beinahe direkt vor und etwas südlich vom Hauptteil der parallel zum Hügelkamm fliegenden Schar. Welche davon sind meine neun, und warum brechen sie nicht aus und schließen sich mir an? Vielleicht haben die Leute vom Wildlife Service ja recht. Vielleicht sind meine Gänse endgültig in die Freiheit entflohen. Ich muß die Gans an der Spitze aus ihrer Position verdrängen, denn ich kann nicht riskieren, daß meine Gänse entkommen. Ich muß mich vollkommen auf das Fliegen konzentrieren. Es ist, als ob man widerspenstige Rinder treiben würde, nur daß es in diesem Fall keine Zäune gibt – außer den Feldern und Wäldern unter mir natürlich.

Schließlich sehe ich, als ich über meine Schulter blicke, etwa 1 Meile von mir entfernt die Silhouette des Cosmos am östlichen Himmel. Wenn ich doch nur über Funk mit Clive und Tim reden könnte!

Der Easy Riser aus Mylar und Aluminium folgt ein paar widerspenstigen Kanadagänsen.

Die Leitgans schwenkt mit der Schar nach Norden. Wir nähern uns wieder dem Hügelkamm. Statt zu steigen, lassen die Gänse die Wipfel der Bäume auf sich zukommen und überqueren den Kamm direkt westlich eines Schießplatzes; manche der Gänse fliegen tatsächlich in Höhe der Baumwipfel. Und ich fliege mit, die Wipfel nur 10 bis 20 Fuß unter mir. Hier gibt es Turbulenzen, in denen es mir nicht leichtfällt, den Riser in der Waagerechten zu halten.

Ich schließe wieder dichter zu den zuvorderst fliegenden Gänsen auf. Wenn ich sie weiter nach Osten abdrängen kann, werden meine Tiere, denen vielleicht schon die Kräfte ausgehen, sich möglicherweise aus dem Verband lösen. Im Nu bin ich sehr nahe an der Schar, weniger als 15 Meter von den Gänsen entfernt. Und keine von ihnen bricht aus. Etwa zwanzig Tiere bilden den Kopf des Zuges, die anderen folgen in einer langen, geraden Linie. So fliegen wir eine Weile, und ich kann mich ein wenig entspannen und den wunderschönen Anblick genießen, den die Schar im Flug bietet: Sie gleicht einem Schwarm von Fischen, der scheinbar schwerelos über ein Riff dahingleitet. Wenn es mir gelänge, sie auf diesem Kurs zu halten, würden sie geradewegs über unser Haus auf dem Purple Hill und die Rollbahn fliegen. Wenn sie nach Südosten ausbrächen, hätte ich sie wieder verloren. Diese Vögel sind schnell, sie fliegen mindestens 10 Meilen pro Stunde, schneller, als ich es von meinen Gänsen gewohnt bin. Die Gänse an der Spitze schlagen mit den Flügeln wie wild gewordene Enten, die hinteren schweben beinahe im Gleitflug dahin.

Dann befinden wir uns über dem fast 25 Hektar großen Waldstück, das im Westen und Norden an unser Anwesen grenzt. Es ist klar, daß sie nach Norden wollen und auf die Sümpfe am Scugogsee zuhalten. Ich sehe mich nach Clive und Tim im Cosmos um. Sie befinden sich noch immer weit südlich von mir und versuchen aufzuholen. Über den Baumwipfeln »ringe« ich mit den Gänsen: sie wollen nach Norden abdrehen. In dieser geringen Höhe schüttelt es mich so durch, daß ich die ersten Anzeichen von Seekrankheit spüre.

In der Hast des Starts habe ich vergessen, meine Uhr mitzunehmen. Wie lange bin ich mit Vollgas geflogen? Wieviel Treibstoff bleibt mir noch? Ich versuche nachzusehen, wieviel noch im Tank ist, was mir unter den rauhen Bedingungen jedoch nicht gelingt.

Die Gänse an der Spitze sind wieder nach Norden ausgebrochen. Ich konzentriere mich darauf, sie weiter nach Osten zu treiben. Wieder überfliegen wir die nördliche Grenze zu meinem Land. Ich befinde mich an der nördlichen Peripherie der Gänseschar, und es gelingt mir, sie in südliche Richtung auf unsere Rollbahn zuzutreiben. Nun lösen sich meine Tiere bestimmt aus dem

Verband … aber genau dort bricht die Schar in ein halbes Dutzend einzelner Gruppen auseinander, die allesamt erneut auf das Sumpfgebiet zuhalten. Wieder reiße ich den Riser über den Flügel herum, und mein Blick fällt auf Clive im Cosmos, der gerade noch das Ende der Geschehnisse mitbekommt.

Ich verfolge eine der Gruppen, die aussieht, als bestünde sie aus neun Gänsen, und versuche sie einzuholen. Mein Magen rebelliert, weil ich Angst habe, daß der Treibstoff nicht reicht, und weil ich mir Sorgen mache, daß mein ganzer Plan wegen eines dummen Zufalls ins Wasser gefallen ist. Ich breche die Verfolgung ab, drehe um und fliege heim. Als ich die Jungs im Cosmos treffe, deute ich auf meinen Treibstofftank. Sie bleiben auf dem Kurs, den die Gänse eingeschlagen haben.

Als ich vor dem Landeanflug eine Rechtskurve drehe, sehe ich so etwas wie kleine Punkte auf meiner Landebahn. Und tatsächlich grasen neun Gänse unbekümmert auf der Wiese vor dem Hangar.

Ich setze das Ultraleichtflugzeug auf und rolle zu ihnen hinüber. Sie begrüßen mich lauthals, als wollten sie mich fragen, wo ich denn geblieben sei.

Auch ich habe Fragen: Sind sie je mit der Schar geflogen, die ich verfolgt habe? Habe ich übersehen, wie sie sich aus dem Verband gelöst haben? Oder habe ich mich nur wieder einmal zu einer Jagd auf Wildgänse hinreißen lassen?

Wie auch immer, meine neun sind wieder zu Hause, auf dem Erdboden. Sie sind nicht in die Wildnis entflohen. Sie haben nur ein wildes Abenteuer genossen.

KAPITEL I

Woodlawn Farm

FRAGT MAN MICH, wie es dazu kam, daß ich heute, in der Mitte meines Lebens, zu den wichtigsten Männern einer Bewegung zähle, die entscheidend an der Rettung einiger bedrohter Vogelarten mitwirken könnte, muß ich ziemlich weit ausholen. Es begann damit, daß ich als Junge mit noch nicht einmal 10 Jahren auf dem knapp einen Hektar großen Teich herumpaddelte, der zu der Rinderfarm meines Vaters im südlichen Mittelontario gehörte. Mein Vater hatte einen Fluß, der sich durch mehrere tiefe Tümpel wand, zu einem Teich aufgestaut. In den Tümpeln hatten wir früher gebadet. Sie waren voller Leben. Meine Mutter, eine Expertin für Süßwasserlebewesen, zeigte und erklärte mir viele der Arten: Es gab Stichlinge, Döbel, Welse, Blutegel, Flußkrebse, Muscheln und vieles mehr.

Meine Mutter hatte an der University of Toronto einen Magisterabschluß in Biologie erworben und dort bis zu ihrer Heirat gelehrt. Dann war sie zur elterlichen Farm zurückgekehrt. Ihre Liebe für die Natur vermittelte sie mir schon in sehr jungen Jahren. Sie konnte stundenlang erzählen: Die Themen spannten sich von Darwins Evolutionstheorie bis hin zu den Eingeweiden von Hühnern – wenn wir sonntags eines ausnahmen und bratfertig zerlegten. Mein Vater brachte mir viel über die Maschinen auf unserer Farm bei und zeigte mir, wie ich selbst etwas basteln konnte, das ebenso gut funktionierte.

Der Teich zog zahlreiche wildlebende Wasservögel an, allen voran Stockenten. Aus alten hölzernen Eisenbahnschwellen und Zaunpfosten, die ich mit der-

Auf Woodlawn Farm im Jahre 1950. Wie habe ich meinen Collie wohl genannt? Lassie natürlich!

bem Strick zusammenband, baute ich mir ein Floß. Darauf saß ich, im Schilf versteckt, und beobachtete die Enten und das andere Wassergetier bei seinem Treiben.

Ich übte, den Ruf der Stockenten nachzuahmen. Eines Morgens – die Felder waren bereits gepflügt und die letzten Blätter schon von den Bäumen geblasen – sah ich, wie sich eine riesige Schar Enten von Norden her näherte. Sofort versuchte ich, sie mit meinem Ruf anzulocken, einmal, ein zweites Mal und immer wieder. Sie drehten bei, umkreisten langsam den Teich und ließen sich schließlich auf dem Wasser nieder. Ich schauderte. Offensichtlich hatte ich etwas von ihrer Sprache gelernt.

Ich bastelte ein kleines Wasserrad, das sich lustig in der Strömung des Flusses drehte und schnitzte aus Holz Formen, die ich in den Wasserstrom hielt. Wenn ich weiter flußaufwärts ein wenig den Schlamm aufwühlte, konnte ich beobachten, wie das braungefärbte Wasser um die Formen herumfloß. Auf diese einfache Art und Weise lernte ich etwas über die Eigenschaften von Tragflächen, was mir wiederum half, die Dynamik von Flüssigkeiten zu verstehen. In einem der Tümpel lebten unglaublich viele Elritzen. Ich fing sie mit dem Netz ein, setzte sie in einen Kübel und untersuchte, wie viele Varianten es gab; sie waren so unterschiedlich in ihrer Farbenpracht, daß ich immer wieder etwas Neues entdeckte.

Auch ein Blaureiher trieb sich auf dem Teich herum. Er bevorzugte zwei Areale, wo er meist vollkommen reglos verharrte, so daß man ihn manchmal gar nicht erkennen konnte. Er lauerte Elritzen und Fröschen auf, und wenn er ein argloses Beutetier aufspießte, wandelte er sich im Bruchteil einer Sekunde von einem unbeweglichen zu einem blitzschnell agierenden Geschöpf. In einem der Jahre baute ein Taucher am Ufer des Teiches sein Nest, und Brautenten nisteten in einer alten, nun vom Wasser umgebenen Hemlocktanne. Im Herbst verschwanden sie wieder, und ich wunderte mich. Wo fliegen diese Vögel hin? Welche Abenteuer müssen sie bestehen? Ich hoffte, irgendwann mit ihnen fliegen zu können.

Eines Tages gegen Ende der vierziger Jahre schoß ein kleines Flugzeug beinahe im Sturzflug vom Himmel auf unser Anwesen herab, glitt nur wenige Zentimeter über die Erbsenfelder hinweg und versprühte einen Nebel aus Insektiziden. Es flog zwischen niedrigen Versorgungskabeln und den Drähten der Hochspannungsleitung hindurch und stieg dann wieder hoch – die Scheune verpaßte es nur um Haaresbreite. Als es zum zweiten Mal kam, stand ich am Ende des Feldes und sah ihm zu, wie es mit 70 oder 80 Meilen pro Stunde dahinsauste. Ich war damals 8 Jahre alt.

Nach diesem Erlebnis *mußte* ich einfach fliegen. Mit noch nicht ganz 14 Jahren trat ich der 151. Schwadron der Royal Canadian Air Cadets in Oshawa bei. Einmal in der Woche – egal wie das Wetter war – zog ich die Luftkadettenuniform an, polierte die Messingknöpfe und rückte den Vorschriften entsprechend meine Mütze auf zwei Fingerbreit über den Augen zurecht. Manchmal polierte ich meine Schuhe sogar mit Spucke. Dann ging oder radelte ich die anderthalb Kilometer auf dem Schotterweg zum Highway Nummer 2, fuhr per Anhalter 15 Kilometer nach Oshawa, ging noch mal sieben Häuserblocks weiter und verbrachte die folgende Stunde gewöhnlich damit, in der alten, knarrenden, aus Holz gebauten Halle des Rotary Clubs, die an Dienstagabenden den Luftkadetten vorbehalten war, herumzumarschieren. Nach dem Exerzieren nahmen wir an einem der Kurse teil, die mit Fliegen zu tun hatten: Navigation, Flugzeugmotorenbau oder Meteorologie. Wir lernten etwas über loxodromische Linien, Großkreise, Sternmotoren, Altocumulus-Wolken und vieles andere mehr, was ein guter Pilot wissen sollte. Nach dem Unterricht stellten wir uns erneut auf und marschierten bis zum Wegtreten. Schließlich machte ich mich auf den Heimweg und kam – sofern ich Glück hatte – kurz vor Mitternacht zu Hause an.

Zwei Jahre Training bei den Luftkadetten und zwei katastrophale Aufenthalte im Sommerlager der Royal Canadian Air Cadets (den einen verbrachte ich im Militärkrankenhaus, weil mir der Blinddarm entfernt werden mußte, und während des anderen mußte ich wegen eines geringfügigen Regelverstoßes auf dem Luftstützpunkt von Clinton, Ontario, Müll einsammeln) hatten mir lediglich 20 Minuten Flugzeit verschafft – als Passagier versteht sich! Mein Interesse am Dienst als Luftkadett, in dem ich eine Möglichkeit gesehen hatte, das Fliegen zu erlernen, erlahmte allmählich. Meine theoretische Prüfung allerdings legte ich ab und war damit zum Flugunterricht zugelassen – nur um herauszufinden, daß ich teilweise farbenblind war, was meine Aussichten auf ein Stipendium zunichte machte. Dennoch war ich mir sicher, irgendwie doch noch zum Fliegen zu kommen.

AUF UNSERER FARM gab es Hausgänse, von denen ich ebenfalls etwas lernen konnte. George, ein großer gemeiner grauer Ganter, war der Boß unserer Gänse. Er besaß zwei Frauen: »Whitey« und eine graue Gans, die wir »Nothing« riefen. Jedes Jahr zogen sie eine Schar Gänseküken groß, von denen einige als Weihnachtsbraten für uns und unsere Nachbarn endeten. Die Gänse konnten sich auf der ganzen Farm frei bewegen. Mein Vater behauptete

*Eine Gänseschar
im Dunst des frühen
Morgens über der
Landschaft Ontarios.*

nämlich, daß Gänse zum Wachen besser taugten als Hunde, da sie ungeheuren Lärm machen, wenn man sie aufstört. George schien sich dessen bewußt zu sein. Stets schritt er hochmütig über den Hof, und niemand wagte es, sich mit ihm anzulegen. Wenn man der Schar zu nahe kam, trieb er die Gänse hinter sich zusammen, drehte sich um, breitete seine mächtigen Schwingen aus und hißte herausfordernd. Blieb man hartnäckig, startete er eine seiner ungestümen Attacken. Nur ein Narr hätte ihm die Stirn geboten, denn der Flügelbugschlag eines Ganters kann einem tatsächlich die Knochen brechen.

Mein Liebling Whitey war eine freundliche Gänsedame, die man in den seltenen Augenblicken, in denen sich George nicht in ihrer Nähe befand, fast streicheln konnte. Wie die meisten Vögel und im Gegensatz zu anderen Haustieren lassen sich Gänse nicht gern berühren. Um gut fliegen zu können, muß das Federkleid makellos sein. Warum also sollten sie einem Fremden gestatten, ihr sorgfältig geputztes Flugwerk durcheinanderzubringen?

Der Teich befand sich unterhalb der Scheune. Zwischen beiden lag ein uralter Obstgarten mit Birnbäumen, den einer meiner Vorfahren angelegt hatte. Es handelte sich nicht um diese neumodischen zwergwüchsigen Spindelformen, sondern um stattliche, 10 bis 12 Meter hohe Bäume, in deren Schatten das Vieh weidete. Tagtäglich watschelten die Gänse von der Scheune durch den Obstgarten hinunter zum Teich, um ein Bad zu nehmen. Das taten alle mit Ausnahme von Whitey. Sie konnte nämlich fliegen – beinahe jedenfalls. Von der Scheune aus rannte sie heftig mit den Flügeln schlagend den Hügel hinunter und erhob sich – vor allem weil es abwärts ging – ein wenig in die Luft. Sie schaffte es gerade, den Zaun vor der Scheune zu überfliegen, flatterte wie wild zwischen den Birnbäumen und den Kühen hindurch und landete schließlich mit einem lauten Platschen im Teich.

Sie lernte es nie, ihre etwas mehr als 10 Kilogramm anmutig auf dem Teich aufzusetzen. Wenn sie dann lange vor ihrer »bodenständigen« Gänsefamilie den Teich erreicht hatte, schrie sie verzweifelt nach ihren Lieben. Häufig zeigte sie ihre merkwürdige Flugvorführung, wenn wir morgens die Kühe zum Melken hineintrieben. Hielt man sich dann an einer ungünstigen Stelle auf, riskierte man, von einer Kamikaze-Gans plattgewalzt zu werden. Manchmal erschreckte Whitey die Kühe so sehr, daß sie durchgingen.

In jedem Herbst und Frühling versuchte die gesamte Schar, sich auf und davon zu machen. In den langen Jahren der Domestikation hatte man den Gänsen die Flugfähigkeit weggezüchtet, den Zugvogelinstinkt aber konnte man ihnen nicht nehmen. Wenn dieser aufgrund der veränderten Tageslänge, einer Veränderung der Wetterlage oder aus welchen Gründen auch immer aktiviert wurde, lief eine Welle der Unruhe durch die gesamte Schar, wie man es auch bei Schulkindern beobachten kann, die den Beginn der Sommerferien nicht mehr abwarten können. Mehrere Tage lang gab es dann viel Geflatter, das an einen Piloten denken ließ, der den Motor seines Flugzeuges warmlaufen läßt, oder an einen Athleten, der Aufwärmübungen macht.

Die Gänse breiteten ihre Schwingen aus und schlugen ein paar Sekunden lang mit den Flügeln, wobei sie eine Wolke aus Staub und Federn auf dem Hof aufwirbelten. Dabei schnatterten sie unentwegt und aufgeregt. Dieses Gezeter nahm so lange zu, bis sie sich alle auf dem oberen Ende der Scheunenrampe versammelt hatten. Mit George vorneweg, Whitey und die Jungen im Gänsemarsch hinter ihm, unternahmen sie dann die Rampe hinunter und quer über den Scheunenhof einen ebenso rasenden wie fruchtlosen Startversuch; im Augenblick des vergeblichen Abhebens gab es jedesmal große Aufregung. Nur Whitey schaffte es, sich in die Luft zu schwingen. Wie gewöhnlich flog sie – auf ihrem zweiunddreißigsten Flug – gerade hoch genug, um nicht am Zaun hängenzubleiben, flatterte zwischen den Birnbäumen und Kühen hindurch und endete mit einem lauten Platschen im Teich. Stets watschelte sie dann durch den Obstgarten zurück zur Schar und rief dabei fortwährend nach ihren Artgenossen. Diese erwarteten sie bereits, und die Begrüßung war ausführlich und überschwenglich: Sie ließen die Köpfe auf und nieder wippen, als ob sie darüber diskutierten, was sie falsch gemacht hätten und welche Strategie sie beim nächsten Start ausprobieren sollten. Und dann formierten sie sich zu einem neuen Versuch.

Ich spürte, wie frustriert die Vögel waren, daß ihre Startversuche so kläglich endeten. Sie fanden zur selben Zeit statt wie der Aufbruch der Wildgänse, die hoch über ihnen in großen Verbänden laut rufend nach Norden oder Süden zogen. Unsere domestizierten, an die Erde gebundenen Gänse waren verständlicherweise eifersüchtig auf ihre freien wilden Artgenossen.

Die Wildgänse zu beobachten war immer ein wunderbares Erlebnis. Ihr Anblick war faszinierend und weckte mein Gefühl für dieses Abenteuer: Woher kamen sie? Wo zogen sie hin? An welcher inneren Karte orientierten sie sich? Woran erkannten sie den richtigen Zeitpunkt für den Aufbruch? Ich wünschte mir, mit ihnen zu fliegen, um die Welt von ihrer Warte aus sehen zu können, um die Orte zu entdecken, die sie aufsuchten. Aber ebenso wie unsere Hausgänse schien ich gezwungen, auf der Erde zu bleiben, und auch ich konnte von dem Abenteuer des großen Zuges nach Süden nur träumen.

Kapitel 2

Fluglinien

Natürlich war ich nicht der erste Mensch, der sich über das Kommen und Gehen von Vögeln Gedanken machte. Seit rund 100 Millionen Jahren gibt es Vögel auf Erden, und die Zugvögel machen einen nicht zu unterschätzenden Prozentsatz der etwa 8700 bekannten Arten aus. Schon in der Bibel gibt es Hinweise darauf. Um 600 v. Chr. schrieb der Prophet Jeremia: »Der Storch unter dem Himmel kennt seine Zeit, Turteltaube, Kranich und Schwalbe halten die Zeit ein, in der sie wiederkommen sollen«, und Hiob schrieb: »Fliegt der Falke empor dank Deiner Einsicht und breitet seine Flügel aus dem Süden zu?« In der *Ilias* findet sich ein wunderschöner Vergleich bezüglich des Rückzugs der Trojaner: Sie seien wie Kraniche, die mit disharmonischem Geschrei vor den Winterstürmen fliehen würden.

Möglicherweise haben die Wanderungen der Vögel sogar Einfluß auf die Geschichte der Menschen genommen. Bei den im *Exodus* beschriebenen großen Vogelscharen handelte es sich wahrscheinlich um Wachteln, die in ihre Winterquartiere nach Afrika zogen. Diese bewahrten die Israeliten auf ihrem Marsch durch die Wüste Sinai vor dem Verhungern. In einer Nacht im Oktober des Jahres 1492 hörte Kapitän Martín Alonso Pinzón von der *Pinta* auf halbem Weg zwischen den Bermudas und Puerto Rico die Rufe von Vögeln, welche stundenlang über seinem Kopf dahinzogen. Wahrscheinlich handelte es sich um Möwen, Flußuferläufer und Schwalben, Amerikanische Graureiher und Blauflügelenten, eine der kleinsten Arten der Wasservögel. Von all diesen Vö-

geln weiß man, daß sie auf ihrem Zug auch weite Strecken über Wasser zurücklegen. Sie starten in Nova Scotia und Neuengland und ziehen bis hinunter
nach Venezuela. Die Vögel, die Pinzón hörte, waren wahrscheinlich sehr viel
weiter vom Festland entfernt, als er annahm. Sein Bericht an seinen Vorge-
setzten Christoph Columbus veranlaßte diesen jedoch, den Kurs von West auf
Südwest zu ändern. Und so erreichte er die Neue Welt bei San Salvador, statt
auf der Höhe des nordamerikanischen Subkontinents anzulanden.

Was uns am Vogelzug von jeher so faszinierte, kann man in drei einfachen
Fragen zusammenfassen: Wohin ziehen sie? Warum ziehen sie? Wie gelangen
sie an ihren Bestimmungsort und wieder zurück? Fragen, die nicht so einfach
sind, wie es scheint. Nur die erste, die Frage nach dem »Wohin«, ist in gewisser
Weise beantwortet worden. Die letzte und komplizierteste Frage, die nach der
unglaublichen Fähigkeit, um den halben Globus zu fliegen und mit höchster
Genauigkeit am Zielort einzutreffen, beschäftigt uns nach wie vor, obwohl in
dieser Hinsicht bereits einige interessante Entdeckungen gemacht wurden.
Mit unserem Gänseprojekt möchten wir zur Lösung dieses Rätsels beitragen.
Obwohl sich der Mensch seit unvordenklichen Zeiten für den Vogelzug interessiert und die Studien darüber bis zu Aristoteles zurückreichen, blieb lange
im dunkeln, wohin Vögel zogen oder woher sie kamen.

Schon immer hat es bestimmte Plätze gegeben, wo sich aufgrund der Ge-
ländebeschaffenheit oder der Luftströmungen zahlreiche ziehende Vögel ein-
fanden und daher leicht zu beobachten waren. Point Pelee im Süden Ontarios,
eine Landzunge, die weit in den Eriesee hineinreicht, und Cape May in New
Jersey sind beide wohlbekannt dafür. Die vom Hawk Mountain in Zentral-
pennsylvania aufsteigenden Thermikschläuche lassen eine »Autobahn« für
Greifvögel auf dem Zug entstehen. An manchen Tagen bekommt man unweit
vom James River nahe Hopewell in Virginia mehr als hundert Weißkopfsee-
adler zu sehen – die größte Ansammlung dieser Vogelart außerhalb Alaskas.
Aber Vögel ziehen vor allem in sehr viel größeren Höhen und in der Dunkelheit, weshalb dieses Phänomen lange vor dem Menschen verborgen blieb. Im
Jahre 1951 ersann der Wissenschaftler George H. Lowery eine zwar einfache,
aber überraschend gut funktionierende Methode zum Nachweis des nächtlichen Vogelzugs. Bei Vollmond beobachtet man den Mond mit einem Spektiv
und zählt die als deutlich sichtbare Silhouetten vor der hell leuchtenden
Mondscheibe vorbeifliegenden Vögel. Wenn man die kleine Fläche der Mondscheibe zu der des gesamten nächtlichen Himmels ins Verhältnis setzt, läßt
sich die Gesamtzahl der ziehenden Vögel zumindest grob schätzen. Im Oktober 1952 nahmen mehr als tausend Vogelkundler und Astronomen, verteilt auf

265 Orte in ganz Nordamerika, an einer solchen »Mondbeobachtung« teil. Das Ergebnis war umwerfend: das Ausmaß des nächtlichen Vogelzugs, ausgedrückt als die Anzahl auf einem etwa 800 Meter breiten Korridor ziehender Vögel, betrug 50 000 Individuen pro Stunde. Daraus konnte man schließen, daß zu jeder Stunde tatsächlich Millionen von Vögeln am nächtlichen Himmel über vielen Staaten im Osten der USA unterwegs waren. In den folgenden Jahren ließ sich der Vogelzug mit Techniken wie Radar noch besser beobachten und dokumentieren. An manchen Abenden im Herbst, in der aktivsten Phase des Vogelzugs, sieht man auf den Bildschirmen der Radargeräte unzählige Punkte erglühen.

Zugverhalten, auch Migration genannt, gibt es jedoch nicht nur bei Vögeln. Viele der Highways in den USA folgen uralten Pfaden von Bison und Elch. Wale ziehen in einem vorhersagbaren Jahresrhythmus durch die Weltmeere; Meeresschildkröten paddeln von mitten im Ozean gelegenen Inseln an die Küste Südamerikas, um dort ihre Eier im Sand zu verscharren; Lachs, Alse und Hering ziehen jedes Jahr von weit draußen im Meer zu den Flußläufen, in denen sie selbst das Licht der Welt erblickten, und dringen dabei tief ins Land vor, bis zu den Rocky Mountains und den Appalachen. Aale aus Flüssen im gesamten östlichen Teil Nordamerikas folgen jeden Herbst dem Drang, in den Tiefen der Sargassosee zusammenzukommen, sich dort zu vermehren und dann zu sterben; leichtgewichtige Monarchfalter (fünfzig dieser Tiere wiegen gerade einmal 30 Gramm) fliegen von Ontario nach Mexiko. Und das sind nur einige Beispiele.

Unser Planet scheint nicht nur voller Leben zu sein, sondern offenbar finden auf ihm auch zahlreiche Wanderungen statt. Ein derart weitverbreitetes Phänomen muß sich durch ein generelles Merkmal auszeichnen. In der Tat wird das Zugverhalten, egal ob bei Wildgans oder Fisch, von einem fundamentalen Zeitgeber gesteuert.

Wissenschaftler nennen ihn Photoperiode und meinen damit die Tageslänge. Stellen Sie sich diese wie eine langgezogene langsame Welle vor, eine Gezeit des Lichts, dadurch erzeugt, daß die Erde beim jährlichen Umkreisen ihres Sterns ihre Oberfläche in stets wechselnder Lage der Sonne aussetzt. Die Tageslänge nimmt ab und zu, hat einen vorhersagbaren Höchst- und einen vorhersagbaren Tiefststand, vergleichbar mit den Gezeiten der Ozeane, deren Wasserspiegel zweimal täglich sinkt und steigt, nur ist der Rhythmus der Photoperiode halbjährlich. Auf unserer nördlichen Hemisphäre (unterhalb des Äquators ist es umgekehrt) erreicht die Sonne ihren tiefsten Stand am 21./22. Dezember. Das ist die Wintersonnenwende, der kürzeste Tag und die längste

Nacht des Jahres, der noch einige kalte Monate folgen. Wahrscheinlich ist es kein Zufall, daß bei den in dieser Phase liegenden religiösen Festen – Weihnachten und Chanukka, das Lichtfest der Juden, und nicht zu vergessen die diesen vorangegangenen, alten heidnischen Feste zu Ehren der Lichtgottheit Mithras – Licht eine große Rolle spielt.

Vom Solstitium an – was wörtlich mit »Sonnen-Stopp« übersetzt werden kann – werden die Tage wieder länger, obwohl erst einmal tiefster Winter herrscht. Die Gezeit des Lichts steigt sechs Monate lang kontinuierlich an – bis zur Sommersonnwende am 21./22. Juni, dem längsten Tag des Jahres. Danach nimmt die Tageslänge wieder ab, der Hochsommer liegt jedoch noch vor uns. Dieser Wechsel von Helligkeit und Dunkelheit steuert die zyklische Hormonausschüttung in Lebewesen. Bei Vögeln zeigt sich dies vor allem an der Rastlosigkeit und dem Drang, auf uralten Himmelspfaden in die Sommer- oder Winterquartiere zu ziehen. Deutsche Wissenschaftler, die dieses Phänomen an Grasmücken-Arten der Alten Welt untersuchten, prägten dafür den Begriff *Zugunruhe*.

Die Photoperiode, der unveränderliche Zyklus des Lichts, ist somit der erste Anhaltspunkt bei der Klärung der Frage nach dem Vogelzug. Die Vorteile – oder Notwendigkeit – der Migration, die aus der Anbindung an den absolut zuverlässigen kosmischen Zeitgeber resultieren, werden deutlicher, wenn man noch etwas tiefer in die Materie eindringt.

Betrachten wir das Ganze einmal von der Warte der Gänse aus, Gänsen wie die, an die wir unsere Hoffnungen geknüpft hatten. Unsere Tiere gehörten zu einer der größeren der zehn Unterarten der Kanadagänse. Geschlechtsreife Tiere dieser Art wiegen zwischen 3,5 und 4,5 Kilogramm und haben eine Flügelspannweite von 120 bis 150 Zentimetern. In Freiheit können sie bis zu 20 Jahren alt werden, in Gefangenschaft älter als 30 Jahre. Die Gebiete, in denen sie sich im jahreszeitlichen Wechsel aufhalten, schließen das östliche Nordamerika ein und reichen vom Norden Quebecs bis hinunter in den Süden zu den Sunden und Buchten North Carolinas. Ihr durchdringendes Geschrei, ihre schwarze Kopf- und Halspartie mit den weißen Wangenflecken machen diese Gänse so auffällig, daß die meisten Leute, wenn von »Wildgänsen« die Rede ist, an Kanadagänse denken. Zwar gibt es mehrere Arten wildlebender Gänse, die Kanadagänse aber treten am zahlreichsten auf und sind wohl auch am anpassungsfähigsten; während der meisten Zeit des Jahres lassen sie es sich auf Feldern und auf Gewässern in der Nähe des Menschen gutgehen. Sie sind besser als alle anderen Zugvögel des nordamerikanischen Kontinents zu sehen und zu hören, wenn sie im September und Oktober Tag und Nacht in großen Scharen gen Süden ziehen und im März und April in ihre weit im Norden gelegenen Nistplätze in den Buchten des Hudson, James und Ungava zurückkehren. In Kanada und in einem Großteil der Vereinigten Staaten gibt es kaum jemanden, der den Ruf der Gänse noch nicht hörte. Die Vögel sind so laut, daß sämtliche Hunde entlang ihrer Route zu bellen beginnen und selbst die Menschen in den großen Städten stehenbleiben und in den Himmel starren. Vielleicht erinnerte uns früher der Ruf der Gänse daran, daß es auch für uns an der Zeit war, unser Quartier der Jahreszeit entsprechend zu verlegen, oder aber er stellte uns einen Gänsebraten in Aussicht. Heute hat er diese lebensnotwendige Bedeutung nicht mehr, und trotzdem finden wir ihn nach wie vor aufregend.

Inzwischen weiß man, auf welche Weise die Veränderung der Tageslänge bei den Gänsen Zugunruhe auslöst. Vor mehr als 50 Jahren zeigte William Rowan, ein Biologe an der University of Alberta, an Junkos, das sind sperlingsähnliche Vögel, und Krähen, daß die Zunahme der Tageslänge die Hirnanhangdrüse zur verstärkten Hormonproduktion anregt. Diese Hormone stimulieren das Wachstum von Eierstöcken und Hoden. Deren Aktivierung wiederum führt zu einer Reihe typischer Verhaltensweisen: Balz, Paarung, Verteidigung des Territoriums, Nestbau, Eiablage, Mauser und natürlich zur Zugunruhe.

Aber all das läßt das Problem, wie Vögel den richtigen Zeitpunkt für den Zug bestimmen, ein oft zeitraubendes und gefährliches Unterfangen, nur noch dringlicher erscheinen. Bei Vögeln wie unseren Kanadagänsen ist das richtige Timing durchaus wichtig. Wie überraschend viele andere Vogelarten, von denen manche von weit entfernten Orten wie Argentinien in die Arktis ziehen, brüten auch sie in den hohen nördlichen Breiten. Zwischen dem Rückzug und der Wiederkehr von Eis und Schnee bleibt ihnen daher nur ein schmales »Zeitfenster«, in dem sie ihre Jungen großziehen und für den Zug nach Süden vorbereiten können. Für die Gänse, die sich im März zufrieden in den nahrungsreichen Gründen der Chesapeake Bay tummeln, bedeutet der nahende Frühling nur noch mehr Bequemlichkeit, da diese Jahreszeit das Land mit frischem Grün überzieht und auch die nährstoffreichen Wassergräser zu sprießen beginnen. Warum also bleiben sie nicht dort, wo das Leben einfach ist und mit jedem Tag einfacher wird? Warum machen sie sich auf eine 1500 Kilometer lange Reise zu einem Ort, wo sie, wenn sie sich nur ein wenig verschätzen, bei ihrer Ankunft zugefrorene Teiche und Flußläufe vorfinden? Der Schriftsteller Aldo Leopold fand für eine nach Norden ziehende Gans die eleganten Worte »sie trägt die Bestimmung eines Propheten in sich, der die Brücken hinter sich in Brand gesteckt hat«.

Auch für andere Lebewesen ist die Wahl des richtigen Zeitpunkts entscheidend. Ein Baum muß irgendwie mitbekommen, wann er seine Knospen vorschieben soll, und Fische weit draußen im Meer müssen ihre Rückkehr zu den weit entfernt in Flüssen gelegenen Laichplätzen so abstimmen, daß die Wassertemperatur des Flusses das Überleben ihrer Brut gewährleistet. Die Vögel der Meeresküsten, die von Argentinien und Brasilien heraufziehen, müssen ihre Ankunft in der Delaware Bay Tausende von Kilometern weiter im Norden zeitlich mit einem anderen, alljährlich sich wiederholenden Phänomen abstimmen: dem Landgang von Millionen Schwertschwänzen, einer Krebsart. Die ausgehungerten Vögel, von denen manche nonstop flogen, sind darauf angewiesen, sich ein paar Wochen lang an den Krabbeneiern satt zu fressen, um ihre Energiereserven für den Weiterflug nach Norden aufzufüllen. Ein Fehler in ihrer Kalkulation könnte Zehntausenden von ihnen das Leben kosten.

Für die Tiere ist es unmöglich die Witterungsverhältnisse und andere Bedingungen entlang der Zugroute vorherzusehen, auch taugen die örtlichen Temperaturen nicht als Orientierungshilfe für den richtigen Startzeitpunkt, da die meteorologischen Bedingungen an einem gegebenen Ort zu einem gegebenen Zeitpunkt offenkundig von Jahr zu Jahr schwanken. Temperatur und Wetter können sich sogar unversehens für mehrere Jahre ändern, so geschehen beim Ausbruch des Mount Pinatubo, bei dem Vulkanasche in die Atmosphäre geschleudert wurde, was kurzfristig deren weltweite Abkühlung zur Folge hatte. Aus all diesen Gründen orientieren sich die Lebewesen auf unserer Erde an der Photoperiode. Sie ist unveränderlich, und eine Vielzahl biologischer Vorgänge, vom Blühen arktischer Vegetation bis zum Landgang der Schwertschwänze, ist daran gekoppelt.

Im Falle von Vogelarten, deren Brutgebiete hoch im Norden liegen, wie Gänsen und den nahe mit ihnen verwandten Schwänen, können wir uns außerdem fragen: Warum suchen sie überhaupt derart unwirtliche Orte auf? Nun, die anstrengende Wanderung bringt viele Vorteile mit sich. Der erste hängt wieder mit der Tageslänge zusammen: In der nördlichen Hemisphäre nimmt die Tageslänge im Frühling kontinuierlich zu; je weiter nördlich man sich befindet, desto größer ist der tägliche Zuwachs. In den Brutgebieten der Gänse geht die Sonne während der Sommermonate fast nie unter. Im Gebiet des Polarkreises, also nördlich der großen Wälder und südlich des ewigen Eises, läßt das lange Tageslicht – wenn auch nur für ein paar Monate im Jahr – ein endloses Netzwerk von Oasen mit saftiger Vegetation entstehen. Millionen Gletschertöpfe, Sümpfe und Teiche bringen dann pflanzliches Leben und Insekten in unglaublicher Fülle hervor. Und tatsächlich entwickelte sich der Zug der Gänse, um diesen zeitlich begrenzten, durch das Sonnenlicht hervorgerufenen Überfluß abzuschöpfen.

Die extrem angepaßte Küstenseeschwalbe wandert jedes Jahr mehr als 32 000 Kilometer zwischen der Antarktis und der Arktis hin und her und verbringt so fast ihr gesamtes Leben im hellen Tageslicht. In seinem Buch über die Arktis beschreibt Barry Lopez den Vogelzug treffend »als Atemschöpfen, als Atmen des Landes. Im Frühling atmet es tief ein, atmet Licht und Tiere ein. Dann der ruhige Atemzug des Sommers. Und schließlich ein Ausatmen, das sie im Herbst alle wieder nach Süden bläst.«

Für Gänse bringt das Migrieren noch mehr Vorteile mit sich. Die rauhen Bedingungen und der Mangel an Deckung in den hohen nördlichen Breiten lassen dort keine großen Räuberpopulationen aufkommen. Also ist der Norden ein relativ sicherer Platz für die Aufzucht der Jungen und die Mauser. Während des knapp einen Monat dauernden Federwechsels können Gänse nämlich nicht fliegen. Wenn es im Norden taut, bieten sich unzählige Tümpel und Sümpfe für den Nestbau an, und es gibt Platz, Millionen Quadratkilometer besten Nisthabitats für Wasservögel, so groß, daß sich jedes Paar ein Territorium von einem Quadratkilometer abstecken könnte.

Gänse sind hervorragend dafür geschaffen, ihr kurzes nördliches Intermezzo bestens auszunutzen. Daß sie stark dazu neigen, ihr Leben mit *einem* Partner zu verbringen, wird gern romantisch verbrämt. Wissenschaftler hingegen erklären dieses Verhalten mit der Notwendigkeit, die Zeitspanne der Brutpflege möglichst kurz zu halten. Müßten sich die Vögel in jedem der flüchtigen nördlichen Sommer erneut um Partner bemühen, würden sie zuviel kostbare Zeit und kostbare helle Tage vergeuden.

Diese alte Gewohnheit zahlt sich für die Kanadagänse sehr wohl aus. Im Frühling und im Herbst, vom Pazifik zum Atlantik, fliegen sie über den nordamerikanischen Subkontinent, ein großartiger Strom des Lebens, hoch oben am Himmel. Daß sie so erfolgreich sind und daß wir uns überhaupt eines großen Vogelreichtums erfreuen können, mag darüber hinwegtäuschen, daß einige der wundervollsten Zugvogelscharen, die je über die Erde zogen, fast gänzlich von unserer Hemisphäre verschwunden sind.

Vom Beginn des Festlandeisrückzugs vor etwa 12 000 Jahren bis fast in das 20. Jahrhundert hinein galt die Wandertaube als die verbreitetste Vogelart Nordamerikas. Verbände der etwa 300 Gramm schweren Vögel verdunkelten buchstäblich die Sonne. Wo sie sich niederließen und brüteten, ächzten ganze Wälder unter ihrer Last oder brachen zusammen. Durch das Abholzen der

Wälder in beispiellosem Ausmaß und die kommerzielle Jagd – die Tauben wurden mit Triebwägen zu Restaurants und Märkten transportiert – waren die Populationen 1870 bereits deutlich dezimiert. Der Naturforscher John Burroughs berichtet, noch 1906 eine Wandertaubenschar von mehr als 1,5 Kilometern Länge über dem Hudson River gesehen zu haben. Heute sind die Wissenschaftler davon überzeugt, daß selbst ein Verband dieses Ausmaßes den Fortbestand der Art nicht gewährleistete. Die Wandertauben hatten sich wahrscheinlich dahin gehend entwickelt, daß das Paarungsverhalten, der Nestbau und andere für die Fortpflanzung unerläßliche Verhaltensweisen nur in großen Ansammlungen angeregt werden konnten, und um die Jahrhundertwende gab es schon nicht mehr genug von ihnen. Im Jahre 1914 starb die letzte Wandertaube, ein Weibchen namens »Martha«, im Zoo von Cincinnati.

Nichts kann uns je die Wandertauben zurückbringen, aber die Erkenntnisse über den Vogelzug, die wir durch unser Gänseprojekt gewinnen, lassen sich vielleicht auf zwei andere, fast ausgestorbene Vogelarten übertragen, deren ziehende Verbände auf dem nordamerikanischen Kontinent wie keine anderen einst Frühling und Herbst verkündeten. Wenn es uns gelingen sollte, Junggänsen beizubringen, wohin sie ziehen müssen, was sie normalerweise von ihren Eltern lernen, so hätten Wissenschaftler und Manager von Naturparks damit eine wertvolle Methode in Händen, um Arten wie den Trompeterschwan, der in den letzten Jahrhunderten das Ziehen verlernt hat, wieder auf ihre ursprüngliche Zugroute zu trainieren.

Mit einer Flügelspannweite von mehr als 2 Metern und einem Gewicht von fast 20 Kilogramm ist der Trompeterschwan der größte Wasservogel und wahrscheinlich auch der schwerste flugfähige Vogel der Welt. Er scheint nicht gerade für den Zug prädestiniert, aber sein etwas kleinerer Verwandter, der Pfeifschwan, welcher kürzlich in Zwergschwan umbenannt wurde, zieht jedes Jahr wieder die gesamte Strecke vom Yukon, den Nordwestgebieten und der nördlichen Ebene Alaskas in seine Winterquartiere in der Chesapeake Bay und in North Carolina. Auf dem letzten Abschnitt ihrer unglaublichen Reise können diese riesigen Vögel mehr als 1500 Kilometer nonstop bewältigen, indem sie Tag und Nacht fliegen.

Man nimmt an, daß Trompeterschwäne ursprünglich an die Golfküste und die Ostküste der Vereinigten Staaten von Texas bis hinauf in die Chesapeake Bay zogen. Laut damaligen Erhebungen sollen sie sehr zahlreich gewesen sein. Da sie weniger scheu waren als die wachsameren Zwergschwäne, ließen sie sich leichter erlegen oder in Fallen fangen. Sie wurden regelrecht ausgeschlachtet: Man verzehrte ihr Fleisch, stellte aus ihren Federn Schreibutensilien her, und aus ihren Daunen machte man Puderquasten für die vornehmen Damen. Zu Beginn des 20. Jahrhunderts hielt man die Trompeterschwäne für ausgestorben. Später entdeckte man jedoch zwei Populationen: zuerst eine kleine nicht ziehende, die in dem jetzt Red Rock Lakes National Park Wildlife Refuge genannten Schutzgebiet in Montana und Wyoming beheimatet ist, und dann eine weitere in Alaska, die heute mehrere tausend Tiere stark ist, über vergleichsweise kurze Distanzen migriert und dabei in den Süden bis zur Mündung des Columbia River an der Grenze zwischen Oregon und Washington gelangt.

Inzwischen gibt es eine Trompeterschwan-Gesellschaft, die es sich zum Ziel gesetzt hat, den Trompeterschwan in jedem Staat und in jeder kanadischen Provinz, in der die Art ursprünglich brütete und überwinterte, wieder heimisch zu machen. Bislang jedoch verliefen sämtliche Versuche, den Trompeterschwänen die alten Zugrouten in Erinnerung zu bringen, nahezu erfolglos. Wenn es uns gelänge, Gänsen das Ziehen zu lehren, könnten wir es den Trompeterschwänen vielleicht auch antrainieren.

Wären wir dabei erfolgreich, wäre es möglich, einer weiteren Art zu helfen und sie damit vor dem Aussterben zu bewahren, nämlich der charismatischsten und wundervollsten Vogelart der Erde: dem Schreikranich. Er wird bis zu knapp 170 Zentimeter groß, und seine ausgestreckten Schwingen spannen sich im Gleitflug auf nahezu 240 Zentimeter. Sein Name rührt von seinem atemberaubenden Schrei her, der fast 5 Kilometer weit zu hören ist. Andere Laute seines reichhaltigen Repertoires werden mit den Tönen des Waldhorns verglichen. Schreikraniche gibt es seit dem Pleistozän, also seit mehreren Millionen Jahren[*], und noch bis vor ein paar Jahrhunderten traf man sie von Kanada bis hinunter nach Mexiko und von Utah bis zur Atlantikküste an. Heutzutage leben noch etwa 145 Exemplare in einer einzigen wildlebenden Population und etwa gleich viele Tiere in Gefangenschaft.

Ihre Zahl ist so gering und die wildlebende Population so anfällig, daß einige Wissenschaftler meinen, es sei nur noch eine Frage der Zeit, bis die Art – mit Ausnahme einiger Exemplare im Zoo vielleicht – ausstirbt; es sei denn, es gelingt, weitere ziehende Populationen wieder heimisch zu machen. Aldo Leopold beklagte jenen traurigen Tag in seiner Erzählung *Marshland Elegy*:
»... Die größte Bedeutung dieser Sümpfe liegt in ihrer Wildheit, und der Kranich verkörpert die Wildheit schlechthin. Eines Tages ... wird vielleicht der

---

[*] Als Pleistozän/Diluvium bezeichnet man das letzte Eiszeitalter, das 2,5 Millionen bis 12000 Jahre zurückliegt (Anm. d. Übers.).

letzte Kranich seinen Abschiedsgruß hinausposaunen und vom großen Sumpf in den Himmel aufsteigen. Aus den Wolken hoch droben wird der Klang der Jagdhörner zu hören sein, das Bellen einer geisterhaften Meute, das Klingeln kleiner Glöckchen und dann ein Schweigen, das niemals mehr gebrochen wird, außer durch Zufall auf einem fernen Wiesengrund irgendwo in der Milchstraße ….«

Das »Wohin« und »Warum« des Vogelzuges sind faszinierende Themen, aber das »Wie« – das heißt die Orientierung und das Rätsel des Navigierens – stellte sich bei unseren Erkundungen des Zugs mit dem Ultraleichtflugzeug als der kritischste Punkt heraus. Gänse sind ausgezeichnete Studienobjekte, und die Beobachtungsergebnisse könnten wir möglicherweise auf Schwäne und Kraniche übertragen, die auf der offiziellen Liste der bedrohten Tierarten stehen. Mit diesen zu experimentieren, könnte sich nicht nur als umweltpolitisch schwierig, sondern auch als zu riskant erweisen, solange wir uns unserer Sache nicht vollkommen sicher sind.

Die Studien über den Vogelzug bersten schier vor Beschreibungen der meisterhaften und überraschenden Fähigkeiten ziehender Vögel. Die meisten Vögel, vor allem Wasservögel, ziehen in Höhen von bis zu 800 Metern. Den Kopf weit in den Nacken geworfen, schauen wir ihnen nach, und fast alle von uns würden sagen, daß diese Vögel *hoch* fliegen. Düsenflugzeuge sind aber auch schon in einer Höhe von mehr als 6 Kilometern mit Stockenten kollidiert, und einige Piloten haben Schwanenverbände ziehen sehen, die den Rückenwind nützend mit einer Geschwindigkeit von 120 Meilen pro Stunde in einer Höhe von mehr als 8 Kilometern flogen. Für Wildgänse ist es nichts Besonderes, den Himalaya zu überqueren; man sieht sie dort über den Gipfel des Mount Everest ziehen, was einer Höhe von knapp 9000 Meter über dem Meeresspiegel entspricht. In diesen Höhen enthält die Atmosphäre nahezu keinen Sauerstoff mehr, die Temperaturen können bei minus 40° Celsius liegen, und die Luftdichte ist so gering, daß ein Vogel ein halbmal mehr leisten muß als bei einem Flug auf Meereshöhe. Vögel können ungeheure Strecken zurücklegen, was einen Zeitgenossen zu der Bemerkung veranlaßte, dem Vogelzug seien einzig und allein durch die Größe unseres Planeten Grenzen gesetzt. Eine Gänseschar startete am 16. Oktober in der James Bay und kam am 19. Oktober in Louisiana an, wo die Tiere dankbar in den Sümpfen von Vermillion Parish niedergingen. Legt man die durchschnittliche Fluggeschwindigkeit von Gänsen zugrunde, so kommt man auf eine Flugdauer von 60 Stunden.

Aber andere Fähigkeiten von Zugvögeln sind noch viel erstaunlicher: Ein Schwarzschnabel-Sturmtaucher, ein Seevogel, wurde in einem Transportkäfig von seinem Nest an der walisischen Küste über den Atlantik nach Boston verfrachtet. Dort ließ man ihn frei, und er flog in zwölf Tagen zurück nach Hause, wobei er einen Tag früher ankam als der Brief, den man nach Wales geschickt hatte, um das Freilassen des Vogels mitzuteilen. Ein Albatros vollbrachte eine andere große Tat, indem er vom Westen der Vereinigten Staaten 5600 Kilometer über den Pazifik nach Hause flog. Ebenso wie der Sturmtaucher nahm er eine Route, die er nicht kannte. Brieftauben sind für solche Leistungen längst berühmt (ironischerweise stammen sie nicht von Zugvögeln ab). Bei einem ziemlich grausamen Experiment wurden Brieftauben in dunkle, zylinderförmige Gehäuse gesperrt, desorientierenden magnetischen Feldern ausgesetzt und mußten aus Flaschen Luft atmen, die keinerlei Gerüche des umgebenden Heimatterrains enthielt. Auf der Fahrt zu dem Ort, an dem sie freigelassen werden sollten, wurden die Gehäuse ständig gedreht, um die Tiere noch mehr zu verwirren, und außerdem setzte man sie unter Drogen. Nach einer sechsstündigen Fahrt holte man die armen Tiere aus den Gehäusen. Sie waren seekrank, übergaben sich und konnten sich kaum auf den Beinen halten. Am nächsten Tag aber flogen sie genauso schnell und mit derselben Treffsicherheit nach Hause zurück wie die Kontrollgruppe, Tauben, die in offenen Käfigen und ohne Demütigungen erleiden zu müssen transportiert worden waren.

Wie bringen Vögel das fertig? In einem Zeitraum von mehr als 50 Jahren entdeckte man eine Vielzahl von Methoden. Vögel leisten viel mehr, als nur die richtige Richtung einzuschlagen, da sie ihr Ziel häufig nicht auf geradem Weg ansteuern. Das bedeutet, daß sie in der Tat navigieren, also ihre jeweilige Position im Verhältnis zu ihrem Zielort sehen. Wenn man an die außerordentliche Ortstreue bestimmter Vogelarten, etwa der Gänse, denkt, die Jahr für Jahr zur selben Flußbiegung oder zum selben Nistplatz zurückkehren, so müssen diese Tiere mit höchster Genauigkeit navigieren.

Vögel scheinen sich sowohl an der Sonne als auch an den Sternen zu orientieren. Experimente mit Singvögeln in einem Planetarium zeigten, daß die Tiere ihre Ausrichtung im Käfig rasch mit dem über ihnen projizierten Sternenhimmel veränderten. Sie korrigierten ihre Orientierung jedesmal entsprechend der natürlichen Zugroute. Mehr noch, Vögel scheinen sich nicht anhand einzelner Sterne, sondern anhand von Sternmustern zu orientieren. Ihr »Sternenkompaß« funktioniert also selbst bei wolkenverhangenem Himmel.

Gegenwärtig ändern sich unsere Vorstellungen von den sensorischen Fähigkeiten der Vögel erheblich. Es zeigt sich, daß viele Arten Farben sehr gut wahrnehmen können und sogar solche sehen, die tief im ultravioletten Bereich des Spektrums liegen. Sie nehmen polarisiertes Licht mit höchster Empfindlichkeit wahr und orientieren sich daran. Wenigstens einige Vogelarten scheinen eine Vielzahl gedämpfter, niedrigfrequenter Töne, die alle weit unterhalb der für den Menschen wahrnehmbaren Frequenzen liegen, zu hören und zu unterscheiden. Solche Töne können sich über sehr weite Strecken ausbreiten. Wale und Elefanten verständigen sich im sogenannten Unterschall-Frequenzbereich über Hunderte von Kilometern. Auf dem Zug scheinen sich Vögel an den Geräuschen von Brandung, Erdbeben, Unwettern und sogar von um und durch Gebirgszüge streichenden Wind orientieren zu können. Vögel sind berühmt für ihre hervorragende Fernsichtigkeit, ihre reichhaltige akustische Welt scheint sich jedoch als das bei weitem größere Wunder zu erweisen.

In den letzten 10 oder 20 Jahren hat man aus den Köpfen von Tauben, Enten und Tauchern winzige, magnetische Kristalle isoliert. Bislang gibt es noch keine Anhaltspunkte, wozu sie oder ob sie überhaupt Verwendung finden, aber es gibt Hinweise darauf, daß das Magnetfeld der Erde eine weitere Komponente des Phänomens Vogelzug ist. Ebenso scheinen einige Arten hochsensibel auf Luftdruckschwankungen zu reagieren – Tauben können Veränderungen des Luftdrucks wahrnehmen, die einem Höhenunterschied von 7 Metern und weniger entsprechen. Andere Experimente legen nahe, daß Vögel in der Lage sind, die zwar schwache, aber allgegenwärtige Schwerkraft als Orientierungshilfe zu nutzen.

Bei dieser verwirrenden Palette ziemlich exotisch anmutender Fähigkeiten ist man fast erleichtert zu erfahren, daß Vögel sich manchmal einfach nur an Landmarken zu orientieren scheinen, die sie auf einem der Züge von ihren Eltern gelernt haben. Es gibt zahlreiche Beweise dafür, daß Gänse sich »Landkarten« für den Zug aneignen müssen, die sie erlernen und nicht etwa in ihrem genetischen Code tragen, also von den Eltern erben.

Wenn man ein Gefühl dafür bekommt, wie es ist, mit der Geschwindigkeit von Vögeln in der ihnen entsprechenden Höhe zu fliegen, gewinnt der Begriff »Vogelperspektive« eine neue Bedeutung. Von einer 1000 Meter hohen Warte sieht eine Gans an klaren Tagen knapp 100 Kilometer weit. Wenn sie sich in alle Richtungen umblickt, können ziehende Gänse in jedem Augenblick ein Gebiet von der Fläche Belgiens überblicken. Bei normaler Fluggeschwindigkeit scheint die Landschaft unter den Vögeln zudem relativ langsam vorüberzugleiten. Also haben sie genug Zeit, sich ein detailliertes Bild zu machen und sich möglicherweise ihre Reiseroute genau einzuprägen. Das zumindest war die Hypothese, die wir hofften eines Tages testen zu können.

KAPITEL 3

Ein bedeutungs-voller Plan?

ICH WAR KNAPP SIEBZEHN und bildete mir wie manch anderer Teenager ein, in jeder Beziehung klüger zu sein als meine Eltern. Mein Vater, der Hilfe bei der Farmarbeit brauchte, hatte einen jungen Ojibwa namens Lee Antoine eingestellt. Lee kam von der Sonderschule für Jungen in Bowmanville, von uns damals Erziehungsanstalt genannt. Er war ein bewundernswerter Typ, nur etwas mehr als anderthalb Meter groß, schaffte einfach alles und war so zäh wie ein sehniges Steak. Lee raufte gern und trainierte stundenlang seine Schlagkraft. Wenn er blitzschnell mit seiner Faust ausholte, hörte man seine Gelenke krachen. Wir beide hatten nie Grund, uns zu prügeln, aber ich habe ihn bei Raufereien beobachtet. Wir wurden gute Freunde.

Als Lee und ich uns eines Abends bei Tisch unterhielten, regte sich meine Mutter über unsere »wichtigen« Teenagerthemen auf. Es kam zu einer Meinungsverschiedenheit, wie so oft zwischen Halbwüchsigen und ihren Eltern, und aus dieser wurde eine lautstarke Auseinandersetzung, an der sich bald auch mein Vater beteiligte, woraufhin ich mich mit Lichtgeschwindigkeit dazu entschloß, sowohl von zu Hause auszuziehen, als auch die Schule zu verlassen und zur Luftwaffe zu gehen. Ich war sicher, daß mir meine Lehrzeit bei den Luftkadetten helfen würde und daß die Royal Canadian Air Force verzweifelt nach Leuten meines Formats suchte. Also stapfte ich in die Dunkelheit davon, mit dem festen Vorsatz, zur Luftwaffe zu gehen. Nie zuvor waren mir die 1,5 Kilometer auf der Nebenstraße bis zum Highway Nummer 2 so lang vorgekommen. Und nie werde ich das großartige Gefühl des Sichlosreißens vergessen, das mich überkam, als ich mich von der Farm meiner Eltern entfernte. Nach einer unbequemen Nacht bei einem Freund in Ajax kehrte ich am nächsten Tag nach Hause zurück, um ein paar Sachen einzupacken. Darunter befand sich auch ein Anzug von Lee Antoine, seine offizielle Schuluniform für die Abschlußfeier an der Erziehungsanstalt, der mir viel zu weit war. Dann nahm ich den Greyhound nach Toronto, um mich um drei Uhr nachmittags bei dem Werbeoffizier der RCAF vorzustellen.

Ich traf Stunden vor meinem Termin ein und trieb mich in der Stadt herum. Von einem der Straßenhändler kaufte ich für 5 Dollar einen Reisewecker und stellte ihn auf ein paar Minuten vor 3 Uhr, um mein Vorstellungsgespräch bei der RCAF nicht zu versäumen. Damit auch ja nichts schieflief, war ich 10 Minuten früher da. Ich bot wohl einen ziemlich schockierenden Anblick: ein schlaksiger, 60 Kilo schwerer Typ in einer Sonderschuluniform, geschneidert für einen 80 Kilo schweren Mann, ganz zu schweigen von dem lauten Ticken in meiner Jackentasche, das mir selbst überhaupt nicht auffiel.

Ich nannte dem Mann am Empfang stammelnd meinen Namen. Zu meiner Überraschung führte er mich sofort in das Büro eines echten, uniformierten Werbeoffiziers der RCAF. Dieser saß hinter einem sauber aufgeräumten Schreibtisch, seine Uniform makellos, sein Haar perfekt im Sitz; man hätte ihn auf einem Werbeplakat wiederfinden können. Ich versuchte, mein vom Wind zerzaustes Haar etwas zu ordnen, und während er meinen Aufnahmeantrag durchsah, polierte ich meine Schuhspitzen sorgfältig am rückwärtigen Teil des jeweils anderen Hosenbeins (ein Trick, den ich während der Appelle bei den Luftkadetten perfektioniert hatte). An die Unterhaltung selbst erinnere ich mich nur vage. Jedenfalls versuchte ich, intelligente Antworten zu geben, nur um mich dabei in voreilig geäußerten Sätzen zu verstricken, die ich nicht korrekt beenden konnte. Ich war gerade dabei, mich aus einem dieser Sätze herauszuwinden, als aus meiner Jacke ein lautes Klingeln ertönte. Ich fingerte den lärmenden Wecker aus der Tasche, fing ihn im freien Fall, bevor er auf dem Boden aufschlagen konnte, auf, und verbrachte dann einen weiteren peinigenden Augenblick damit, den Wecker zu öffnen, um an den winzigen Schalter heranzukommen. Endlich – der Wecker schien 10 Minuten lang geklingelt zu haben – war es still. Der Offizier starrte schweigend vor sich hin und legte dann meinen Antrag in aller Ruhe auf einen Stapel anderer Papiere auf seinem Tisch ab. Es erübrigt sich zu erwähnen, daß nie ein Kampfpilot aus mir wurde und daß dies das Ende meiner militärischen Laufbahn war.

ZUM ENDGÜLTIGEN, oder beinahe endgültigen Bruch mit meinen Eltern kam es, als ich sie eines Abends besuchte – inzwischen wohnte ich bei meiner Großmutter –, um mit ihnen zu essen. Ich beging den Fehler, mich in einen Sessel zu setzen, der für Lee vorgesehen war. Das ärgerte meine Mutter, denn sie hatte diesen Sessel deshalb für Lee reserviert, weil er meist nach Stall roch und daher nur diesen einen Sessel benutzen sollte. Als ich gegen diese Behandlung Lees protestierte, kam es zu einer hitzigen Auseinandersetzung zwischen meiner Mutter und mir. Lee verließ beleidigt das Zimmer. Als mein Vater hereinkam und mich mit meiner Mutter streiten sah, ergriff er in vielen Punkten ihre Partei. Es entstand ein Gerangel, in dessen Folge ich aus dem Haus geworfen wurde und in eine Pension in der nahe gelegenen Stadt zog.

Auch meine Schwester Alaine hatte Auseinandersetzungen mit meinem Vater, wobei sie auf die Unterstützung meiner kleinen Schwester Louise zählen konnte. Und so kam es, daß die beiden ebenfalls auszogen.

Mein Vater wußte einfach nicht mit Teenagern umzugehen. Wahrscheinlich weiß das niemand so recht. Jedenfalls verließen wir alle drei das Elternhaus. Während meine Schwestern nach Sault Sainte Marie zogen, um arbeiten zu gehen, kehrte ich zu meinen Freunden in die Schule zurück. Eines meiner »privaten Projekte« dort war die Herstellung von Schießpulver, mit dem wir es bei besonderen Gelegenheiten wie Halloween richtig krachen ließen. Diese Betätigung flog jedoch im wahrsten Sinne des Wortes auf: Mit einer sehr starken Explosion, die die Waage des Kieswerks ruinierte. Ich war gegen diesen Streich gewesen und nicht daran beteiligt. Dennoch wurde wegen verschiedener Sprengstoffdelikte angeklagt.

Obwohl man die Anklage gegen mich fallenließ, sollte ich eine Zeitlang nicht am Unterricht teilnehmen. Also zog ich zu meinen Schwestern nach Sault Sainte Marie und beendete das Schuljahr dort. Um meinen Lebensunterhalt zu verdienen, reparierte ich Außenbordmotoren. Als die Nachfrage für diesen Job mit Herbstbeginn stagnierte, arbeitete ich bei einem Bautrupp und hob Gräben aus. Dann erfuhr ich von einem Job in Cornwall, weit abgelegen in der Provinz. Doch dort gab es nicht genügend für mich zu tun, und so traf ich eine Entscheidung, die bestimmend für mein weiteres Leben sein sollte: Ich schrieb mich in einen Abendkurs für Kunst ein. Der Dozent zeigte sich von meinen Zeichnungen und Malereien begeistert, ich aber war rastlos und zog weiter. In Sault hatte ich mir ein Motorrad, Marke Triumph, angeschafft, das ich nun für 400 Dollar verkaufte, um für 180 Dollar eine einfache Fahrkarte für die *Queen Mary* zu erstehen, einen Ozeanriesen, der nach England fuhr.

Ich trampte durch ganz England, sah viel und wohnte häufig bei Verwandten. Ich erfuhr, daß mein Großvater väterlicherseits Holzschnitzer in Hexham in Northumberland gewesen war und sämtliches zum Holzschnitzen nötiges Werkzeug besessen hatte; ich stöberte es auf und beanspruchte es für mich. Von da an brachte ich viele Stunden in den Holzschnitzereien zu, beobachtete die alten, traditionell arbeitenden englischen Handwerker und lernte eine Menge von ihnen. Sie sagten mir, wo man am besten Meißel kaufen kann, wie man sie schärft und welches Holz sich zum Schnitzen eignet. Sie arbeiteten immer allein, schienen aber glücklich darüber, ihr Wissen mit einem jungen Kanadier zu teilen. Mir machte die Sache Spaß, ich hatte aber kaum noch einen Cent in der Tasche, und mir war klar, daß ich wieder zurück nach Kanada mußte. Eine Tante in London lieh mir 40 Dollar – damals eine hübsche Summe –, und mein Vater, der Verbindungen zum Frachthandel von Newcastle hatte, verhalf mir zu einer Überfahrt nach Kanada auf einem Getreidefrachter. Bei dem Frachter handelte es sich um ein betagtes, noch aus dem Zweiten Weltkrieg stammendes Handelsschiff in bedenklichem Zustand. Westlich von Irland gerieten wir in schweres Wetter. Jedesmal, wenn sich der Bug des Schiffes aus einer Welle hob, spritzte Wasser aus den Nietlöchern. Es war zum

Auf der Queen Mary *nach Großbritannien.*

Fürchten. Das schlechte Wetter verschlug uns bis nach Island. Schließlich beruhigte sich die See wieder, und wir arbeiteten uns mühsam durch lauter Eisberge hindurch, was für sich genommen eine wunderbare Erfahrung war. Als einziger Passagier lernte ich, das Schiff zu steuern und nach den Sternen und der Sonne zu navigieren. Der Funker und ich wurden gute Freunde, und er brachte mir ein wenig von seinem Können bei. Bevor wir Neufundland passierten und den Saint-Lawrence-Strom hinauffuhren, hatte ich auf diesem alten Schiff viel gelernt. Nach 22 Tagen auf See erreichten wir Lévis in Quebec. Der Frachter war mittlerweile in einem derart schlechten Zustand, daß er sofort ins Trockendock kam, und ich trampte mit anderthalb Dollar in der Tasche die 800 Kilometer von Quebec nach Toronto.

In jenem Winter schrieb ich mich im Anfängerkurs der Kunstakademie von Ontario ein. Daß ich recht erfolgreich war, führte ich zumindest teilweise auf das zurück, was ich in England über das Handwerk meines Großvaters gelernt hatte. Der Dozent für Bildhauerkunst lobte mich; ich sei von allen Schülern, die er je unterrichtet habe, der beste Bildhauer. Ich bekam sehr gute Noten, hatte aber so wenig Geld, daß ich mich weder mit einem Mädchen treffen noch mit meinen Freunden ausgehen konnte. Mein Vater billigte mein Interesse an Kunst in keiner Weise. Er war der Meinung, ich solle lieber etwas Nützliches wie Ingenieurwesen studieren.

Als ich in den darauffolgenden Sommerferien nach Hause kam, zahlte er es mir heim. Er drückte mir eine Schaufel in die Hand, und ich arbeitete anderthalb Monate lang auf dem Misthaufen unserer Farm. Sagen Ihnen die Augiasställe etwas? Das ist die griechische Sage von einem König, der 3000 Ochsen hielt, deren Ställe 30 Jahre lang nicht ausgemistet worden waren. Herkules säuberte die Ställe an einem einzigen Tag, indem er den Fluß Alpheus teilte und durch sie hindurchleitete. Für mich aber gab es keinen Fluß, den ich hätte umleiten können.

Meinen nächsten Job bekam ich bei einer heute unter dem Namen Dowty Aerospace bekannten Firma in Ajax, nicht weit entfernt von Pickering. Ich arbeitete als Laufbursche, Verkäufer, Werbefachmann und Vorführtaucher für die Boote beziehungsweise auf den Booten, die Dowty Aerospace gegen Ende der fünfziger Jahre herstellte, als sich das Flugzeuggeschäft gerade in einer Talsohle befand. In jenem Sommer entschloß ich mich, die Kunst zu meinem Beruf zu machen, aber ich begann erst einige Zeit später ernsthaft damit.

Anfang der sechziger Jahre traf ich einen alten Deutschen, der sich als sachkundiger Handleser ausgab. Während des Zweiten Weltkriegs, erzählte er, hätte er statistische Forschungen betrieben, die auf den Deutungen der Handlinien von Soldaten basierten, die in den Krieg zogen. Welchen Einfluß schwere Artillerie und andere Kriegswaffen auf seine Berechnungen genommen hatten, erwähnte er zwar nicht, nachdem er mich aber davon überzeugt hatte, daß er mit großer Genauigkeit aus der Hand lesen könne, prophezeite er mir, daß ich nicht älter als 38 Jahre würde. Diese Prophezeiung ließ mich aufhorchen. Ich war 22 Jahre alt, und mein Leben verlief noch immer ziellos. Jahrelang hatte ich alles hinausgezögert, hatte in der Vorstellung gelebt, ich hätte ewig Zeit, um die Dinge in die Tat umzusetzen, von denen ich träumte. Im Grunde war ich faul, folgte eher meinen Launen, als mir Ziele zu stecken. Die Episode mit dem alten Deutschen rüttelte mich auf, da ich nun überzeugt war, mein Leben sei begrenzt, ja, nicht nur begrenzt, sondern auch zu kurz, um mir viel Zeit lassen zu können!

Ich hatte von jeher breit gestreute Interessen, wollte in der Tat alles machen und konnte mich nur schwer auf eine Sache konzentrieren. Wenn man damals Karriere machen wollte, suchte man sich ein Fachgebiet und wurde Spezialist. Dafür war ich nicht geschaffen. Die Vorstellung, in eine Richtung geboxt zu werden, setzte mir erbarmungslos zu. Schnitzen jedoch war meine Leidenschaft. Es machte mir großen Spaß, und ich traute mir instinktiv zu, jegliches Thema dreidimensional darzustellen. Das dreidimensionale Design sollte daher Schwerpunkt meiner Ausbildung werden. Ich träumte von großartigen Projekten, die ich in Angriff nehmen würde. Aber um diese Träume zu realisieren, mußte ich verschiedene Fertigkeiten gut beherrschen. Da ich ein furchtbarer Schüler war, dem es nie gelang, konzentriert bei der Sache zu bleiben, eignete ich mir die Techniken autodidaktisch an und lernte das meiste, indem ich es ausprobierte: Ich stürzte mich mitten hinein und tat es einfach. Vielleicht dauerte es auf diese Weise länger, bis aus mir ein Bildhauer wurde, aber immerhin war mir dabei nie langweilig. Zudem fand ich heraus, daß ich an den seltsamsten Plätzen arbeiten konnte. Wenn ich zu einem bestimmten Problem nichts in den Büchern fand oder mir niemand etwas dazu sagen konnte, erfand ich neue Techniken, und in den meisten Fällen lernte ich durch Versuch und Irrtum.

Und dann hatte ich Glück. Eines Tages kam ich in Greenwood an einer 100 Jahre alten Schmiede vorbei, in der ich als Junge oft meine Zeit zugebracht hatte. Der Schmied war gestorben. Ich fragte die Frau, die die Schmiede geerbt hatte, ob ich diese als Atelier mieten dürfe. Die Frau war sehr nett. Als ich ihr meine Hoffnungen gestand, eines Tages Bildhauer zu werden, sagte sie: »Ich gebe sie Ihnen ein Jahr lang umsonst.«

Diese Geste öffnete mir viele Türen.

*Walter Wilsons
Schmiede in Green-
wood, um 1963*

Walter Wilson war mehr als 50 Jahre lang der Schmied von Greenwood gewesen. Er hatte nicht nur Hunderte von Pferden beschlagen, sondern darüber hinaus außergewöhnlich schöne Wagen, Schlitten und Werkzeuge gefertigt. Es gab nicht viel, was Walter nicht konnte. Im Jahre 1958 starb er sozusagen mitten in der Arbeit. Daraufhin wurde die Schmiede geschlossen und sollte ihre Tore erst wieder öffnen, als Brian MacKenzie, ein begabter Künstler und alter Schulfreund von mir, und ich vier Jahre später dort eintrafen. Der Einzug in die Schmiede war aufregend. Sie war wie eine archäologische Grabungsstätte. Walter hatte keine Verwendung für moderne Maschinen gehabt und daher über die Jahre hinweg einen wahren Schatz an Werkzeugen angesammelt. Mit Ausnahme einer primitiven elektrischen Beleuchtung und eines riesigen alten Generators, der die an der Decke geführten Kabelstränge mit Strom versorgte, hätte die Ausrüstung gut und gern aus biblischen Zeiten stammen können. An den Wänden hingen unter jahrzehntealten dicken Staub- und Rußschichten Plakate aus beiden Weltkriegen, und Rechnungen, die bis zur Jahrhundertwende zurückreichten, steckten auf einem Spieß. Die mit Spinnweben verhangenen Wände der Holzbearbeitungswerkstatt im rückwärtigen Teil der Schmiede hingen voller dünner Eichenholzschablonen für Wagen- oder Schlittenbauteile. Von diesem Ort ging eine Sanftmut aus, wie sie nur die Zeit schaffen kann. Wir genossen unsere Entdeckungen.

Das meiste räumten wir beiseite, und ich begann damit, viele verschiedene Holzarten zu bearbeiten: Sequoia-Stücke von einer nahe gelegenen Fensterrahmenfabrik, Apfel-, Butternuß-, Kirsche- und Eichenstücke. Auch das Bearbeiten von Metall faszinierte mich; also säuberte ich die Esse, schürte das Schmiedefeuer und schuf zahlreiche Metallskulpturen. Es dauerte nicht lange und Walters alte Freunde tauchten in der Schmiede auf, nahmen ihre Stammplätze ein und sahen den beiden Greenhorns bei ihren Versuchen zu, Eisen zu hämmern und Holz zu spalten. Gelegentlich warfen sie eine Bemerkung ein wie: »Das macht ihr nicht richtig … Walter hat das immer so gemacht …« Sie erfreuten uns mit humorvollen Geschichten über Begebenheiten, die sich einst in der alten Werkstatt zugetragen hatten, und offenbarten uns vieles aus dem Evangelium von Walters Schmiedekunst.

An den Wochenenden verkauften wir unsere Arbeiten und schlugen uns damit mehr schlecht als recht durch. In der Gemischtwarenhandlung ließ man uns anschreiben, und wenn wir etwas verdient hatten, zahlten wir unsere Schulden. Wir schnitzten Souvenirs, die wir entweder gleich in unserer Werkstatt an Touristen verkauften oder den Läden für Kunsthandwerk in Toronto feilboten. Die Möglichkeit, zu einem Bankdirektor zu gehen und um einen Kredit zu bitten, bestand für uns nicht. Aber in puncto Tauschhandel lernten wir viel dazu. Auch entwickelten wir immer gerissenere Strategien, wenn es darum ging, die Wasserwerke von Ontario und die Telefongesellschaft davon abzuhalten, uns das Wasser abzudrehen beziehungsweise das Telefon abzuschalten. Um meiner neuen Beschäftigung nachgehen zu können, hatte ich einen »guten Posten« bei der Firma Dowty in Ajax gekündigt, woraufhin mich meine Eltern für vollkommen verrückt erklärten. Mein Vater, ein praktisch veranlagter Mensch, benötigte tatsächlich mehrere Jahre, bevor er eine andere Interpretation der Situation gelten ließ. Kein Wunder. Im ersten Jahr, 1963, verdienten wir insgesamt nur 800 Dollar. Aber von da an ging es uns besser.

Im Sommer 1963 schuf ich meine erste Metallskulptur: ein aus der ausrangierten Motorhaube eines Oldsmobil zusammengeschweißtes Pferd. Das Lichtbogenschweißgerät dazu hatte ich mir selbst aus dem Motor eines alten Austin und aus einem Flugzeuggenerator gebastelt. Einer meiner Nachbarn, ein Innenarchitekt für die Gestaltung von Verkaufsräumen, kaufte mir das Stück ab und fragte mich etwa einen Monat später, ob ich nicht mit seiner Arbeitsgruppe an einem Designwettbewerb teilnehmen wolle. Mein Entwurf gewann, und das führte zu meiner ersten richtigen Auftragsarbeit, einer neunteiligen Wandskulptur aus Holz und Metall für den im Einkaufszentrum von Yorkdale gelegenen bedeutendsten Laden, dem Aushängeschild der damals größten Supermarktkette Kanadas. Auch galt das Einkaufszentrum als das prestigeträchtigste im ganzen Land.

Wow! Ich glaubte, ich hätte es geschafft, aber noch immer kann ich mich an meine damalige Nervosität erinnern. Einen Auftrag zu bekommen und einen Plan zu entwickeln, wie man ihn – noch dazu rechtzeitig – ausführen kann, sind zwei Paar Stiefel. Einige Wochen lang drehte ich mich im Kreis, verwarf Skizze um Skizze, bis ich die anstehenden Arbeiten einigermaßen überblickte. Ich wußte, um diesen Auftrag zu erledigen, benötigte ich außer Brian noch weitere Hilfe. Also stellte ich zwei unserer Freunde (ähnliche Eigenbrötler wie wir) ein, die ohnehin immer in der Schmiede herumlungerten.

Wir hatten uns noch das Wohnhaus des Schmieds dazu gemietet, ein wunderbares, einfaches Bretterhaus, das sich nur einen Steinwurf östlich der Schmiede an den Fuß des Hügels schmiegte. Es mußte neu gestrichen werden, und die Veranda vor dem Haus war zusammengebrochen.

Bei unserem Einzug setzten wir es ein wenig instand. Heizen konnte man nur mit dem Holzofen in der Küche. Zudem war das Haus weder isoliert, noch gab es fließendes Wasser – mit Ausnahme eines Wasserbehälters unter der Anrichte, den man mit einer Handpumpe bediente. Die Toilette bestand aus einem Abtritt mit zwei Löchern bei der Schmiedewerkstatt, 25 Meter vom Haus entfernt.

Im Winter 1964 lebten wir zu viert in dem Haus. Glen Perry war ein 27 Jahre alter ehemaliger Motorradrennfahrer, Planierraupenfahrer, Gelegenheitsschweißer und handelte zeitweise mit Motorrädern. Zack Heenan war indianisch-irischer Abstammung und sehr belesen, hatte zahlreiche Talente, aber keine spezielle Berufsausbildung. Brian MacKenzie besaß außergewöhnliches künstlerisches Talent. Wir hatten viele gemeinsame Interessen: die Holzschnitzerei, das Arbeiten mit Metall, Motorräder und antike Gewehre waren nur einige davon. Alle vier arbeiteten wir an dem großen Auftrag, den ich an Land gezogen hatte. Und da der Entwurf der Skulptur von mir stammte, war ich der Boß. Natürlich hatte man einen Abgabetermin festgelegt, und nach ein paar Wochen konnte ich absehen, daß wir uns beeilen mußten. Wir hatten – wenn man es so ausdrücken will – eine relativ lockere Arbeitsdisziplin. Für gewöhnlich stand ich morgens gegen neun auf, besorgte etwas zum Frühstück und hoffte, die Jungs würden gegen zehn mit ihrer Arbeit beginnen. An manchen Tagen funktionierte das, an den meisten jedoch nicht. In den Winter hinein wurden die Arbeitstage kürzer und kürzer und ich immer frustrierter, wenn ich versuchte, mein Team an den frostigen Morgen aus den Betten zu bekommen. Der Abgabetermin rückte immer näher.

Eines Morgens standen die Jungs selbst nach mehreren Weckversuchen nicht auf. Verzweifelt lud ich einen alten Colt, den ich erstanden hatte, mit Schreckschußmunition und feuerte in jedem ihrer Zimmer einen Schuß ab. Es funktionierte. Innerhalb von fünf Minuten waren sie aus den Betten. Ich hatte Kaffee gekocht, und das Frühstück stand bereits auf dem Tisch. Sie grummelten und brummelten, aber gegen halb zehn machten wir uns alle an die Arbeit. Das hatte so gut funktioniert, daß ich den Colt am nächsten Morgen wieder lud und nach oben ging, um den Jungs ihren Weckschuß zu verpassen. Zuerst kam Glen Perrys Zimmer an die Reihe. Ich drückte die Klinke hinunter und wollte gerade die Tür öffnen, als ich das unverwechselbare Klicken eines Gewehrhahnes vernahm, der gespannt wurde. Ich stieß die Tür auf und hechtete sofort in Deckung, als jemand mit einer Schrotflinte durch die offene Tür ballerte. Wie der Blitz rannte ich die Treppe hinunter und vor weiteren Schrotladungen davon, die durchs Haus pfiffen. Meine drei »Freunde« waren bereits aufgestanden, angezogen und hatten sich mit Schrotflinten und Gewehren bewaffnet – und sie verwendeten nicht etwa Schreckschußmunition. Sie hatten es nicht darauf abgesehen, mich zu treffen, aber es kam mir ein bißchen vor wie das »Gunfight at the O.K. Corral«. Am nächsten Morgen dachte ich nicht mehr im Traum daran, die Jungs mit einem Schuß zu wecken.

Meine Schießerei hatte sie aber auf neue Ideen gebracht: Die Jungs holten die alten Vorderlader hervor, die wir in der Schmiede ausgegraben hatten, und – wie die Kinder – lieferten wir uns von nun an gelegentlich ein großes Feuergefecht, nicht mit Blei, nur mit Schießpulver. Unsere Nachbarn gaben entweder vor, nichts zu bemerken, oder sie fürchteten sich davor, der Sache auf den Grund zu gehen.

Eines Tages – ich befand mich gerade draußen auf der Toilette mit den zwei Löchern und erledigte mein tägliches Geschäft – gab es eine derart heftige Explosion unter mir, daß es mich vom Sitz hob und ich schreiend in den Hof hinausrannte; meine Hosenbeine baumelten noch unten um meine Knöchel herum. Glen und Brian wälzten sich vor Lachen auf dem Boden. Sie hatten die Donnerbüchse geladen und den Gewehrlauf leise durch eine Öffnung an der Rückseite der Toilette geschoben. Sie waren davon ausgegangen, ich säße auf dem weiter von ihnen entfernten Loch. Als sie feuerten, saß ich jedoch auf dem näheren, meine empfindlichsten Körperteile nur wenige Zentimeter von der Mündung des Gewehrlaufs entfernt. Das Schießpulver hinterließ schmerzhafte Verbrennungen, und ich konnte mehrere Tage lang nicht sitzen. Unser Viererbund hielt nicht wesentlich länger. Am Ende stellten Zack und ich die Auftragsarbeit sogar noch rechtzeitig fertig. Wir beide lebten und arbeiteten in den darauffolgenden zweieinhalb Jahren in der Schmiede in Greenwood.

KAPITEL 4

Paula

NACH EIN PAAR JAHREN langweilte mich die Arbeit in der Schmiede. Das war 1966, und ich war 27 Jahre alt. Es traf sich gut, daß ein paar Freunde von mir mit dem Landrover nach Brasilien fahren wollten und mich als Fahrer und Mechaniker mitnahmen.

Das einzig Gute an dieser Reise war, daß wir in der Künstlerkolonie von San Miguel D'Allende in Mexiko drei blonde Frauen kennenlernten. Eine von ihnen, Paula Vockeroth, war einsachtzig groß und wunderschön. Wenn sie die Straße hinunterging, geriet der Verkehr ins Stocken. Es dauerte nicht lange, bis wir uns verabredeten. Ich hatte angenommen, Paula sei vielleicht 20, doch sie war erst 17 Jahre alt. Sie lernte Weben und Textilherstellung und wohnte bei einer Familie namens Bridgen, mochte aber einige der Leute dort nicht besonders.

Ich half ihr bei einem Chemiekursus der zwölften Klasse eines Fernlehrinstituts, und so wurden wir Freunde. Schließlich fragte ich sie:

»Warum ziehst du nicht bei mir ein?«

»Was würden meine Eltern dazu sagen?«

»Erzähl ihnen, daß du zu einer anderen Familie ziehst.«

Für die nächsten paar Monate lebten Paula und ich nun zusammen, und als das Schuljahr vorüber war, fuhren wir mit dem Zug nach Toronto. Ihre Eltern holten uns vom Bahnhof ab und nahmen wohl an, ich sei nur eine Reisebekanntschaft und zufällig mit Paula nach Toronto gefahren.

Sie hatten die Absicht, Paula weiter auf die High School zu schicken, wir aber hatten andere Pläne.

Wir teilten ihrem Vater, der bei der *Staatlichen Behörde für Umweltmeßtechnik* arbeitete, mit: »Wir werden heiraten.«

»Wie bitte?«

Er war Ingenieur und Meteorologe und hielt mich für einen ausgeflippten Künstler. Aber bald erkannten Paulas Eltern, daß es uns mit der Heirat ernst war und wir unsere Meinung nicht ändern würden.

Während einer der Debatten wegen unserer Heirat sagte Paulas Vater: »Es wäre sicher gut, Paula für ein Jahr nach Europa zu schicken.« Offensichtlich glaubten sie, ein Jahr der Trennung von mir würde Paula zur Vernunft bringen. Ich aber warf ein: »Das ist eine gute Idee, denn ich wollte selbst schon immer mal nach Europa.«

Heute kann ich darüber lachen, damals jedoch war mir ganz anders zumute. Jeder von uns mußte Zugeständnisse machen. Paula würde zurück auf die High School gehen und ihren Abschluß machen, und wir würden zustimmen, unsere Heirat um ein Jahr aufzuschieben.

Ich nahm eine Stelle an, und Paula besuchte wieder die Schule. Ich war abgebrannt, fand aber Arbeit in einer Schweißerwerkstatt und verdiente ein bißchen Geld. Eines Tages sah ich in der Werkstatt einen Haufen Schrott herumliegen, und mir kam die Idee, daraus etwas zu machen. Ich zahlte 6 Dollar und der Haufen gehörte mir. Mein Freund Gerry Fisher hatte in Greenwood gerade ein neu renoviertes Restaurant eröffnet, das The Paddock hieß, und ich wohnte in einem Apartment hinter dem Restaurant. Ich machte ihm einen Vorschlag: »Ich habe mir diesen Haufen Schrott gekauft und werde daraus ein eisernes Pferd machen, das du vor dein Restaurant stellen kannst. Es wird eine Menge Aufmerksamkeit auf sich ziehen. Du besorgst das Schweißgerät, und ich mache das Pferd. Ich verlange dafür nichts, außer umsonst in dem Apartment hinter dem Restaurant wohnen zu können, und solltest du das Pferd je verkaufen, bekomme ich die Hälfte von dem Erlös.«

Er sagte: »Einverstanden.«

Also bastelte ich aus dem Schrott ein lebensgroßes Pferd und schweißte die Teile zusammen. Pferde gelingen mir recht gut. Jenes hat einen Auspuff als Arschloch, und entlang der Mitte seines Körpers verläuft eine große Kurbelwelle. Es erregte jede Menge Aufmerksamkeit. Paula und ich trafen uns natürlich weiterhin, und als sie im Sommer als Ferienjob das Restaurant führte, summierten sich meine Restaurantrechnungen zu einem stattlichen Betrag. Damit ich meine Schulden zahlen konnte, entschieden wir uns schließlich,

*Von links nach rechts:
Mike Roche, Bill und
Bruce Lloyd richten
das FRON-Haus für
eine Ausstellung her,
1967.*

das Pferd zu verkaufen. Allerdings brauchten wir ein wenig Publicity, um es loszuwerden. Ein paar meiner Freunde und ich kamen auf die Idee, etwas ähnliches wie die alte Geschichte vom Trojanischen Pferd zu inszenieren. Ich konstruierte einen Anhänger, um das ungefähr eine Tonne schwere Pferd zu transportieren, und ein Podest, damit wir es am Zielort abladen konnten. Danach fuhren wir nachts mit dem Pferd quer durch Toronto und luden es kurz vor der Morgendämmerung direkt vor der Stadthalle am Nathan Philips Square ab. Seine Entdeckung sorgte für große Verwirrung. Die Wartungsmannschaft der Stadthalle hatte keine Ahnung, was diese Kreation dort zu suchen hatte. Die gesamte bürokratische Verwaltung geriet in helle Aufregung. Man nahm an, jemand hätte ein Pferd aus Eisen bestellt. Aber keiner hatte das veranlaßt oder wußte von einem solchen Auftrag. Die Leute riefen: »Wo ist die Sicherheitsabteilung? Niemand sollte so etwas tun dürfen!« Das Pferd hielt Einzug ins Fernsehen, auf die Titelseiten sämtlicher Tageszeitungen von Toronto und auch in die Nachrichtensendung des staatlichen Rundfunks CTV (Canadian Television). Und schließlich kam heraus, daß es mein Werk war.

Wir brachten das Pferd zurück nach Greenwood. Es war verkauft. Als nächstes trat Gerry Fisher, dem die Tankstelle gehörte und der außerdem mit landwirtschaftlichen Maschinen handelte, auf den Plan. Er besorgte dem Pferd eine Hauptrolle auf der Royal Winter Fair, einer staatlichen Landwirtschaftsausstellung. Die Aussteller für Landwirtschaftsmaschinen tauschten es untereinander aus, um es vor ihren Ständen zu zeigen. Eines Tages rief mich Gerry an und sagte: »Komm besser mal hierher.«

Ich fand mein Pferd umgeben von einer Menge Leute, die es anstarrten. Offensichtlich war es ein großer Hit. In diesem Jahr hatte Prinz Philip die Royal Winter Fair eröffnet. Zusammen mit zahlreichen Direktoren der Ausstellung ging er sich mein Pferd anschauen und schlug vor: »Dieses Pferd sollte hier dauerhaft aufgestellt werden.«

Nach langem Hin und Her mit der Direktion entschied man sich – trotz Prinz Philips Empfehlung – gegen den Ankauf des Pferdes. Aufgrund der Publicity konnte ich später allerdings mehrere Pferde verkaufen.

PAULA UND ICH warteten wie wir es versprochen hatten ein Jahr lang. Am 27. Juni 1968 heirateten wir. Jenes Jahr erwies sich auch in anderer Hinsicht als großartig, da die Messeleitung der Londoner Ausstellung für 5000 Dollar eine Pferdeskulptur bei mir orderte. Außerdem erhielt ich von einer großen Metallwarenhandlung den Auftrag, für 20 000 Dollar eine Wandskulptur für Ottawa zu kreieren. Ungefähr 15 000 Dollar bekam ich ausbezahlt, und für 5000 Dollar durfte ich bei dem Unternehmen einkaufen. Zur damaligen Zeit waren 5000 Dollar ein nicht gerade geringer Kredit. Also zogen wir los und kauften auf einer Auktion ein hundert Jahre altes Schulhaus, eine Ein-Zimmer-Schule mit dem dazugehörigen Grund. Zumindest teilweise wegen des Pferdes wandelte ich mich von einem armen Schlucker zum Hausbesitzer und Ehemann. Mit dem Kredit in Pascals Metallwarenhandlung möblierten wir unser Schulhaus und richteten ein Atelier ein.

Ein paar Jahre lang führten wir ein sehr angenehmes und heiteres Leben, da ich noch mehrere kleine Wandskulpturen für Pascal und weitere Tiere für die

Londoner Ausstellung fertigen durfte. Damit hatten wir genug Geld zum Leben, denn damals verbrauchten wir nur etwa 50 Dollar im Monat.

Etwas früher in diesem Herbst hatten wir uns entschlossen, den Winter in Mexiko zu verbringen. Im Süden zu überwintern ist billiger, als ein Haus in Kanada zu heizen. Wir vermieteten unser Haus an den Gitarristen einer Rockband und dessen Familie und verwandelten einen alten Ford-Transporter in ein Wohnmobil, indem wir das Top eines Austin Mini aufs Dach schweißten und so eine Art Kommandoturm entstand. Dann verfrachteten wir mein Geländemotorrad auf den Anhänger und fuhren nach Kalifornien. Wir wollten unseren gemeinsamen Weg entlang der Westküste zurückverfolgen und den Winter vielleicht in San Miguel verbringen. Als wir in Kalifornien eintrafen, war bereits Ebbe in unserer Kasse. Ich verkaufte das Motorrad und arbeitete ein paar Wochen lang in einer Motorradwerkstatt in Palm Springs. Dann machten wir uns auf nach Mexiko und zogen die meiste Zeit des Winters an der Westküste entlang. Im Februar kehrten wir wieder zurück und fanden die Rockgruppe noch immer in unserem Haus vor. Wir mußten feststellen, daß die Leute weder Miete gezahlt noch fällige Rechnungen beglichen hatten. Als wir ankamen, saßen sie um den Elektroherd in der Küche herum, da ihnen das Heizöl abgedreht worden war. Wir konnten bei unserer Rückkehr also nicht auf das erhoffte kleine Polster aus Mieteinnahmen zurückgreifen, sondern standen vor einem Schuldenberg. Nachdem wir die Angelegenheit geregelt hatten und wieder in unserem Haus wohnten, beantragten wir Sozialhilfe. Die Sekretärin im Büro des Sozialamtes hatte früher an meiner ehemaligen Schule, der Pickering High School, gearbeitet. Damals war ich häufig wegen disziplinarischer Maßnahmen ins Sekretariat beordert worden. Ich sagte ihr, daß ich Sozialhilfe beantragen wolle. Sie lachte und glaubte, ich mache einen Scherz, da ich wegen meiner Skulpturen bereits sehr bekannt war. Sie dachte, ich sei wohlhabend. Ich aber wollte weder meinen Vater noch Paulas Eltern um Geld bitten.

Drei Monate gingen ins Land, bevor sich das Blatt wendete und das Schicksal mir die Kraft verlieh, ein Projekt in Angriff zu nehmen, auf das ich noch heute stolz bin. Lassen Sie mich ein wenig weiter in die Vergangenheit zurückgehen und Ihnen erzählen, wie es dazu kam.

DER HIGHWAY 141 von Parry Sound nach Bracebridge im nördlichen Mittelontario windet sich durch die schroffen, ursprünglichen Felsformationen und kristallklaren Seen des Distrikts Muskoka in Ontario.

Paula und ich befanden uns auf dem etwa 150 Kilometer langen Heimweg von einem Aufenthalt im Norden. Hoch über uns hatten Neil Armstrong und Buzz Aldrin bereits ihre Landung auf dem Mond hinter sich und ruhten sich gerade aus, bevor sie die Mondoberfläche betreten sollten. Als es offensichtlich war, daß wir es nicht bis nach Hause schaffen würden, um dieses Jahrhundertereignis auf unserem Fernsehschirm mitverfolgen zu können, fuhren wir in Richtung Osten nach Baysville am Bayssee. Dort sahen wir am Fernsehschirm eines Freundes den Erdlingen zu, wie sie beinahe 100 000 Kilometer über uns in das *Mare Tranquillitatis* hinabstiegen. Man weiß nicht genau, wie viele Leute diesem Ereignis am Fernsehschirm beiwohnten. Ich jedenfalls schätze, daß es mehr Menschen bewegte als jedes andere Ereignis in der Geschichte der Menschheit. Uns überkam ein Gefühl von wahrhaft globaler, planetarischer, ja kosmischer Tiefe.

Noch bevor ich 10 Jahre alt wurde, wußte ich, daß der Mensch eines Tages auf dem Mond landen würde. In einem meiner Tagträume in der Kindheit war ich der erste Mann auf dem Mond gewesen. Es sollte das Abenteuer meiner Generation werden – ein Ereignis, größer als jedes andere zuvor in unserer Geschichte. Auf der High School hatte ich ein paar Jahre, bevor die Sowjets ihren unbemannten Sputnik in die Erdumlaufbahn schickten, und 12 Jahre vor Armstrongs »kleinem Schritt« ein Wandgemälde geschaffen, in dem ich meine Vorstellung von der Mondlandung wiedergab. Nun, Jahre später, überwältigte mich schier, daß diese Männer tatsächlich auf dem Mond gelandet waren. In gewisser Weise hatte sich mein Traum also erfüllt – und eine großartige Erweiterung des menschlichen Horizontes wurde auf den Fernsehbildschirmen zu Hause sichtbar: das Bild der Erde, die über dem Mond aufging! Da war sie, unser kugelrundes Juwel, unser Zuhause auf seinem Weg durch den Kosmos, wo Milliarden von uns lebten, liebten, kämpften, arbeiteten, spielten, stets geschützt durch die Erdatmosphäre. Zu Weihnachten schenkte mir meine Schwester Alaine eine kleine Plastik der Mondlandefähre.

Dann kam mir die zündende Idee: Ich beschloß, die Mondlandefähre in Originalgröße nachzubauen! Das Bild der Fähre, das wir alle noch vor Augen hatten, würde zu einem Heiligtum für uns werden, dachte ich. Ich wollte dieses einzigartige Modell des ersten Gefährts, mit dem der Mensch auf einem anderen Planeten gelandet war, dann an ein Museum verkaufen. Es sollte eine Mondlandefähre auf der Erde werden, die uns tagtäglich daran erinnern sollte, welch wunderbaren Himmelskörper wir bevölkern, ein Denkmal für die erste extraterrestrische Landung des Menschen. (Und von meinem Standpunkt aus gesehen, bestand der praktische Nutzen dieses Vorhabens darin, aus dem Erlös

des Modells einen Schuppen zu bauen, den ich dringend brauchte und ohne Baugenehmigung errichten konnte.) Die Idee wurde zur Leidenschaft, aber ich hatte kein Geld, um das Projekt in Angriff zu nehmen. Als Bildhauer verdient man selbst in guten Zeiten nicht sonderlich viel. Paulas späterer Erfolg in der Modebranche mit aus Pelzen gefertigten Stoffen war noch ein Traum, und ich war beruflich gerade in einer Talsohle. Aber ich hatte einen Freund, der sehr viel Geld mit Schulbussen verdiente. Ihm erklärte ich mein Vorhaben und fragte ihn: »Willst du das finanzieren?«

Er antwortete: »Nein, aber ich kann dich meinem Bankier vorstellen.« Er nahm mich mit zur Royal Bank und sagte den Bankleuten: »Sie haben sicher schon von meinem Freund, einem hervorragenden Bildhauer, gehört. Er hat da ein Projekt, mit dem er auf lange Sicht sehr viel Geld verdienen wird, das er jedoch jetzt finanzieren muß. Können Sie ihm einen Kredit geben?«

»Natürlich, wieviel brauchen Sie?«

Ich hatte keine Ahnung, wieviel Geld ich aufnehmen sollte, und sagte: »Hm, 8000 Dollar.«

»In Ordnung, unterzeichnen Sie hier.«

Mit diesen 8000 Dollar kamen wir durch das Jahr 1971. Ich tat mich mit Robin Teeling, einem alten Motorradkumpel, zusammen, einem Werkzeugmacher und Formenbauer, der gerade keinen Job hatte, und wir machten uns an die Arbeit. Vor allem mit dem Design gab es Probleme, aber im Frühjahr 1972, als es Paula und mich noch schwerer traf, waren wir fast fertig. Die Bundesregierung gab den Plan bekannt, in unserer Gegend einen großen Flughafen zu bauen. Im Namen der Queen sollten Tausende Hektar Grund beschlagnahmt und wir mit Hunderten anderer Hausbesitzer enteignet werden!

Man hatte uns die Genehmigung für einen Anbau an unser Schulhaus verweigert. Paula war schwanger, und wir benötigten dringend mehr Platz. Daher konnten wir uns nicht entscheiden, ob wir den Flughafen bekämpfen oder lieber das Geld vom Staat annehmen und uns an anderer Stelle ein Haus bauen sollten. Ich neigte eher dazu, das Geld vom Staat anzunehmen, als mich ein Zeitungsreporter besuchte und meine Meinung änderte. Nachdem er mir Einzelheiten über verschiedene politische Händel, was Flughafenprojekte in Montreal, New York und anderswo anging, geliefert hatte, war ich Feuer und Flamme und sagte: »Was gehen uns die Politiker an? Sollen wir eine Bombe auf sie werfen, um ihre Aufmerksamkeit zu gewinnen, oder was?«

Diesen Satz zitierte er in der Zeitung und brachte dazu ein Bild von mir und Paula, auf dem ich in abgelegter Militärkleidung und mit noch immer langen Haaren zu sehen war. Außerdem trug ich einen Bart und stand mit einem alten

Das eiserne »Trojanische Pferd« vor der Stadthalle von Toronto im August 1967.

55

Lee-Enfield-Gewehr in der Hand da. Die Überschrift lautete: LISHMAN
IST BEREIT, GEGEN DEN FLUGPLATZ ZU KÄMPFEN!

Dann stand mein Telefon nicht mehr still. Ich erhielt Tausende von Anrufen
von Leuten, die sich alle in meinem Sinne engagieren wollten. So wurde ich
zu einem der Anführer im Kampf gegen den Flughafen.

Ich inszenierte die Fernsehauftritte. Unsere Aktionen: ein Scheinbegräbnis
im Queen's Park, bei dem die Leichen, samt und sonders in Schwarz gekleidet
(die Kostüme stammten von Paula), Wildblumen trugen; eine provokative Zeitung, die aufgemacht war wie eine Informationsbroschüre der Regierung, und
so weiter. In dem Augenblick, in dem ich diese Worte niederschreibe, also
23 Jahre nach dem Ereignis, gibt es immer noch keinen Flughafen, und es
wird auch nie einen geben!

Im Hochsommer des Jahres 1972 kamen zahlreiche
Freunde, um mich nicht nur in meinem Kampf gegen den Flughafen, sondern
auch bei der Fertigstellung der Mondlandefähre zu unterstützen. Jetzt war nur
noch so wenig von dem Kredit übrig, daß wir sogar unsere Werkzeuge aus
geschnorrtem Material zusammenschusterten. Mein talentierter Freund Zack
setzte aus den ausrangierten Schaufelblättern einer Planiermaschine eine
geniale Metallschere zusammen, und Bill Miller baute aus der Zündspule
eines Heizkessels, einigen Glasscheiben und Aluminiumfolie ein Schweißgerät, mit dem er die gesamten Aluminiumschweißarbeiten machte. In einem
Schrotthandel trieb ich einige Industrieklemmen auf, aus denen ich zusammen
mit anderem ausrangierten Material ein Gerät zum Brechen von Metall-
blechen baute. Wir kämpften uns weiter voran. Ich hatte für das Projekt so
gewissenhaft wie möglich recherchiert, sogar an Grumman, den Erbauer der
Mondlandefähre, geschrieben und die NASA um Zeichnungen gebeten, jedoch nichts bekommen, was man als technische Zeichnung gelten lassen
könnte, nur ein paar einfache isometrische Skizzen und Fotografien mit
begrenztem Aussagewert. Ich glaube, sie hatten nicht begriffen, welche Genauigkeit ich anstrebte. Erstaunlicherweise war meine Mondlandefähre genau
zu dem Zeitpunkt fertig, für den man die letzte Reise zum Mond festgesetzt
hatte.

Während des Kampfes gegen den Flughafen lernte ich Larry Miller, einen
ehrgeizigen Filmemacher, kennen, der sich für mein Projekt der Mondlandefähre begeisterte. Zusammen trieben wir ein wenig Geld auf und drehten eine
kurze Reportage über den Bau der Fähre.

Die fertiggestellte Fähre erregte viel Aufmerksamkeit. Die meisten Leute hatten schon Bilder von dem Originalexemplar der NASA gesehen und trauten ihren Augen nicht, als sie unser Modell an der ländlichen Nebenstraße in Ontario beim Vorbeifahren zufällig zu sehen bekamen. Sie traten auf die Bremsen, stießen mit dem Wagen zurück, stiegen aus, schauten noch immer ungläubig und fragten, was das für ein Ding sei. Wenn ich es ihnen sagte, antworteten sie: »Genau das habe ich mir gedacht.« Dann ließen sie ihrer Neugier freien Lauf und erkundigten sich nach dem Sinn und Zweck des Nachbaus. Ich war mir damals – unter dem Druck der drohenden Enteignung unseres Schulhauses – selbst nicht ganz im klaren darüber und erfand immer wieder neue Erklärungen. Einem Touristen erzählte ich, unser Planet sei in ein paar Jahren zerstört und ich hätte deshalb ein Raumschiff gebaut, um meinen Sohn zu einem anderen Planeten zu schicken, wo er über tausendmal größere Kräfte verfügen würde als hier auf Erden (Superman läßt grüßen!). Ein anderes Mal gab ich zur Antwort, ich hätte keine Ahnung, woher es gekommen sei; eines Morgens sei es einfach dagewesen. Bei anderen Gelegenheiten erzählte ich, ich hätte es als Köder für UFOs gebaut. Wir amüsierten uns köstlich und viele andere Leute auch.

ICH HATTE IN UNSEREM SCHULHAUS einen ganz besonderen Tisch installiert, der im knapp vier Meter hohen Dachgewölbe untergebracht war und sich bei Bedarf herunterfahren ließ, was äußerst praktisch war, da er den einen Raum, der uns zur Verfügung stand, im Nu von einem Wohn- in ein Eßzimmer verwandelte. Außerdem hatten wir großen Spaß damit. Wenn wir Gäste erwarteten, konnten wir den Tisch decken und unter der Decke verschwinden lassen. Wurden unsere Gäste dann allmählich nervös und unsicher, ob wir sie nun zum Essen eingeladen hatten oder nicht, betätigten wir den Hebel, und der gedeckte Tisch (die Speisen wurden durch Lampen an der Decke warm gehalten) schwebte herunter. Die Tischbeleuchtung, Glühbirnen in kugelförmigen Reflektorgehäusen, hingen an Gegengewichten und waren, wenn sich der Tisch unter der Decke befand, unsichtbar. Aus irgendeinem Grund kam beim Herablassen immer erst der Tisch herunter, und ein paar Sekunden später schwebten die Lampen eine nach der anderen anmutig hinterher, und hielten in unterschiedlichem, aber perfektem Abstand über dem Tisch an.

Eines Samstagabends hatten ein Freund und ich verrückte Hüte aus meiner Hutsammlung aufgesetzt. Wir saßen am Tisch. Er wußte nicht, daß der Tisch hochgefahren werden konnte, und so führte ich es ihm vor. Natürlich verschwanden mit dem Tisch auch die Lampen und ließen uns im Dunkeln zurück. Kurz darauf betätigte ich wieder den Schalter, und gerade als der Tisch herabsank, traten einige ziemlich versteinert dreinblickende Leute, die von der beleuchteten Mondlandefähre draußen angelockt worden waren, in die Tür. Sie standen im Eingang und beobachteten das surreale Diorama: ein von der Decke herabsinkender Tisch zwischen zwei wild aufgeputzten bärtigen Typen. Sie schauten sich vollkommen ungläubig an und traten, ohne daß auch nur ein Wort über ihre Lippen kam, fluchtartig den Rückzug an, wobei sie vor lauter Aufregung übereinander stolperten.

Eines Tages stattete uns Harvey Kirk, ein Nachrichtenmoderator von CTV, der wie jeder andere Interessierte zufällig vorbeigefahren war, einen Besuch ab. Er hatte für das CTV die Mondlandung von Houston aus kommentiert, und meine Mondlandefähre machte ihn neugierig. Wir blieben in Kontakt, und schließlich übernahm Harvey in unserer Filmreportage über den Bau der Fähre die Rolle des Sprechers. Der acht Minuten lange Filmbeitrag wurde sowohl von CTV als auch von CBS (Columbia Broadcasting System) dermaßen zusammengeschnitten, daß er nicht mehr als unser Film erkennbar war.

Als Apollo 17 landete, übertrug ihn CBS landesweit und schickte uns dafür etwa einen Monat später einen Scheck über 100 Dollar. CTV zahlte die fünffache Summe.

Unsere Produktionskosten hatten sich jedoch auf beinahe 2000 Dollar belaufen. Offensichtlich waren weder Larry noch ich je auch nur entfernt in die Nähe der Harvard Business School gelangt. Unsere filmerischen Ambitionen jedenfalls kamen zum Erliegen.

Im darauffolgenden Jahr zogen wir nach Purple Hill, etwa 30 Kilometer östlich des alten Schulhauses gelegen. Nun schien es an der Zeit, die Mondlandefähre zu verkaufen. Aber wie? Wir versuchten es, indem wir sämtliche Wissenschafts- und Flugzeugkundemuseen in Kanada und den USA anschrieben. Zunächst gab es ermutigende Reaktionen. Die meiste Begeisterung zeigte der Kurator des Museums in Neil Armstrongs Heimatstadt Wapakoneta in Ohio.

Und wieder erhielten wir eine Lektion im Geschäftemachen. Museen, so scheint es, kaufen Dinge nur in seltenen Fällen. Einzelpersonen und Körperschaften stiften die Gegenstände und schreiben die Stiftung steuerlich ab. Das ist genau das, was sich ein verhungernder kanadischer Künstler leisten kann! Ich nahm die Mondlandefähre auseinander, schaffte sie hinüber zu unserem neuen Zuhause und beließ sie demontiert, da ich einen derart starken Zustrom von Neugierigen, wie er sich zuvor im alten Schulhaus eingestellt hatte, ver-

Meine Nachbildung der Mondfähre mit dem Titel »Moonship on Earth« vor ihrer Versendung nach Japan.

meiden wollte. Die Fähre wurde zu meinem weißen Elefanten, meinem ganz persönlichen Albatros. Im Laufe der Jahre zogen mich viele Leute wegen des Projektes auf, dessen Teile inzwischen vor meiner neuen Werkstatt verrotteten.

Zwölf Jahre nachdem ich das Projekt in Angriff genommen hatte, rief mich Clarence Page aus Oklahoma City an, ein ehemaliger Pilot, der im Ersten Weltkrieg gedient hatte. Zusammen mit dem einstigen Astronauten Tom Stafford hatte er die Oklahoma Aviation and Space Hall of Fame gegründet. Jahre zuvor war auch er mit mir wegen einer Stiftung der Mondlandefähre in Kontakt getreten. Er wollte wissen, ob ich sie noch besäße, und teilte mir mit, daß er mir ein paar Japaner schicken würde und ich mit ihnen jeden beliebigen Preis aushandeln könne – was sich als eine weitere Lektion im Geschäftemachen erweisen sollte!

Einige Tage darauf kam Mr. Tanaka nach Kanada und traf sich mit mir. Ich hatte den Bewuchs von der Fähre entfernt und einige der Bauteile aufgebockt. Natürlich machte das Ganze einen etwas heruntergekommenen Eindruck, aber daß es sich um die Mondlandefähre handelte, war noch immer zweifelsfrei zu erkennen. Auf dem Weg zum Flughafen fragte mich Tanaka, wie es mir gelungen sei, von Grumman eine Mondlandefähre zu bekommen. Ich versicherte ihm, daß es sich bei dem Exemplar um ein kanadisches Erzeugnis handele und nicht um eine von Grummans Fähren, nur sei es mit diesen in Größe und Ausführung identisch. Wie viele japanische Geschäftsleute, die ich seitdem kennenlernen durfte, ließ sich Mr. Tanaka nicht in die Karten schauen. Er redete wenig, fragte nur nach dem Preis und verabschiedete sich. Zwei Wochen darauf rief er mich an und teilte mir mit, seine Firma würde die Mondlandefähre gerne kaufen. Er bat mich, ihn in zwei Tagen an der Smithsonian Institution in Washington zu treffen. Ich fuhr hin, und vor der einzigen noch existierenden originalen Mondlandefähre unterzeichneten wir den Vertrag.

Ich verpflichtete mich, die Mondlandefähre binnen sechs Wochen komplett zu restaurieren. Sie sollte zu Ehren des 25jährigen Bestehens der NASA auf der Great Space Shuttle Exhibition in Tokio gezeigt werden und zum wichtigsten Exponat des Teilthemas »Gestern« aus der Gesamtthematik »Raumfahrt, gestern, heute und morgen« werden.

»Außerdem würden wir uns freuen, Mr. Lishman, wenn Sie an der Eröffnung teilnähmen und wir sie als Ehrengast begrüßen dürften. Wir werden Sie mit Ihrer Gattin erster Klasse nach Tokio einfliegen und Sie im Palace Hotel, in einem Flügel des alten Kaiserpalastes, unterbringen. Einverstanden?«

Einverstanden! Kein weißer Elefant mehr und kein Albatros! Sie hatten sich zu Gold verwandelt! Ich war so begeistert über diesen unerwarteten Verkauf der Mondlandefähre nach 12 Jahren, daß ich nach New York flog, wo Paula gerade geschäftlich zu tun hatte. Wir erstanden eine Flasche besten Champagners und feierten.

Während der darauffolgenden sechs Wochen mußten wir uns sehr beeilen. Mit Unterstützung einer Reihe von Helfern restaurierten wir die Mondlandefähre vollständig, fertigten sogar noch ein paar weitere Teile an, die ich an dem Original in der Smithsonian Institution entdeckt hatte. Ich lieferte die Fähre rechtzeitig ab, und Paula und ich flogen erster Klasse nach Japan. Bei der Eröffnung der Ausstellung gab es viel Pomp und Zeremonien, sogar der Botschafter der USA und Japans königliche Familie waren zugegen. Paula und ich saßen in der Mitte der vordersten Reihe und wurden als Mitglieder des Teams der NASA-Ausstellung vorgestellt – wir unterließen es, den Fehler zu korrigieren. Als man uns dem Botschafter der Vereinigten Staaten vorstellte, sagte er: »Darf ich fragen, wo Sie herkommen?« Als ich ihm antwortete: »Aus Blackstone in Ontario«, blickte er verwundert drein und ging von dannen.

Aber es gibt noch etwas zu berichten.

Der Gentleman aus Oklahoma wußte, daß die Japaner verzweifelt auf der Suche nach einer Mondlandefähre waren, und hatte sein eigenes Geschäft gemacht. Im Gegensatz zu uns hatte er wohl die Business School besucht. Für eine hohe Summe hatten die Japaner das Originalmodell der Raumfähre *Pathfinder* gekauft, auseinandergenommen, nach Tokio transportiert, eigens ein Gebäude errichtet, um es ausstellen zu können, und die halbe Welt nach der Mondlandefähre abgesucht. Doch alle Originale, außer dem Exemplar in der Smithsonian Institution, waren auf dem Mond. Ich besaß die einzige Kopie auf Erden! Clarence Page und Tom Stafford hatten mit den Japanern ausgehandelt, daß die Mondlandefähre nach der Great-Space-Shuttle-Ausstellung zurückkehren und dauerhaft in der Oklahoma Aviation and Space Hall of Fame ausgestellt würde, wenn sie ihren Geschäftspartnern verrieten, wo sie sich befände.

Unsere Tochter Carmen wurde an genau dem Abend in New York gezeugt, an dem Paula und ich zwölf Jahre nach dem Baubeginn der Fähre deren Verkauf feierten. Wenn ich mir Carmen heute ansehe, muß ich lächeln und daran denken, daß ich, wenn sie ein bißchen älter ist, mit ihr nach Oklahoma City fahren werde, um ihr meine Kopie des ersten Raumschiffes, mit dem der Mensch auf einem anderen Planeten landete, zu zeigen – vielleicht an ihrem zwölften Geburtstag.

KAPITEL 5

Abenteuer in der Luft

MIT DER ZEIT erwarb ich mir als Bildhauer einen Namen, war jedoch nicht auf meine künstlerische Arbeit fixiert, sondern dachte immer noch ans Fliegen. Daher ließ ich mich sehr schnell von Mike Robertson, einem Nachbarn von uns, für eine ganz neue Art des Fliegens begeistern.

In den frühen siebziger Jahren baute man die ersten, noch sehr primitiven Hängegleiter. Mike war zu einem Lokalmatador geworden, weil er an einem solchen Drachen, der von einem Motorboot über den Ontariosee gezogen wurde, unglaubliche Kunststücke vollführte.

Ich war erstaunt, als ich erfuhr, daß die Ursprünge des bemannten Hängegleitflugs noch weit vor den Gebrüdern Wright lagen. Ein Deutscher namens Otto Lilienthal baute den ersten bemannten Gleiter, nachdem er sich zwanzig Jahre lang mit dem Vogelflug beschäftigt und mit Modellen experimentiert hatte. Lilienthal nahm mit dem Gleiter auf seinen Schultern Anlauf, und wenn er abhob, hing er mit seinen Achseln im Gerät; daher rührt auch die Bezeichnung Hängegleiter. Für seine Flugversuche ließ er sogar eigens einen Hügel aufschütten. Diese frühe Form des Drachenfliegens geriet allerdings rasch wieder in Vergessenheit, nachdem Lilienthal 1896 mit einem seiner neuartigen Fluggeräte abgestürzt und ums Leben gekommen war.

John J. Montgomery, einem Amerikaner, gebührt die Ehre, Vater der modernen Luftfahrt genannt zu werden. Die frühen Flugpioniere hatten sich profilloser

Tragflächen bedient, er aber untersuchte den Vogelflügel querschnittsweise und entdeckte, daß ein solcher Querschnitt im Flug eine parabolische Form hat. Montgomery also ist die bahnbrechende Entdeckung des profilierten Vogelflügels zuzuschreiben, welche die Eroberung des Luftraums überhaupt erst möglich machte. Im Jahre 1883 startete Montgomery vom Kamm des südlich von San Diego gelegenen Otay Mesa und flog tatsächlich 200 Meter weit. Zwanzig Jahre später starteten die Gebrüder Wright zu ihrem ersten motorgetriebenen Flug, und von da an schien man sich nicht mehr für den langsamen, lautlosen Flug zu interessieren, sondern es zählten nur noch Geschwindigkeit, Höhe und Distanz. Die zivile Luftfahrt entwuchs ihren romantischen Anfängen und wurde – so sahen es viele – nützlich, überreguliert und langweilig. Man entwickelte Flugzeugformen, die nur noch wenig mit der wunderbaren Gestalt fliegender Vögel gemein hatten. 1949 ließ Francis M. Rogallo einen einfachen, deltaförmigen, nur aus Röhren und Tuch bestehenden Drachen patentieren. Er wollte damit den herkömmlichen Fallschirm in vielerlei Hinsicht ersetzen und dem Piloten eine wesentlich bessere Kontrolle über die Flugrichtung ermöglichen. Der Rogallo-Drachen durchlief zahlreiche Tests, um ihn für die NASA und das Militär nutzbar zu machen, konnte den Fallschirm aber letztlich nicht ersetzen.

In den späten sechziger Jahren griff der Australier Bill Moyes die Idee Rogallos auf und konstruierte einen flexiblen, für den bemannten Flug geeigneten Drachen. Sein Partner Bill Bennet stellte das Gerät am 4. Juli 1969 in den Vereinigten Staaten vor. Er ließ sich von einem Motorboot den Hudson flußaufwärts schleppen und überflog anschließend mit dem Rogallo-Drachen die Freiheitsstatue.

Es dauerte nicht lange, und die Lust auf das Abenteuer in der Luft wurde wieder entfacht. Bald experimentierten allerorten Tüftler und Möchtegern-Piloten mit dem besonders einfach konstruierten Rogallo-Drachen. Die Gebrüder Wills aus Kalifornien bauten Hängegleiter aus Bambusrohren und Polyethylenfilm. Dem ebenfalls aus Kalifornien stammenden Dave Kilbourne schreibt man die Perfektionierung des Fußstarts dieser frühen zerbrechlichen Fluggeräte zu.

Im Osten Kanadas war Michael Robertson der Pionier des Hängegleitfluges. Als Athlet und Showman hatte er sich bereits von einfachen Drachen auf die von Moyes und Bennet weiterentwickelten Hängegleiter des Rogallo-Typs verlegt und begonnen, einen eigenen zu bauen, den er im Laufen von einem Hügel aus starten konnte. Mike war der »fliegende Star« der Wasserski-Show auf der alljährlichen Canadian National Exhibition. Einen Tag nach Beendigung der Ausstellung im September 1972 zog ich mir Wasserski an, ließ mich an einen von Mikes Rogallo-Drachen schnallen und zu einem äußerst wackeligen Flug am Seeufer Torontos in die Luft ziehen. Es dauerte nur ein paar Minuten, bis ich zu weit ausscherte und der Flug mit einem Platschen, das sehr an die Teichlandungen meiner Gans Whitey erinnerte, im See endete. Aber dies war mein erster richtiger Flug, und wieder war ich wie besessen von dem Gedanken ans Fliegen.

In Purple Hill – so benannt, weil seine Hänge übersät sind mit dem Gemeinen Natterkopf – kaufte ich einen von Mikes selbstgebauten Rogallo-Drachen. Unter Mikes Anleitung rannte ich immer wieder den Hügel hinter dem Haus hinunter, bis ich am ganzen Körper von blauen Flecken übersät und um ein wenig Erfahrung reicher war. Später einmal bezeichnete Mike mich als seinen schlechtesten Schüler.

Der frühe klassische Rogallo-Drachen hatte seine Tücken. Sein Gleitwinkel war dem einer einfachen Spanplatte nur wenig überlegen, dafür aber besaß er weniger Stabilität. Wenn man beim Starten die Nase des Geräts nur leicht aus dem Wind nahm, wurde man blitzschnell auf den Hang zurückgeworfen. Nach zahlreichen Versuchen gelang es mir dennoch, für ein paar kurze Augenblicke in der Luft zu bleiben. Da in meiner Nähe kein brauchbarer Berg war, wurde mir schnell klar, daß Hängegleiter einen Antrieb benötigen, um mit ihnen in größere Höhen zu gelangen und etwas mehr Zeit dafür zu haben, sich von da oben aus ein wenig umzusehen.

Ich las einen Artikel über Icarus, einen Doppeldecker-Hängegleiter kalifornischen Ursprungs, der, von den Meeresklippen aus gestartet, mehr als 5 Stunden lang geflogen war. Das klang in meinen Ohren schon eher nach Vogelflug. Als ich endlich das Geld beisammenhatte und mir den Bausatz zulegen konnte, war Icarus bereits zum Easy Riser weiterentwickelt worden. Im Sommer des Jahres 1976 lud mich ein Freund ein, ihn in seiner Cessna 150 nach Oshkosh in Wisconsin zu begleiten. Meine erste Pilgerfahrt in das Weltzentrum für experimentellen Flugzeugbau! Dort hatte ich das große Glück, Zeuge eines wahrhaft inspirierenden Ereignisses zu werden. Ein Mann namens John Moodie hatte den Motor eines Go-Kart und einen Propeller hinten an einen Easy Riser montiert. Es gelang ihm, mit seinem Gleiter von ebenem Grund im Laufen zu starten und sich wie ein Vogel in die Luft zu schwingen. Dieser Flug war ein historisches und Ehrfurcht einflößendes Ereignis. Die Zuschauer verfolgten baß erstaunt, wie dieser Mann ein Paar Tragflächen auseinanderfaltete, einen Motor anschraubte, alles hochhob und in den Himmel davonrannte. Das war die Verwirklichung des uralten Menschheitstraums vom Fliegen und ein Meilenstein bei der »Neuerfindung« des Fliegens.

Ich verwende den Begriff »Neuerfindung«, da dieses Ereignis den ernsthaften Anfängen des Fliegens mit Ultraleichtfluggeräten voranging. Eine neue Garde von Piloten hatte sich in die Zeit Lilienthals und Montgomerys zurückversetzt, um sich jener Facette des bemannten Fluges zu verschreiben, die seit den Gebrüdern Wright übergangen worden war. Ein neues Abenteuer in den Lüften hatte begonnen. Im Jahre 1978 gelang es mir, über dem Luzernenfeld unseres Nachbarn Harvey Graham den Flug John Moodies zu wiederholen.

Im ersten Jahr meiner Fliegerei traf ich Jack Weber, der sich einen Easy Riser gebaut hatte. Unzählige Male vereinten wir damals auf Harveys Feld unsere Kräfte und flogen – oder versuchten es wenigstens. Nach mehreren verbogenen Tragflächen und zahlreichen frustrierenden Erlebnissen gelang es uns schließlich, den Hängegleiter erfolgreich mit Motor zu fliegen. In jenen frühen Tagen des motorgetriebenen Hängegleitflugs war es – wenn man erst einmal die nackte Angst überwunden hatte – ein Nervenkitzel, sich wie ein Vogel vom Boden aus in die Luft zu erheben.

Bei einem typischen Start zeigten die Flügel in den Wind, leicht nach vorne und unten gekippt, hinten vom Propellerschutz hochgehalten. Wenn der Motor guter Dinge war, sprang er nach ein paar Zügen an und verfiel dann in ungleichmäßigen Leerlauf. In das Fluggerät zu klettern und es auf den Schultern in die richtige Position zu bringen war der schwierigste Teil des Unterfangens. Bei laufendem Motor mußte man durch die vollgestopften unteren Stutzen steigen und sich zwischen die parallelen Steuergestänge kauern, sie mit einer Hand vorne und einer hinten ergreifen und die Nase des Easy Riser hochheben. Ein bißchen Wind half, den Hängegleiter aufzurichten. Wenn man alles ausbalanciert hatte und das Fluggerät mit der Nase genau in den Wind zeigte, mußte man die mit dem Schalter zum Abwürgen des Motors verbundene Leine zwischen die Zähne nehmen. (Man nannte das auch den »Spuckschalter«, da der Pilot beide Hände am Steuergestänge hatte und den Motor nur abwürgen konnte, indem er die Verbindungsleine ausspuckte.) Dies war ein Sicherheitsfaktor, der verhinderte, daß der Propeller Hackfleisch aus dem Piloten machte, falls dieser beim Start stolperte.

Das Fluggerät hochzuheben und auf den Schultern auszubalancieren, während man es gleichzeitig in den Wind richten mußte, war alles andere als einfach. Das Gerät wog mehr als 50 Kilo und hatte eine Spannweite von nahezu 9 Metern. Wenn die Nase zu hoch geriet und der Wind frisch war, lief man

Gefahr, umgeworfen zu werden. Geriet die Nase dagegen zu tief, erhöhte sich die Last durch den Winddruck enorm.

Wenn man erst einmal richtig stand und sich mit gespreizten Beinen gegen das Gewicht auf dem Rücken stemmte, mußte man das Gerät unbedingt im korrekten Anstellwinkel halten. Und indem man dann rasch die linke Hand bewegte und diese Seite ein wenig absenkte, gab man Vollgas. Der Motor heult auf, und der Propeller dreht sich – nur wenige Zentimeter vom Hintern des Piloten entfernt – mit ein paar tausend Umdrehungen pro Minute. Plötzlich ist die Schubkraft so groß, daß man das Fluggerät nicht mehr halten kann. Nun heißt es entweder vorwärts zu laufen oder auf die Nase zu fallen. Ein Schritt, zwei, drei – mit jedem Schritt nimmt das Gewicht ab, fallen die Tritte leichter. Nach etwa 30 Metern trägt sich das Ultraleichtflugzeug von selbst. Noch ein paar Meter, und man ist in der Luft. Die Tragflächen heben einen hoch, immer schneller und immer leichter. Die Beine bewegen sich ohne Mühe, ist erst einmal die Last von ihnen genommen. Man rennt schneller, als man es jemals für möglich gehalten hätte. Mit weitausgreifenden, langen Schritten streift man nur noch über den Boden und berührt ihn schließlich gar nicht mehr. Man will es nicht wahrhaben und tritt mit den Beinen in der Luft weiter. Und auf einmal ist man frei und fliegt. Das Feld unter einem sackt weg, und die Sicht wird großartig. Nie habe ich solche extrem unterschiedlichen Gefühle so kurz hintereinander gehabt: im einen Augenblick noch geschwächt zu sein vor lauter Angst, überfordert und linkisch eingebunden in ein laut aufheulendes, klobiges Gerät und sich im anderen Augenblick leichter und immer leichter, freier und immer freier zu fühlen. Selbst den Lärm scheint man mit der Schwerkraft auf elegante Weise hinter sich zu lassen.

So ist das, wenn alles klappt.

Oft genug aber ging es schief. Einmal – bei meinem sechsten motorisierten Flug – riß die Strömung am rechten Flügel ab, und ich kippte in einer Höhe von etwa 30 Metern zur Seite weg. Ich stach geradewegs nach unten und spuckte die Leine aus. Wie durch ein Wunder richtete sich der Riser wieder auf, und ich näherte mich bei einem Rückenwind von 10 Meilen pro Stunde mit einer Geschwindigkeit von mehr als 30 Meilen pro Stunde dem Erdboden. Unter diesen Bedingungen wäre eine Rückenwindlandung zu einem Desaster geworden, da ich mit dem gesamten Gewicht des Fluggerätes auf meinen Schultern schneller als 20 Meilen pro Stunde hätte rennen müssen. Also versuchte ich, den Riser gegen den Wind zu drehen, worauf die rechte Flügelspitze den Boden berührte, der Easy Riser zwei wunderbare weite Überschläge vollführte und in einem Haufen verbogenen Aluminiums endete.

Erste Startversuche
zu Fuß

Erst nach fast einem Jahr wagte ich wieder zu fliegen – und dann kam bei den letzten Schritten während eines Starts meine Ferse mit der Spitze des Propellerflügels in Berührung. Zwar hatte ich eine Schutzvorrichtung erfunden, die das verhindern sollte, aber während der letzten großen Schritte beim Start bog sich mein Fuß gerade so weit um die Schutzvorrichtung, daß der Absatz die Spitze des Propellerflügels kappte. Der Propeller flog auseinander und riß fast den gesamten unteren Teil der rechten Tragfläche heraus. Ich spuckte die Leine aus und kugelte mich in einem Haufen Aluminium und Gewebe am Boden – ich hatte mit geringen Verletzungen überlebt.

In den folgenden Jahren baute und veränderte ich das Fluggerät immer wieder, testete unterschiedliche Motoren, schnitzte viele verschiedene Propeller, kaufte und baute Untersetzungsgetriebe.

Kurz gesagt, ich erlebte das Abenteuer und die Entwicklung dieser neuen Art des Fliegens mit, und mein Easy Riser mauserte sich zu einem raffinierten kleinen Flugzeug mit Drei-Zylinder-Sternmotor, elektrischem Starter, Höhenruder, Knüppelsteuerung mit nur einem Knüppel und einem steuerbaren, dreirädrigen Fahrgestell. Für wenig Geld baute ich einen Hangar und legte ein kurzes, nur 200 Meter langes Rollfeld an. Nur auf diese Weise konnte man es genießen, dieses kleine Fluggerät zu fliegen, denn seine Flächenbelastung war so gering (weniger als 9 Kilogramm pro Quadratmeter, während sie bei einem modernen Flugzeug zehn- bis zwanzigmal höher ist), daß man jegliche Turbulenz deutlich spürte. Ich wollte nur fliegen, wenn ich es auch genießen konnte. Nun war mein Fluggerät immer startklar, und wenn das Wetter es erlaubte, konnte ich in kürzester Zeit starten.

Das schönste Szenario erwartete mich, wenn ich bei Tagesanbruch aufstand, schon vor Beginn der täglichen Routine ein paar Kreise drehte und abends den Tag damit ausklingen ließ, den Sonnenuntergang von meinem privaten mobilen Berggipfel aus zu betrachten. Der Riser ließ sich bequem mit einer Geschwindigkeit von 30 Meilen pro Stunde fliegen. Er sah fragil wie ein Schmetterling aus, war aber außerordentlich robust. Da es sich um einen Doppeldecker handelte, besaß er die Festigkeit, aber auch den Luftwiderstand einer Schachtel, was mich davor bewahrte, ihn mit Geschwindigkeiten über der Grenze seiner Belastbarkeit zu fliegen. Mehrere Jahre lang unternahm ich Flüge in unserer Gegend, beobachtete den Wandel der Jahreszeiten und sah gelegentlich die eine oder andere Vogelschar aus dieser ganz neuen Perspektive. An ungezählten Morgen zog ich schon vor dem Frühstück meine Kreise oder strich an ruhigen Abenden vor Sonnenuntergang wie ein einsamer Habicht durch die Lüfte, drehte meine Runden gemächlich nur wenige hundert

Meter über dem Boden, sog die Landschaft in mich auf, lebte in jenem Meer von Luft über der sich fortwährend ändernden Natur. Im zeitigen Frühling, wenn das Gras gerade zu sprießen begann und die Laubwälder noch licht dastanden, konnte man erkennen, wie diese Landschaft geformt wurde. Ich entdeckte zahlreiche Herrenhäuser, versteckt in kleinen Waldflecken, und las die Persönlichkeit eines jeden Farmers aus dem Muster seiner Felder. Gelegentlich begegnete ich einer Schar Möwen oder einem Blaureiher und flog mit Abstand hinterher. Mehrmals gelang es mir, zusammen mit einem Habicht eine Thermik zu erwischen und mich mit ihm ein paar hundert Meter weiter hochzuschrauben; diese Vögel haben keine Scheu vor meinem Fluggerät. Ich hatte immer den Eindruck, sie hielten es für einen anderen Vogel. Oft genug kam ich bis auf wenige Meter an sie heran. Und ständig war diese Verlockung da, mit den Vögeln zu fliegen. Obwohl ich wußte, daß ich in dieser Richtung keine großen Fortschritte machte, träumte ich weiter davon.

Das wahre Fliegen mit den Vögeln begann für mich an einem jener Herbstmorgen, an denen Nebel in den Senken liegt, sich kein Lüftchen regt und die Zäune im Licht der aufgehenden Sonne lange Schatten auf die Stoppelfelder werfen. Das Sommergrün der kleinen Wäldchen im südlichen Ontario war bereits mit ersten goldenen und roten Flecken gesprenkelt. Ich war von meiner Rollbahn aus bei Purple Hill gestartet, mit dem Easy Riser in östliche Richtung geflogen und in die klare, frische Schönheit des Tages eingetaucht. Im Norden lag der Scugogsee, in dem sich Schwaden von Wasserdampf widerspiegelten, die aufsteigenden Geister des warmen vorangegangenen Tages. Nach etwa 20 Minuten flog ich in einem weiten, trägen Bogen in einer Höhe von 150 Metern zurück nach Hause. Als ich mich der Farm der Swains näherte, sah ich ein Stoppelfeld, das vor Vögeln ganz schwarz war. Ich kehrte um und ließ mich tiefer hinab, um mir das genauer anzusehen. Die Vögel nahmen mich wahr und stiegen alle auf einmal hoch. Sie bildeten regelrecht eine Decke aus Enten, Tausende von Enten – und ich mitten unter ihnen. Ich gab mehr Gas, um aus dem Pulk aufzusteigen, aber auch die Enten gewannen an Höhe, und wir waren gleich schnell. Sie versuchten nicht, vor mir wegzutauchen, sondern nahmen mich einfach in ihrer Mitte auf – bis auf die beiden Vögel direkt vor mir, die sich weiterhin nervös nach mir umblickten. Vielleicht fürchteten sie, ich sei ein Raubvogel, der sie mitten in der Luft verschlingen wolle. Als sie erkannten, daß ich keine Gefahr darstellte, flogen sie unbekümmert weiter. Die Luft war voller Enten – vor, unter, über und hinter mir, einige in zerrissener Zickzack-Formation, andere in amorphen Haufen. Ihre Schwingen glänzten im Licht des jungen Tages. Was für ein unbeschreiblicher Nervenkitzel! Ich flog als Vogel unter Vögeln in dieser herbstlichen Schwadron auf ihrem Weg zu den Sümpfen im Nordwesten des Lands. Meine ganze Aufmerksamkeit widmete ich dabei einer Ente, die sich in perfekter Formation nur 1 Meter und 20 Zentimeter von der Spitze meiner linken Tragfläche entfernt hielt, so als sei ich schon immer mit ihr geflogen – und einen Augenblick lang glaubte ich das tatsächlich.

Ich sog dieses wunderbare Erlebnis in mich auf, diese die Zeit überdauernde, unvergängliche Erfahrung. Unter mir, in südlicher Richtung, konnte ich zwischen Tausenden von Entenleibern einen Blick auf mein Haus und die Rollbahn werfen, die vorbeihuschten, als seien es Kinderspielzeuge auf dem Grund eines großen Stromes aus Enten.

Beim Weiterfliegen veränderte sich der Schwarm, Gruppen von Enten tauschten leicht und schnell ihre Position, als ob sie den Anweisungen eines unsichtbaren Dirigenten folgen würden. Dann wichen die weiten Felder dem dunklen Grün des Waldes, und nun fand ich mich inmitten dieser riesigen Ansammlung von Schwingen auf einmal in eine Zeit zurückversetzt, in der noch kein Mensch auf unserem Planeten lebte, und spürte ein Urgefühl, das aus längst vergangenen Zeitaltern, lange bevor es Autobahnen und Fernsehen gab, in mir aufstieg.

Ich bemerkte, daß wir an Höhe verloren. Auch ich hatte mich dem Willen des Dirigenten gefügt.

Aber die Wirklichkeit meiner mechanischen Vogelschwingen und die Sorge, mein Motor könnte über dem Wald streiken, rissen mich aus dieser wunderbaren Trance und brachten mich wieder zurück in die Welt.

Widerstrebend gab ich mehr Gas, stieg höher, durch und hinaus aus der Masse der Schwingen. Die Enten gaben den Weg frei. Für das, was ich fühlte, fand ich damals keine Worte und kann dieses Gefühl auch heute nur als Ausgelassenheit beschreiben. Ich schwenkte nach links, drehte in einem weiten Bogen um und begab mich auf den Rückflug, wobei ich noch dem Aufblinken der Schwingen nachsah, die sich tiefer und tiefer im dunklen, noch nicht vom Sonnenlicht erhellten Buschwerk des Sumpfes verloren.

Ein paar Augenblicke später rollte mein Ultraleichtflugzeug auf der holprigen Landebahn aus. Ich wurde wieder in die Wirklichkeit meines Erdenlebens zurückgeschüttelt und fühlte, daß ich einen Moment lang etwas sehr Bedeutendes hatte erfahren dürfen. Dieses Glücksgefühl wurde ich nicht mehr los. Ich hielt meinen Easy Riser stets startklar und sehnte mich danach, mehr Zeit zusammen mit diesen Wesen in ihrem Element verbringen und die Welt von ihrer Warte aus erleben zu dürfen.

In jenem Jahr gelang mir das jedoch nicht mehr. Eines Abends erspähte ich auf meinem Heimflug eine Schar Kanadagänse, die höher als ich flog und sich etwas entfernt von mir befand. Ich schwenkte herum und versuchte mich den Gänsen anzuschließen. Sie waren davon allerdings nicht begeistert. Selbst als ich Vollgas gab, entschwanden sie allmählich ins Zwielicht. Der Winter kam mit Schnee. Ich verstaute den Riser in meinem behelfsmäßigen Hangar (dessen Gesamtkosten sich auf 12 Dollar beliefen) und machte mich an einen großen Auftrag, den ich für die Expo 86 fertigstellen mußte. Später in diesem Winter ereignete sich ein Unglück, welches in meiner langandauernden Liaison mit Ultraleichtfluggeräten und Gänsen weder das erste war noch das letzte sein sollte. Der Hangar brach unter einer riesigen Schneelast zusammen und begrub den Riser unter sich.

Was sollte ich nun tun? Mir ein neues Fluggerät besorgen, natürlich! Sofort dachte ich an einen Lazair, ein Ultraleichtflugzeug der zweiten Generation, von Dale Kramer und dem bereits verstorbenen Peter Corley konstruiert, als sie fast noch Teenager waren. Ein paar Jahre lang war der Lazair der Liebling der Ultraleicht-Fangemeinde; dieses Fluggerät mußte man einfach haben. In seiner ursprünglichen Form war es mit zwei 6 PS starken, modifizierten Kettensägenmotoren und einem einzigen Steuerknüppel für alle Ruder ausgerüstet. Der Lazair hatte lange, sich elegant verjüngende, an ihrem Ende in einen kleinen Schwung nach oben auslaufende Tragflächen und ein V-Leitwerk. Er war und ist noch immer eine Schönheit, die sowohl auf dem Boden als auch in der Luft eine gute Figur macht. Außerdem gestattet er eine hervorragende Rundumsicht. Ich muß gestehen, daß ich mich jahrelang nach einem solchen Ultraleichtflugzeug gesehnt hatte. Nach dem »Ableben« des Risers machte ich einen gebrauchten, guterhaltenen Lazair ausfindig, der zum Verkauf stand. Ich zahlte die Hälfte im voraus, um den Handel perfekt zu machen, und machte mich an einem Tag im April 1986 auf den Weg, den Lazair an einem Platz unweit meines Rollfeldes in Empfang zu nehmen. Der Mann, der ihn mir verkaufte, flog ihn zu einer ausgedehnten Wiese, die nur ein paar Kilometer von unserem Haus entfernt lag, eben war und daher hervorragend für meinen ersten Flug im Lazair geeignet schien. Wie die meisten damaligen Ultraleichtfluggeräte war auch dieses kein Zweisitzer. Für gewöhnlich blieb der Fluglehrer auf dem Erdboden, gab zahlreiche Anweisungen und beobachtete die Fortschritte seines Flugschülers.

Der Tag war perfekt, kein Lüftchen regte sich. Ich dachte, es sei ein Kinderspiel, den Lazair zu fliegen. Immerhin hatte ich mehrere hundert Flugstunden im Riser hinter mir.

Paula vor dem mit Kufen versehenen Easy Riser auf dem zugefrorenen Scugog-see im Februar 1981.

Weit gefehlt! Bei meiner Erwerbung handelte es sich um einen Mark II Lazair mit Pedalen für das Seitenruder, einem oben befestigten Steuerknüppel, zwei Motoren mit je 9 PS und engem Fahrgestell. Der Easy Riser hingegen hatte einen einzigen Schubpropeller, einen herkömmlichen Steuerknüppel und ein breites, leicht steuerbares Fahrgestell mit Bugrad.

Terry, mein Fluglehrer, flößte mir große Zuversicht ein. Er flog den Lazair in einer Höhe von etwa 1 Meter vollkommen ruhig über das Feld – gelber Propellerschutz, gelbe Radverkleidung, ein fliegender Traum. Terry landete, ging um das Gerät herum, wies mich in das Rollen am Boden ein, und so weiter. Ich glaube, er sagte mir, was ich zu tun hatte. Und ich glaube, ich hörte einfach nicht genau zu.

Ich stieg ein, gurtete mich an, startete die Motoren und begann, das Feld entlangzurollen. Urplötzlich fand ich mich in einer Richtung wieder, die 90 Grad von meinem geplanten Weg abwich. Ich wendete das Flugzeug – und rollte schon wieder in die falsche Richtung. Überängstlich wie ich war, gab ich zuviel Gas – und war Sekunden später in der Luft! Ich nahm an, daß alles ganz einfach wäre, wenn ich erst einmal fliegen würde, also stieg ich mit zitternden

Knien höher. Ich versuchte einen Schwenk, bewegte den Steuerknüppel, und der Lazair legte sich in die Kurve, allerdings nicht auf die angepeilte Seite. Verwirrt trat ich aufs Seitenruderpedal. Ich versuchte, der Sache auf den Grund zu gehen, langte nach unten und zog am Gasgriff. Nein! Nein! Mit mehr Gas flog ich nun eine immer steiler werdende Kurve. Verzweifelt führte ich den Steuerknüppel auf die andere Seite. Ich geriet in Panik. Vor mir ragte ein riesiger Baum in die Höhe.

Instinktiv zog ich am Knüppel, um den Baum zu überfliegen – und schrie laut auf, als ich auf der anderen Seite in die Bäume krachte.

Bruchlandung! Der Motor lief noch. Die linke Tragfläche umschlang den Stamm einer riesigen Pappel, die rechte saß auf dem Wipfel eines kleineren Baums. Ich schaltete den Motor aus und saß unbeweglich da. 10 Minuten lang rührte ich mich nicht, 12 Meter über dem Erdboden, und ging nicht ganz in der Schönheit der frischen Triebe und in dem süßen Frühlingsgezwitscher der Rotschulterstärlinge auf.

Viel zu schnell brach Terry durch das Unterholz und schrie immerzu meinen Namen.

Ich rief ihm zu: »Es geht mir gut.«

Tatsache war, daß ich keine Lust hatte, mich von meinem Platz fortzubewegen. Ich wollte sitzenbleiben und den Frühling aus dieser Vogelperspektive genießen. Außerdem war mir jegliche Energie abhanden gekommen. Jegliche. Nun kämpften sich weitere Leute durch das Unterholz, mit denen ich ebenfalls nichts zu tun haben wollte. Sie brachten eine Leiter, die sie am Stamm anlehnten. Die Leiter war nur 3 Meter lang. Vergeblich rüttelte ich an dem Fluggerät. Es saß an Ort und Stelle fest, der gebrochene Ast der Pappel hatte sich komplett durch den vorderen Teil der linken Tragfläche gebohrt.

Ich schaute hinunter. Das oberste Ende einer Zeder war in Reichweite. Noch immer verspürte ich kein Verlangen, mich zu rühren. Die Leute am Boden wurden langsam ungeduldig, und ich war mehr als nur ein bißchen beschämt. Ich hatte Terry bislang lediglich die Hälfte des Kaufpreises gezahlt, also versuchte ich die Situation zu entschärfen, indem ich ihm zurief, ich hätte nur meine Hälfte des Lazair zu Bruch geflogen, seine sei noch in Ordnung. Einer der Männer, die die Leiter herbeigeschleppt hatten, rief zu mir hinauf: »Als Sie in den Baum krachten, übertönte Ihr Schreien den Lärm der Motoren.« Daran kann ich mich nicht erinnern! Nein, das kann ich nicht gewesen sein! Endlich setzte ich meinen puddingweichen Körper in Bewegung und versuchte, mich aus dem Sitz und zu der anderen Pappel hinüberzuhangeln. Ich ergriff den Ast. Meine Hände waren kraftlos. Ich mußte mich vollkommen auf das

Festhalten konzentrieren und hatte dabei soviel Angst wie nie zuvor in meinem Leben. Endlich gelangte ich zum Stamm der Pappel. Er war bis hinunter zur obersten Sprosse der Leiter so glatt wie ein Telefonmast und völlig frei von Ästen. Irgendwie gelang es mir, ihn fest zu umklammern, so daß ich mich bis zur Leiter hinunterlassen konnte und schließlich auf dem Erdboden anlangte. Ich zitterte wie Espenlaub. Terry fuhr mich heim. Ich genehmigte mir einen steifen Scotch und legte mich für ein paar Stunden ins Bett. Um drei Uhr morgens wachte ich mit der Überlegung auf, wie ich den beschädigten Lazair vom Wipfel des Baumes mitten im Wald herunterholen konnte. Dann erinnerte ich mich an ein altes Paar Steigeisen, die Art Steigeisen, mit denen man Strommasten emporklettern kann. Mit der Taschenlampe in der Hand wühlte ich mitten in der Nacht im hinteren Teil der Werkstatt in meiner umfangreichen Sammlung von Krimskrams, den ich nie wegwerfe, und um sieben Uhr morgens war ich zusammen mit zwei Helfern wieder im Wald. Meine Kletterausrüstung bestand aus einem Flaschenzug und dem alten Sitzgurt aus meinem Easy Riser. Innerhalb einer halben Stunde hatten wir den Lazair zu Boden gelassen und vorsichtig auseinandergenommen. Stück für Stück trugen wir ihn aus dem Wald und schafften ihn nach Hause.

Ich trieb einen weiteren, diesmal brandneuen Lazair auf, dessen beide Motoren gestohlen worden waren. Der Besitzer brauchte Geld. Ich kratzte alles Geld zusammen, das ich auftreiben konnte, und kaufte den Lazair zu einem Spottpreis. Nach zwei Wochen hatte ich die Tragflächen des neuen Lazair an den Rahmen des zu Bruch gegangenen montiert, die alten Motoren eingebaut und schwang mich, über Funk von Jack Weber angeleitet, wieder in die Luft – diesmal jedoch äußerst vorsichtig.

Aber noch immer war ich meinem ursprünglichen Traum vom Fliegen mit den Vögeln – das heißt vom Fliegen mitten unter ihnen – nicht wesentlich näher gekommen.

KAPITEL 6

Bill Carrick und
Konrad Lorenz

DURCH ZUFALL LERNTE ICH einen Mann kennen, der mich im nächsten Stadium meines Versuches, mit Vögeln zu fliegen, tatkräftig unterstützen sollte. In einer Regionalzeitung las ich einen Artikel über Bill Carrick, der einer Schar Gänse beigebracht hatte, hinter seinem Motorboot herzufliegen. Ich suchte ihn auf – einen leise sprechenden, schmächtig gebauten Mann – und fragte, ob er es für möglich hielte, Gänse darauf zu trainieren, einem Fluggerät zu folgen. Was ich nicht wußte, war, daß er schon selbst auf diese Idee gekommen war und dasselbe Verlangen hatte wie ich. Er hielt sich an die Experimente des österreichischen Verhaltensforschers Konrad Lorenz und »konditionierte«, wie er sich ausdrückte, gerade eine Schar Gänse für Filmaufnahmen. Sie sollten seinem Motorboot folgen. Carrick war gern zur Zusammenarbeit bereit und brachte mir bei, was ich über »Prägung« wissen mußte. Dabei handelte es sich um eine von Lorenz' Theorien, der für seine Pionierleistungen auf dem Gebiet des tierischen Verhaltens 1973 zusammen mit Nikolas Tinbergen und Karl von Frisch den Nobelpreis für Medizin erhalten hatte.

Lorenz, dessen Haus oft voller Jungtiere gewesen war, die er aufzog und beobachtete, hatte bewiesen, daß sich Gänseküken kurz nach dem Schlüpfen unveränderlich an das erste sich bewegende Objekt anschließen, dem sie begegnen. Normalerweise handelt es sich dabei um eine Gänsemama. Wenn Küken aber künstlich aufgezogen werden, können sie auch auf den Menschen oder vielleicht sogar auf ein Ultraleichtflugzeug geprägt werden. Sigmund Freud hatte unabhängig von Konrad Lorenz eine ähnliche Theorie über die zwanghafte Bindung und Reaktion einiger Menschen an beziehungsweise auf bestimmte Objekte entwickelt, die er »Fixierung« nannte.

Lorenz hatte herausgefunden, daß es sich bei der Prägung um einen komplexen Vorgang handelt, der, soll er sich dauerhaft ausbilden, immer wieder bekräftigt werden muß und der innerhalb eines bestimmten Bereichs sowohl von Lautäußerungen als auch von optischen Reizen abhängig ist.

Über die ersten Lebensphasen eines Kükens, dem eine Gänsemama auf sein verlorenes Piep-piep mit Schnattern antwortete, hatte Lorenz geschrieben: »... wenn du dich zunächst einsam fühlst, laß dein verlorenes Piepsen ertönen, sieh dich dann nach jemandem um, der sich bewegt und Gang-gang-gang sagt, und vergiß niemals wieder, wer das ist, denn es handelt sich um deine Mutter.«

Lorenz hatte 1933 in seinem Labor mehrere Tage damit zugebracht, mit gerade geschlüpften nestjungen Stockentenküken in quakenden Lauten zu reden, um diese These im praktischen Versuch zu erhärten. Glücklicherweise fand der Versuch während der Ferien statt, so daß die Mitarbeiter, die sonst noch das Gebäude nutzten, sich nicht über das seltsame Verhalten ihres Kollegen Sorgen machen mußten.

Neuere Forschungen über das Prägen zeigen, daß es sich dabei um ein nahezu universelles Phänomen handelt, das aber ebenso verschiedenartig und kompliziert sein kann, wie es unterschiedliche Vogelarten gibt. Einige Arten, wie der Brachvogel, scheinen sich gegen eine Prägung auf ein anderes Objekt als die leibliche Mutter oder eine andere Brachvogel-Henne zu wehren. Bei Kranichen scheint sich die Prägungsphase über eine viel längere Zeitspanne zu erstrecken als bei Gänsen: Monate im Vergleich zu Wochen. Gegenwärtig fördert die US-Regierung Versuche mit Kranichen im Patuxent Wildlife Research Center in Laurel, Maryland, bei denen Kraniche auf unverwechselbar bunt gekleidete Personen geprägt werden sollen. Diese »Mutter-Kraniche« sollen ihre Schützlinge später einmal zum freiwilligen Besteigen eines Lastwagens bewegen, der sie entlang ihrer Wanderrouten transportieren und in Abständen immer wieder freilassen wird, damit sie fliegen und ihre Zugroute erlernen können.

Vögel, die nicht geprägt werden – etwa solche, die in einem Brutkasten schlüpfen –, sind wahrscheinlich verhaltensgeschädigt und leiden auf ähnliche Weise darunter wie menschliche Babys, die in der frühen Phase ihrer Entwicklung keine oder zuwenig Zuwendung erhalten.

Vom damaligen Wissensstand her schienen Gänse für unsere Versuche am besten geeignet zu sein. Wenn man sie darauf trainieren konnte, einem Flugzeug zu folgen, war dies vermutlich auch mit Schwänen und sogar Kranichen möglich.

Also nahm Carrick aus den Nestern mehrerer auf seinem Gelände brütender Gänsepaare Eier, legte sie in den Brutapparat und wollte uns rechtzeitig Bescheid geben, damit wir beim Schlüpfen der Küken als deren »Mütter« zugegen sein würden. Er wußte, daß der Verlust des ersten Geleges die Gans normalerweise dazu veranlaßt, weitere Eier zu legen, ein Phänomen, das man als »Nachgelege« bezeichnet.

Als ich Bill im April 1986 zum ersten Mal auf dem von ihm gemieteten, 4,5 Hektar großen Anwesen mit 9 Teichen am Rande von Toronto aufsuchte, wurde ich mit einer Kakophonie aus Gänserufen, Eulengeschrei, dem Kreischen von Bussarden und einer Anzahl anderer Laute, die ich nicht zu identifizieren vermochte, begrüßt.

Bill Carrick hatte sein Leben dem Studium des Verhaltens von Tieren gewidmet. Er finanzierte seine Forschungsarbeit durch den Verkauf von Fotografien, stellte Tiere für Dreharbeiten von Naturfilmen zur Verfügung und drehte mehrere eigene Filme, um nur einige seiner Aktivitäten zu nennen. Wenn jemand einen verletzten Vogel oder ein anderes krankes Tier aufgelesen hatte, brachte er es zu Bill, der es wieder gesund pflegte. Bills Anwesen war zu einer wunderbaren Ansammlung überwachsener Teiche und behelfsmäßiger Käfige und Gebäude geworden. Eine kleine Scheune diente ihm als »Hauptquartier«, ein organisiertes Durcheinander aus altertümlichen Brutapparaten, Filmausrüstungen und Pferchen, in denen sich überwiegend Biberfamilien aufhielten. Schließlich gab es da noch aus unterschiedlichen Schrottmaterialien zusammengebastelte Käfige jeder Größe und Form, die einer ebenso bunten Vielfalt von Tieren als Behausung dienten: Amerikanischen Uhus, Waschbären, Füchsen, Rotschwanzbussarden. Auf großen, mit Netzen geschützten Teichen tummelten sich dutzendweise vielfältige Arten von Wasservögeln. Dazu kamen noch zahlreiche Wildgänse und Wildenten, die sich auf dem Gelände frei bewegten.

Außerdem befand sich auf Bills Anwesen ein großes, fensterloses, wie aus einem Guß bestehendes Gebäude aus Stahl, bei dem es sich um ein Filmstudio handelte, welches ein paar Jahre zuvor für einen Kinofilm über den Flug der Gänse errichtet worden war. Der Film wurde nie realisiert, obwohl bereits Unsummen in die Vorarbeiten geflossen waren. In dem Gebäude befand sich ein zwei Stockwerke hohes Gerät, das von zwei V-8-Lastwagenmotoren angetrieben wurde: ein Windkanal, in dem ein Vogel fliegen und gleichzeitig gefilmt werden konnte. Ein röhrenförmiges Stahlrad mit einem Durchmesser von 6 Metern und 60 Zentimetern war so konstruiert, daß es um den eigentlichen Flugkanal rotierte. Auf der einen Seite der Röhre war eine Filmkamera montiert, auf der anderen eine Leinwand angebracht. So konnte man den Vogel im Gebläse des Windkanals stationär fliegen lassen und vor jeglichem, vorher aufgenommenem und auf die Leinwand projizierten Hintergrund filmen. Man hatte die gesamte Vorrichtung zwar getestet, da der Film jedoch nicht realisiert worden war, vergeudete sie nun unnötig Platz. Sie war eines von Carricks Spielzeugen, das er selten benutzte, aber gern herzeigte.

Als ich ihm davon erzählte, daß ich Gänse darauf trainieren wolle, hinter einem Flugzeug herzufliegen, zeigte er sich interessiert und stellte einen Plan auf. Der erste Schritt würde das eigentliche Prägen sein. Im Frühling des Jahres 1986 ließ Carrick im Brutkasten eine Schar Gänseküken ausbrüten und brachte sie zu uns nach Hause, wo meine Familie sie adoptierte, also ich und meine Frau Paula, unsere Söhne Aaron und Geordie und unsere Tochter Carmen. Wir alle arbeiteten täglich mit den Küken. Wir wollten sie zunächst auf ein Motorrad prägen und später versuchen, sie an ein Ultraleichtflugzeug zu gewöhnen.

Schon bald hatten die kleinen Gänschen eine enge Bindung zu mir aufgebaut. Zunächst hielten wir sie unter einer Wärmelampe in der Garage, da es in den frühen Mainächten noch empfindlich kalt werden kann. Sie wuchsen unglaublich rasch, so daß ich sie bereits nach einer Woche in einen mit einem Netz überzogenen Verschlag nahe dem Rollfeld umsiedelte. Vom ersten Tag an waren sie voller Neugier und von dem Drang beseelt, alles zu untersuchen. Sie rannten Carmen und mir auf Schritt und Tritt hinterher. Wenn wir anhielten, untersuchten sie alles, was sie umgab. Ihre kleinen Schnäbel, die noch Reste des Eizahns trugen, mit dem sie sich aus dem Ei befreit hatten, zogen und pickten an allem und jedem herum. Gänseküken müssen an Geschmack und Struktur erkennen können, ob sie einen Happen abreißen und verzehren oder sich lieber dem nächsten Blatt, Trieb oder Blütenkelch widmen sollen. Sie müssen instinktiv erkennen, was für sie gut ist und was nicht. Ihr ganzes Leben lang sind sie darauf angewiesen, an allem zu zerren und zu ziehen. Später streifen sie die Samen von Grashalmen, indem sie mit ihren Schnäbeln den Halm in langen, streichenden Bewegungen entlangfahren. Nichts auf ihrem Weg bleibt ungeprüft: Sand, Gras, Unkraut, Schnürsenkel, Haare, Papierfetzen, Insekten. Sie schnappen sogar nach fliegenden Mücken. Dieses heftige Verlangen, alles mit dem Schnabel zu testen, schwindet, sobald die

Umgebung ausreichend untersucht worden ist. Dann setzen sie sich hin und legen ihren Kopf zurück, wobei sie manchmal den Schnabel unter eine Schwinge klemmen und ein kurzes Nickerchen halten. Sie machen das alles gemeinsam, als ob eines von ihnen sagen würde: »So, jetzt ist Zeit für ein Nickerchen, und jetzt ist Zeit, sich ein bißchen umzuschauen, und jetzt putzen wir unser Gefieder.«

Sie kommunizieren ständig miteinander, nicht durch Piepsen, sondern eher durch ein tiefes, dreisilbiges Pfeifen oder Trällern. Wenn ein Gänseküken jedoch von seiner Schar getrennt wird, dann piep-piep-piiep-piiiep-piiiept es unaufhörlich, so lange, bis es wieder mit seinen Kumpanen vereint ist.

Als wir den Gänseküken zum ersten Mal einen kleinen Teich zeigten, wurde ein weiterer Teil ihrer genetischen Programmierung aktiv. Zunächst waren sie noch vorsichtig. Sie stiegen zögerlich in die Pfütze, steckten ihre Schnäbel ins seichte Wasser, untersuchten mit vibrierenden Schnäbeln das neue Medium, und plötzlich kamen sie auf die Idee, hineinzuspringen. Sie schwammen ganz von selbst, trieben auf dem Wasser wie hübsche kleine Boote. Bald waren alle im Wasser, paddelten umher, und auf einmal tauchte eines von ihnen unter und schwamm unter Wasser wie ein wildgewordener Wasserkäfer. Beim Auftauchen erschreckte es unvermeidlicherweise die anderen, und nun tauchten auch sie ab. Alle tauchten, tollten, spritzten herum und jagten wie Torpedos

Bill Carrick jagt über den Scugogsee, die Gänse im Schlepptau.

79

durchs Wasser, wobei sie immer wieder aneinanderstießen. Dann begannen sie mit dem Gründeln, und während sie den Bewuchs auf dem Grund des Teiches untersuchten, ragten ihre Hinterteile senkrecht aus dem Wasser – wie mit Draht befestigte Blüten. Wieder am Ufer, gingen sie sofort gemeinsam zum Gefiederputzen über.

Der alte Gänsevater und seine erst einen Tag alten Gänseküken.

Sie ließen sich relativ rasch dazu bewegen, hinter meinem Motorrad herzufliegen. Morgens und abends verbrachte ich jeweils eine Stunde mit ihnen auf
der Rollbahn und fuhr dabei auf und ab. Mitte Juli flogen sie täglich mit mir.
Sie paßten sich der Geschwindigkeit des Motorrads perfekt an und hatten sich
an seinen Klang gewöhnt. Wenn ich es zum Start beschleunigte, waren sie wie
der Blitz in der Luft und flogen mit so geringem Abstand zu mir, daß ich die
Flügelspitze des Leitgänschens nur wenige Zentimeter neben meiner Wange
spürte.

Manchmal flog eine der Gänse höchstens 10 Zentimeter über meinem Kopf.
Aus meiner Perspektive nahmen sich ihr vorwärts ragender Kopf und Hals wie
die Spitze eines seltsamen Hutes aus.

Wir trainierten nach einem einfachen Schema: Etwa gegen halb sieben morgens traf ich auf dem Motorrad, einer Honda-Geländemaschine mit einem
Hubraum von 200 Kubikzentimeter und einem Viertaktmotor, bei ihrem Verschlag ein. Ich stellte das Motorrad ungefähr anderthalb Meter vor dem Verschlag in Position und ließ es im Leerlauf tuckern, jederzeit startbereit. Die
Gänse waren regelrecht erpicht aufs Fliegen, deshalb mußte ich mich auch,
nachdem ich die Tür geöffnet hatte, ganz schnell auf mein Motorrad schwingen und losfahren, sonst wären sie vor mir, statt hinter mir hergeflogen.

Die Tür des etwa 30 Meter vom Rollfeld entfernten Verschlags zeigte von
dem Feld weg. Also mußte ich umkehren, um auf die Rollbahn zu gelangen,
und dann auf unsere Fluggeschwindigkeit beschleunigen. Bei Rückenwind
mußte ich wesentlich schneller fahren als bei Gegenwind. Nach wie vor war
ich erstaunt darüber, wie agil die Tiere beim Fliegen waren. In der Kehre
schlossen sie dichter aufeinander auf, und obwohl sie äußerst gedrängt flogen,
stießen sie nie aneinander oder gegen mich. In den Anfängen unseres Flug-
trainings hielt ich noch am Ende der Rollbahn an, worauf sie alle um mich
herum landeten. Ich drehte das Motorrad herum und ließ den Motor nach
einer kurzen Pause mehrmals aufheulen: ihr Signal zum Rückflug.

Beim Start schienen sie sich demokratisch zu verhalten. Wenn die meisten
von ihnen nicht wollten, brachen diejenigen, die bereits in der Luft waren,
ihren Start ab, sobald sie bemerkten, daß die anderen nicht nachkamen; laut-
starkes Geschnatter folgte. Manchmal bedurfte es mehrerer Anläufe. Wir flogen entlang des Rollfelds zurück, und danach hütete ich sie entweder oder
trieb sie zurück in den Verschlag, je nachdem wieviel Zeit ich an dem Tag
hatte. Dieser Vorgang wiederholte sich mit einer zweiten Gänseschar, die in
dem benachbarten Verschlag untergebracht war. Die zweite Schar flog nie so
vorhersagbar wie die erste, wahrscheinlich, weil ich nicht ebensoviel Zeit mit

Ein zwei Tage altes Küken erforscht seine Umwelt.

Im Alter von drei Wochen sehen sie allmählich aus wie Gänse.

Nach achtundzwanzig Tagen im Brutapparat hacken die Küken sich ihren Weg frei.

Wie man Gänsen an heißen Tagen eine Erfrischung verschafft.

ihr verbrachte. Bei einem ihrer ersten Flüge entfernten sich die Gänse weit von der Rollbahn, und nur drei von sieben kehrten sofort wieder zurück. Der Rest war zu müde und landete wohl oder übel im hochstehenden Gras.

Als die Gänse älter wurden, wollten sie über das Rollfeld hinausfliegen. Wann immer die Wiese neben der Rollbahn frisch gemäht war, fuhr ich in langgezogenen, weiten Kurven darüber. Am Ende der Wiese gelang es mir nie, eine große Kehre zu fahren; statt dessen mußte ich abbremsen und eine enge Kurve ziehen. Die Gänse schwenkten herum und holten mich auf der Rückfahrt wieder ein. Wir machten Fortschritte, aber noch immer folgten sie dem Motorrad, und mein Ziel war es ja, sie an ein Ultraleichtflugzeug zu gewöhnen. Etwa gegen Ende Juli holte ich mein bestes Ultraleichtflugzeug – damals der zweimotorige Lazair (den ich inzwischen auch beherrschte) – aus dem Hangar und probierte aus, ob die Gänse ihm auf dem Boden folgen würden. Die riesigen Flügel und der unbekannte Klang verschreckten sie völlig. Auf keinen Fall wollten sie folgen. Also versuchten wir es anders. Mein großer Sohn Aaron fuhr das Motorrad und ich das Ultraleichtflugzeug in der Hoffnung, sie würden sich auf diese Weise daran gewöhnen. Wir versuchten es wieder und wieder. Es war schwierig, die drei Komponenten – Gänse, Motorrad und Ultraleichtflugzeug – in Gleichklang zu bringen; entweder flogen die Gänse weit vor uns her, oder sie flogen synchron mit dem Motorrad, und der Lazair war zu spät dran. Schließlich aber ging alles glatt, und die Gänse erhoben sich in die Luft. Statt dem Ultraleichtflugzeug zu folgen, hielten sie sich jedoch an den vertrauten Klang des Motorrads.

Unseren letzten Versuch machten wir Mitte August. Alles war startbereit: das Ultraleichtflugzeug, das Motorrad und die Gänse. Wir fuhren dicht nebeneinander, das Motorrad rechts neben meiner Flügelspitze, die Rollbahn entlang. Wenn ich mich umdrehte, konnte ich erkennen, daß die Gänse sich hinter dem Motorrad versammelt hatten. Was ich nicht sah, war, wie eine Gans sich über meinen linken Flügel schob; dann vernahm ich ein »Brap-blap«, als sie durch meinen linken Propeller flog. Zum Zeitpunkt des Unglücks befand ich mich auf einer Höhe von nur etwa 3 Metern. Der Propeller zerbarst, aber ich konnte das Ultraleichtflugzeug noch problemlos landen. Traurig war, daß es die Gans buchstäblich Kopf und Kragen gekostet hatte. Ein schwarzer Tag! Wir setzten uns zusammen, um unseren Plan noch einmal zu überdenken.

Mir war klar, daß das Fluggerät stark modifiziert werden mußte, wenn wir bei Flügen mit einem Dutzend Gänsen uns und die Tiere nicht gefährden wollten. Bis ich Schutzvorrichtungen für die Propeller entworfen, gebaut und getestet hatte, war die Jahreszeit schon zu weit fortgeschritten. Im Herbst starteten wir noch einige Flugversuche mit den Gänsen, hatten aber keinen rechten Erfolg damit.

Etwa gegen Ende Oktober hatte ich noch einen denkwürdigen Flug. Ich startete und gab Aaron das Zeichen, die Gänse freizulassen. Nachdem ich mich in der Luft befand, stiegen auch sie auf, und zusammen flogen wir ungefähr 16 Kilometer in einem großen Kreis. Ich hatte aber alle Hände voll zu tun, um mit ihnen gleichzuziehen. Wenn ich vorausflog, folgten sie nie so recht nach. Zu keinem Zeitpunkt waren wir dichter als 30 Meter beieinander.

Allerdings machten wir einige interessante Experimente mit dem Motorrad. Mitte August kaufte ich ein neues und setzte es auch ein. Zunächst folgten die Gänse nicht. Es sah aus wie das alte, klang aber anders. Also mußten wir das alte Motorrad wieder holen und Aaron und ich so lange mit beiden Motorrädern fahren, bis die Gänse das neue akzeptierten. Am Labour Day fuhren wir sie im Transporter zum Festplatz und führten sie auf dem Rennplatz vor: wir auf den Motorrädern, die Gänse in Formation hinter uns.

In jenem Winter streikte einer der Motoren, während ich im Lazair, den ich mit Kufen versehen hatte, über den Scugogsee dahinflog. Ich versuchte, ihn in der Luft erneut zu starten. Der Motor kam in Gang und zündete, aber der Propeller ließ sich nicht bewegen; die Kurbelwelle war gebrochen. Das war zum Glück kein großes Problem, da der See zugefroren war und eine einzige große Landefläche bot. Also versuchte ich, mit dem einen noch funktionierenden Motor nach Hause zu tuckern. Nach und nach verlor ich an Höhe. Ich erkannte, daß mir die Zwillingsmotoren dieses Ultraleichtflugzeugs ganz einfach doppelt soviel Ärger bereiteten wie einer. Ein alter Pilotenspruch über doppelte Motoren lautet, daß man im Falle des Versagens eines Motors vom anderen schnurstracks zum Ort der Bruchlandung befördert wird! Diesmal gab es zwar keine Bruchlandung, aber ich nahm mir vor, den Lazair auf einen Motor umzurüsten.

Im folgenden Frühjahr begannen wir mit einer neuen Schar Gänseküken. Während des Winters hatte ich einen Motorsockel für den Lazair konstruiert und den Dreizylinder-König-Motor aus meinem alten Easy Riser eingebaut. Es schien einleuchtend, daß ein Propeller nur halb soviel Gefahr für die Gänse bedeutete. Ich kam nie dazu, ihn auszuprobieren. Auf einer meiner ersten Flüge klemmte ein Schwimmerventil im Vergaser, und der Motor blieb beim Starten stehen. Zwar gelangte ich unversehrt nach unten, die Rollbahn war aber nun zu kurz, um noch darauf ausrollen zu können. Natürlich vergaß ich alles, was ich wußte, und streckte meine Füße nach unten aus. Man hatte mir gesagt, daß dies gefährlich sei – und prompt recht behalten. Ich brach mir bei der Landung einen Fuß und war in den kritischen sechs Wochen, in denen wir die Gänse an das Ultraleichtflugzeug hätten gewöhnen können, an den Erdboden gefesselt. Somit verflüchtigten sich meine fliegerischen Ambitionen für das Jahr 1987.

In den sechs Wochen, die ich das Bett hüten mußte, überdachte ich unseren Plan erneut und kam zu dem Schluß, daß die einzig sichere Lösung der Easy Riser mit einem ummantelten Druck-Propeller wäre. Ich müßte wieder auf den Riser umsteigen und einige Neuerungen anbringen, die ihn für das Training und letztendlich das Fliegen mit den Gänsen tauglich machten.

Schlimm war, daß ich zu diesem Zeitpunkt lediglich zwei beschädigte Fluggeräte besaß und Bill Carricks Enthusiasmus allmählich schwand. Außerdem konnte ich weder die Zeit noch das Geld aufbringen, das Projekt ein weiteres Jahr durchzuziehen. Ich mußte mich nach einer Finanzierungsmöglichkeit umsehen. So kam ich auf die Idee, über die Geschichte – vom Schlüpfen aus dem Ei bis zu den (hoffentlich) gemeinsamen Flügen – einen Dokumentarfilm zu drehen und diesen zu verkaufen. Carrick gefiel mein Plan, aber er war verständlicherweise skeptisch, was das Auftreiben eines Sponsors betraf.

Ein paar Tage später traf ich zufällig Murray Cooper, einen alten Schulfreund von mir. Er besaß einen großen und erfolgreichen Werkzeug- und Geräteverleih, der größtenteils von selbst lief und ihm ein gutes Einkommen sicherte. Er las mein Exposé durch und lachte. »Vögel darauf zu trainieren, mit einem Flugzeug zu fliegen? Lächerlich!« Da er sich jedoch als der höfliche Mitmensch erwies, der er normalerweise ist, versprach er mir, das Exposé mit seinem Partner durchzusehen und mich dann anzurufen.

Eine Woche später traf ich ihn wieder, und er erzählte mir: »Mein Partner ist der Ansicht, ich sei endgültig durchgedreht, wenn ich nur einen Gedanken an die Sache verschwenden würde.« Mein Mut sank. »Aber von all den verrückten, miesen Entwürfen, die ich mir bisher angesehen habe, gefällt mir deiner am besten. Also zur Hölle mit meinem Partner! Ich fördere das Projekt allein. Laß es uns versuchen.«

Und so holte Bill Carrick auch im dritten Jahr für uns Eier aus den Nestern einiger der vielen in seinem Wildgehege nistenden Gänse.

Mitte Mai hatten sich die Eier in kleine, piepsende gelbe Wattebällchen verwandelt, und ich trug sie die Rollbahn hinunter zu dem neuen Heim, das ich für sie unter dem Gestell des alten Easy Riser gebaut hatte. Im Februar und April hatte ich das Fahrgestell und die Motoraufhängung des neuen Risers

komplett umgestaltet und gründlich beim Rollen getestet. In diesem Jahr mußte es klappen.

Ich schwimme mit meinen Adoptivkindern.

Ich war zum Erfolg entschlossen und hatte alles startklar, als ich aus heiterem Himmel das Angebot erhielt, mich selbst in einem größeren 3-D-Imax-Film als Bildhauer darzustellen. Es sollte der zweite 3-D-Imax-Film werden, der je gedreht wurde. Die Werkstatt, die ich als Kulisse für den Film bauen, und die Skulpturen, die ich fertigen sollte, waren Dinge, die ich schon lange vorgehabt hatte, mir aber bislang nicht leisten konnte. Sich auf das Filmprojekt einzulassen bedeutete allerdings, sechs Monate lang zwölf Stunden pro Tag nichts anderes zu tun. Aber es war die größte Chance in meiner Karriere, und ich durfte sie unter keinen Umständen ungenutzt lassen. Murray und den Gänsen konnte ich aber auch keine Abfuhr erteilen.

Jeder versuchte mich davon zu überzeugen, daß es klüger wäre, das Gänseprojekt fallenzulassen, da man es nicht halbherzig durchführen könne und es schwer vorstellbar sei, wo ich die Zeit für beide Projekte hernehmen sollte. Aber ich konnte das Gänseprojekt nicht beiseite schieben. Ich mußte beides durchziehen und eben mit weniger Schlaf auskommen.

Jeden Morgen schleppte ich mich vor Sonnenaufgang aus dem Bett, um die

Gänse zu füttern, ein wenig Zeit mit ihnen zu verbringen und sie an den Klang des Ultraleichtflugzeugs zu gewöhnen. Der Rest des Tages und Abends reichte nicht aus, um die vier vertraglich zugesicherten Skulpturen und die neue Werkstatt/Filmkulisse fertigzustellen. Aber ich mußte einfach daran glauben, daß ich es irgendwie schaffen würde. Meine beiden Söhne halfen mir sehr mit den Gänsen, auch konnte ich meinen guten Easy-Riser-Flugkameraden Jack Weber dazu überreden, mich beim Bau des neuen Risers zu unterstützen.

Mit Gänsen zu arbeiten erfordert unglaublich viel Geduld, da sie sich nicht drängen lassen. Wie Kinder nehmen sie sich die Zeit, die sie brauchen, und wie Kinder brauchen sie viel Fürsorge.

Je mehr Zeit wir ihnen widmeten, desto besser würden sie ihre »Stiefmutter« annehmen und das seltsame Verhalten des lärmenden Vogels mit seinen 8,5 Metern Spannweite akzeptieren.

Um sie an das Ultraleichtflugzeug zu gewöhnen, fuhr ich damit die Rollbahn auf und ab, und sie rannten – manchmal mit den Flügeln schlagend – hinterher. Sie stoben jedesmal in alle möglichen Richtungen davon, und es kostete mich all meine Beherrschung, sie für jeden neuen Versuch zusammenzutreiben. Ich gewann langsam die Überzeugung, daß dies ein verrückter Plan war und ich nur meine Zeit und Murrays Geld vergeudete. Und was noch viel schlimmer war: Ich setzte meinen Vertrag mit den Imax-Leuten aufs Spiel.

Als die Gänse flügge wurden, zweifelte ich ernsthaft daran, daß sie mir folgen würden. Der neue Riser war noch immer nicht fertig, und ich war ziemlich sicher, daß die Gänse in der einen Woche, die ich noch brauchte, all das, was sie über mich und den Riser gelernt hatten, vergessen, in ein anderes Leben davonfliegen und mich – trotz meiner jahrelangen Bemühungen – weinend auf dem Erdboden zurücklassen würden. Nach einer Ewigkeit, so schien es mir, war der Riser endlich fertig. Da ich ihn drei Jahre lang nicht geflogen hatte und wir ihn mehrmals umgebaut hatten, war ich mir ganz und gar nicht sicher, ob sich das Flugzeug anständig benehmen würde. An den folgenden Tagen blies der Wind so kräftig, daß ich den Riser selbst im Rollen nicht testen konnte. Jedesmal wenn ich an den eingesperrten Gänsen vorbeikam, schrien sie und schlugen heftig mit den Flügeln. Sie waren ebenso frustriert wie ich. Endlich kam ein Tag mit passablem Wetter. Ich kletterte in den Riser und steuerte ihn das Rollfeld entlang, da ich ihn erst auf dem Boden ausprobieren wollte. Allerdings hob er ab, noch bevor ich bereit war, und – nervös wie ich war – würgte ich den Motor ab und setzte den Riser hart auf, wobei ein Teil des Fahrgestells demoliert wurde.

Zwei Tage später ging ich bei den Rolltests wesentlich umsichtiger vor. Um den Riser jedoch auf dem Boden zu halten, mußte ich den Steuerknüppel ganz nach vorne drücken. Also korrigierten wir die Trimmung. Schließlich flog ich und entdeckte, daß die Stops für die Seitenruder nicht richtig eingestellt waren; sie konnten sich über die Neutralstellung hinaus bewegen, was zur Folge hatte, daß das Fluggerät heillos durch die Luft schlingerte. Es zu wenden und wieder sicher zu landen war nicht einfach. Als wir die Stops festgeschraubt hatten, flog es großartig. Ich brauchte etwa eine halbe Stunde, um mich wieder an die Eigenart des Easy Riser zu gewöhnen, der zu einer Kombination aus Gieren und Rollen neigte. Ich absolvierte ein paar Touch-and-Go-Manöver[*]. Bei dem neugestalteten Riser hatte ich viel Gewicht am Fahrgestell einsparen

[*] Landemanöver, bei dem man kurz am Boden aufsetzt und gleich wieder durchstartet (Anm. d. Übers.).

Carmen und ihr Dad mit dem Easy-Riser-Nachbau und sechs Wochen alten Gänse-jungen.

Aaron trainiert die Gänseschar mit dem Geländemotorad, 1986.

können, und das zahlte sich durch wesentlich verbessertes Steigen aus. Auch mit geringer Motorleistung flog er problemlos. Unter Motorkraft und mit voll gezogenem Knüppel zeigte er nicht die geringsten Tendenzen zum Trudeln, sondern stampfte, die Nase in die Luft gereckt, einfach weiter. Ohne Motorkraft spürte man bei einer Geschwindigkeit von knapp über 20 Meilen pro Stunde, wie die Tragflächen vibrierten. Mit Vollgas und gedrücktem Steuerknüppel flog er 45 Meilen pro Stunde. Perfekt! Laut Bill Carrick hatten die Gänse eine »Reisegeschwindigkeit« von 43 Meilen pro Stunde. Nach meinen ersten Erfahrungen mit dem Lazair konnte ich mir zwar nicht vorstellen, daß sie so schnell flogen, aber wenn es nötig sein sollte, konnte der Riser mithalten.

Der große Tag kam. Ich rollte mit dem Ultraleichtflugzeug zum Verschlag. Sohn Nummer eins, Aaron, öffnete die Tür. Ich startete, und die Gänse flogen hinter mir her. Als ich abhob und mich umdrehte, waren keine Gänse in Sicht. Dann fand ich sie am Boden nahe ihrem Teich wieder. Entmutigt brachte ich den Riser nach unten und ließ Aaron die Gänse auf der Rollbahn zusammentreiben. Wieder startete ich und sah mich um. Diesmal waren sie zwar in der Luft, drehten jedoch um und flogen zum Teich zurück. Meine Zuversicht schwand. Sollten all unsere Mühen in einem Teich voller Gänse enden? Ich landete, parkte den Riser, und wir trieben die Gänse in den Verschlag zurück. Für den Rest des Tages wollte ich mit niemandem sprechen.

Dann rief ich aber Murray Cooper an und teilte ihm mit, wir würden die Gänse am nächsten Morgen fliegen lassen. Er solle herüberkommen und ein Video aufnehmen. Um halb sieben am nächsten Morgen war das Wetter einfach ideal – kein Windhauch und herrlicher Sonnenschein. Murray stellte die Kamera auf, und Aaron stand am Tor des Verschlags, während der Rest der Familie vom Balkon des Hauses aus zusah.

Ich checkte den Riser und rollte zum Verschlag hinüber. Dort ließ ich den Motor des Flugzeugs ein paarmal aufheulen, um die Aufmerksamkeit der Gänse zu erregen. Als sie aus dem Verschlag herausdrängten, gab ich Vollgas, und der Riser hob nach weniger als 30 Metern ab. Meine Rollbahn liegt so, daß ich, sobald ich in der Luft bin, eine 90-Grad-Kurve nach links fliegen muß. Daher konnte ich mich erst umblicken, als ich wieder geradeaus nach Norden flog. Die Gänse waren weit hinter und unter mir, schienen sich aber nähern zu wollen. Also ging ich vom Gas, drosselte den Riser auf eine Geschwindigkeit kurz vor dem Strömungsabriß und flog nun über dem Wald, etwa 15 Meter über den Wipfeln hinweg. Nach und nach holten die Gänse auf, und schließlich flogen wir zusammen!

Überall um mich herum waren Gänse. Ich stieg ein wenig, sie versuchten, sich an meiner linken Tragfläche zu formieren und reihten sich in einer zerrissenen Linie schräg hintereinander auf. Die von den Flügelspitzen erzeugten Wirbel brachten sie ein wenig zum Taumeln. Dann fand die Gans an der Spitze der Formation die richtige Position und folgte mir nahezu ohne Kraftaufwand. Ich beschrieb eine langgestreckte, ansteigende Kurve und hielt dann wieder auf mein Haus zu, wo Murray mit der Kamera stand.

Immer wieder drehte ich mich um und konnte meinen Blick nicht von den Gänsen lösen. Sie waren wundervoll. Eine tauchte unter meinen linken Tragflächen hindurch und kam an der Vorderkante der unteren Tragfläche wieder zum Vorschein, wo sie gleich darüber die Druckwelle fand. Ein paar Sekunden lang verharrte sie mit ausgebreiteten Schwingen dort und surfte auf der »Bugwelle« des Risers. Anschließend glitt sie knapp 1 Meter vor meinem Gesicht allmählich zur rechten Seite hinüber.

Das war alles sehr aufregend. Als wir in einer Höhe von etwa 100 Metern über das Haus flogen, sah ich, wie meine Familie und Murray dort unten vor Freude Luftsprünge vollführten und mir zuwinkten. Mich überkam ein unbeschreibliches Wohlgefühl.

VON DA AN nahm ich jede Gelegenheit wahr und fand, wenn es notwendig war, zahlreiche Entschuldigungen, um fliegen zu können. Die Gänse teilten meinen Enthusiasmus.

Wann immer ich mich ihrem Verschlag näherte, zeigten sie mir, daß sie fliegen wollten. Sie reckten ihre Hälse in die Höhe und gaben ganz besondere Laute von sich, die man mit »Auf geht's, auf geht's!« übersetzen könnte. Das Schreien wurde durch Flügelschlagen unterbrochen, als ob ein Motor vor dem Flug auf Touren gebracht wird. Bei diesen ersten Flügen verliehen die Gänse ihrer Freude auch in der Luft Ausdruck. Sie spielten regelrecht mit dem Ultraleichtflugzeug. Manchmal formten sie von den Tragflächen des Risers aus ein perfektes V. Andere Male hingegen befand ich mich in dem V in einer hinteren Position und betrachtete sie, wie sie vor mir in Formation flogen. Ab und an nutzten einige von ihnen die Druckwelle vor dem Fluggerät zum Surfen. Dabei störten sie den Strömungsfluß über der Tragfläche ein wenig, und wenn die Luft ruhig war, bemerkte ich, daß ich, je mehr Gänse sich vor mir befanden, um so mehr Gas geben mußte, um uns alle voranzutreiben.

Wie die meisten Piloten gebe ich beim Start gern Vollgas, und damit war ich für die Gänse viel zu schnell, da sie wesentlich langsamer beschleunigen als der Riser. Wenn sie vor mir starteten, lief ich Gefahr, in sie hineinzufliegen.

Selbstporträt aus geschweißtem Stahl für den 3-D-Imax-Kinofilm The Last Buffalo.

Also versuchte ich, stets vor ihnen in der Luft zu sein und dann in einem langgestreckten, langsamen Schwenk an Höhe zu gewinnen. Wegen der ruhigen Bedingungen flog ich stets nur in der Morgen- oder Abenddämmerung. Für gewöhnlich konnte ich mich Richtung Osten halten, während die Gänse hinter mir langsam an Höhe gewannen. In östlicher Richtung gab es einige weite Felder, was mir im Falle eines Motorproblems mehr Spielraum gewährte. Ich hielt die Geschwindigkeit bei 25 Meilen pro Stunde bis sie aufgeholt hatten, und dann stiegen wir gemeinsam hinauf über die weiten Felder im Süden und beendeten in einer Höhe von etwa 150 bis 200 Metern unseren Steigflug. In ruhiger Luft flogen wir in dichter Formation. Von Zeit zu Zeit näherten sich ein bis zwei Gänse von unten und kamen so dicht heran, daß ich sie mit

*Der Easy-Riser mit
»Gänsegeschwindig-
keit«.*

*Eine Gänseschar
wartet ungeduldig
auf die »Mama«.*

der Hand hätte berühren können. Wenn es ruppig wurde, rollte der Riser, und die Formation wurde auseinandergezogen. Die Gänse reagierten auf Turbulenzen, als gäbe es sie nicht, und hielten sich mit Leichtigkeit von den wakkelnden Tragflächen fern. Meist hatte ich eine kleine Videokamera dabei und nahm, soviel ich nur konnte, auf, denn jeder Flug war ein einzigartiges visuelles Erlebnis. Ich war immer traurig, wenn wir zu unserem Ausgangspunkt zurückfliegen mußten, weil der für eine halbe Stunde reichende Treibstoff verbraucht war.

Bei Landungen erlebt man die aufregendsten Momente, da die Gänse auf einzigartige Weise an Höhe verlieren, ohne an Geschwindigkeit zuzulegen. Sie legen eine Schwinge an, beginnen zu taumeln und fliegen erst 3 bis 5

Meter weiter unten wieder geradeaus. Wenn sie es alle auf einmal machten, gab es ein pfeifendes Geräusch, und es war, als ob ich mich mit einem Bündel Blätter fallen ließ. Nahe über dem Boden flogen sie wieder dichter beieinander und glitten zusammen durch die Luft wie ein futuristisches Jetgeschwader im Formationsflug.

Am gefährlichsten für die Gänse war das Ausrollen des Ultraleichtflugzeugs nach der Landung. Für gewöhnlich landeten sie genau vor mir, und es war verdammt schwer, um alle zwölf herumzumanövrieren. Nur einmal traf ich sie, nicht eine, sondern zwei von ihnen gleichzeitig, überrollte jede mit einem Rad. Mir war schlecht. Es sah fürchterlich aus; ich glaubte, ich hätte sie beide getötet. Nichts dergleichen, nur zerzaustes Gefieder. Beide waren beim abendlichen Flug wieder dabei.

Gelegentlich drehten die Gänse einige Runden über dem Feld, bevor sie sich zur Landung entschlossen. Bei einer dieser Landungen glitten sie vor mir dahin und wollten wohl eine weitere Runde anhängen. Ich sagte: »Nicht ohne mich, Kinder!«, gab Vollgas und holte so rasch auf, daß ich mit zwei von ihnen zusammenstieß. Ich war außer mir, aber die Gänse schlugen nur einen Purzelbaum und warfen mir einen Blick zu, der sich in etwa so deuten ließ: »Wo, zum Teufel, hast du deine Flugmanieren gelernt, Mama?«

Wenn wir an einem schönen Sommerabend gemeinsam dahinzogen, stoppte unter uns der Straßenverkehr. Meist hielten mehrere Autos an, die Leute stiegen aus und sahen uns erstaunt zu. Der *Toronto Star* brachte auf der Vorder- und Rückseite seiner Sonntagsausgabe je ein ganzseitiges, farbiges Foto von uns. In den folgenden Wochen schien es, als würden wir fast täglich von irgendwelchen Filmteams aufgenommen. Die Nachrichten über uns fanden ihren Weg bis hinunter nach Kalifornien, und eines Tages rief mich der Produzent einer Show mit dem Titel »Unglaublicher Sonntag« an. Die ABC (American Broadcasting Company) ließ mich und zwei Gänse nach Kalifornien einfliegen.

Bei dem Gedanken daran, daß meine geflügelten Partner in einem Düsenjet, einer Boeing 747 der Air Canada, zu einem Fernsehinterview reisen sollten, hatte ich unweigerlich lachen müssen. Natürlich reisten sie wie andere Tiere auch in einem Käfig. Als wir im Studio in Hollywood eintrafen, schritten sie hinaus auf die Bühne, als ob sie ihnen gehörte. Ich war besorgt, sie würden im Studio umherfliegen, aber nein, sie benahmen sich wie wohlerzogene Gänse und pupten nicht einmal vor der Kamera oder auf der Bühne.

Wissenschaftler wissen noch nicht genau, weshalb Gänse und andere Langstreckenflieger in bestimmten Formationen fliegen. Das klassische V, das man gemeinhin mit Gänsen assoziiert, mag weniger von Bedeutung sein als die Distanz der Vögel zueinander. Sie können von der aufwärts gerichteten Strömung, die um die Flügelspitzen einer jeden Gans entsteht, so sehr profitieren, daß sie das Fliegen nahezu keine Kraft kostet. Sie nutzen diese Strömung, indem sie in ganz geringem Abstand voneinander fliegen, so nahe beieinander, daß sich ihre Schwingen manchmal tatsächlich berühren. Schätzungen zufolge kann die Energieersparnis bis zu 65 Prozent des normalen Kraftaufwands beim Fliegen betragen, unabhängig davon, ob die Vögel in V-Formation, spitzem Winkel oder gerader Linie fliegen.

Ich bestaune die Schönheit und Anmut des Flugs dieser Vögel heute weit mehr als damals bei den Möwen, die hinter dem Pflug meines Vaters herflogen. Die Gänse Stunde um Stunde aus geringster Entfernung zu beobachten, jede Feder zu sehen und jede Bewegung ihrer Schwingen auf ihrer Reise durch den Himmel ist eine wunderbare und Demut gebietende Erfahrung. Wir Menschen hängen von einer primitiven Maschine ab, um uns in der Luft aufhalten zu können. An uns nagen stets Zweifel, ob wir auch wieder unbeschadet landen werden, und dieses Unbehagen schränkt unsere Fähigkeit ein, die Freiheit in den Lüften so zu genießen, wie es für Vögel ganz selbstverständlich ist.

Die Gänse blieben den Winter über in Ontario, während ich mehrere Monate in Mexiko verbrachte. Bei meiner Rückkehr fuhr ich bei Bill Carricks Anwesen vorbei und ging zu dem Gehege, in dem meine elf konditionierten Gänse untergebracht waren. Sie befanden sich mitten in einer großen Schar am anderen Ende des Teichs. Als ich jedoch rief: »Kommt, Gänse!«, trennten sie sich sofort von der größeren Gruppe und beeilten sich, zu mir zu kommen. Sie begrüßten mich aufgeregt, und ich hatte wahrhaftig das Gefühl, ich sei ihre lange Zeit verschollene Mutter.

Mitte April brachten wir sie zurück zum Verschlag bei der Rollbahn und nahmen die Flugübungen wieder auf. Bei den ersten Flügen stellte ich fest, daß die Gänse eigenständiger geworden waren und öfters aus dem Verband ausbrachen, um Erkundungsflüge unabhängig vom Ultraleichtflugzeug zu unternehmen.

In der Schar hatte sich eine deutlich erkennbare Hierarchie herausgebildet, sowohl in der Luft als auch am Boden. Meistens führte eine ganz bestimmte Gans die Schar an; sie folgte ihren eigenen Vorstellungen und nicht dem Ultraleichtflugzeug. Auf der Erde war genau diese Gans die freundlichste von allen, diejenige, die als erste auf einen zugerannt kam und zu einer lautstarken Be-

Im Easy Riser mit meinen Schützlingen über Purple Hill, 1988. Dieses Bild habe ich mit ausgestrecktem Arm selbst gemacht.

grüßung anhob. Dann gab es noch eine oder zwei Gänse, die besonders scheu und mürrisch wirkten; sie standen stets abseits, und man konnte sich ihnen nicht so einfach nähern. Sie gingen auch immer als letzte in den Verschlag. Ich bemerkte, daß die Leitgans eine Abneigung gegen meine damals fünfjährige Tochter Carmen entwickelt hatte. Wann immer Carmen allein unterwegs war, rannte diese Gans auf sie zu. Die arme Carmen fürchtete sich nicht nur, sondern war zudem empört, da sie bei der Aufzucht der süßen kleinen Wattebällchen mitgeholfen hatte. Nun waren sie beinahe so groß wie Carmen, und eine von ihnen griff sie tatsächlich an. Ich für meinen Teil bin der Meinung, daß die Gans eifersüchtig war. Mir gegenüber benahm sie sich äußerst nett und tat ihre Sympathie lautstark kund, wann immer ich mich ihr näherte. Alles, was wir tun konnten, war, auf der Hut zu sein, wenn sich Carmen den Gänsen näherte. Glücklicherweise war das jedoch meist kein Problem.

Wenn das Wetter es zuließ, flog ich morgens eine halbe Stunde mit den Gänsen und ließ sie dann bis in den späten Vormittag hinein oder bis Mittag grasen. So verfuhren wir bis Ende Mai. Während dieser »Freistunden« flogen oder watschelten sie oft den Hügel hinauf zu unserem Haus und trieben sich auf dem Rasen davor herum. War die Haustür offen, nahmen sie innen Platz – sehr zu Paulas Mißfallen.

Am 28. Mai 1989 waren sie auf einmal verschwunden. Ich wollte sie gegen Mittag in den Verschlag zurücktreiben, aber sie waren weg. Wir mutmaßten, wo sie sich aufhalten könnten. Carrick nahm an, daß sie sich davongemacht hatten, um sich im nahen Sumpf niederzulassen und dort ihre Mauser durchzustehen, und daß sie in vier bis sechs Wochen zurückkehren würden. Das aber passierte nicht. Nach drei Monaten hatte ich die Hoffnung, sie je wiederzusehen, schließlich aufgegeben. Am 15. Oktober, dem Beginn der Jagdsaison, tauchten jedoch drei von ihnen auf und landeten auf dem Rasen vor dem Haus: die Leitgans, ein Weibchen, und zwei Ganter. Wir waren außer uns vor Freude über das Wiedersehen, versuchten jedoch nicht, sie in den Verschlag zurückzubringen. Sie blieben bis zum Abend, verabschiedeten sich dann 15 Minuten nach Sonnenuntergang und kehrten erst 15 Minuten vor Sonnenaufgang wieder zurück. Eine Stunde später hatte ich meinen Easy Riser startklar und ließ die Jungs die Gänse aufscheuchen. Als die Vögel in der Luft waren, schloß ich mich ihnen an, und sie flogen eine Viertelstunde lang in dichter Formation mit mir, um dann wieder zum Haus zurückzukehren.

Von nun an flogen sie jeden Tag abends weg und kehrten morgens zurück. Die Zeitpunkte waren immer gleich und so präzise, daß man die Uhr nach ihnen stellen konnte. Ich hörte ihr Geschrei kurz vor dem Eintreffen und rannte hinaus, um sie zu begrüßen. Zweimal startete ich abends im Ultraleicht-flugzeug und folgte ihnen, da ich herausbekommen wollte, wo sie die Nacht verbrachten und sich vielleicht auch der Rest der Schar befand. Nördlich von uns liegt ein ausgedehntes Sumpfgebiet, jenseits dessen sich der Scugogsee über eine Distanz von 25 Kilometern in nordöstlicher Richtung erstreckt. Bei-de Male war ich gezwungen, umzukehren; außerhalb der Gleitdistanz zum Land über dem See zu fliegen, noch dazu bei schwächer werdendem Tages-licht, wäre dumm gewesen.

In der zweiten Woche nach ihrer Rückkehr wartete ich morgens auf sie, suchte den Himmel im Norden ab. Plötzlich sah ich eine große Schar von etwa hun-dert Vögeln. Als sie sich dem Haus näherten, verloren sie an Höhe. An der Spitze der Schar flogen meine beiden Gänse, die auf uns zukamen und direkt auf dem Rasen landeten. Die restliche Schar drehte zwei Runden, wagte aber nicht, zu landen, obwohl meine drei überschwenglich nach ihnen riefen. In den folgenden Wochen geschah das mehrere Male, jedoch landeten stets nur meine drei Gänse.

Ende November brachten wir die drei zu Carricks Wildgehege. Im Frühling des Jahres 1990, am Karfreitag, kehrten zwei weitere meiner Gänse, ein Weib-chen und ein Männchen, zurück, und wir fingen auch sie ein. Bill Carrick hielt diese fünf Gänse, von denen sich einige paarten und Junge großzogen, auf seinem Anwesen. Etwas später im Frühling kehrte eine einzelne Gans zurück und trieb sich um das Haus herum. Ich versuchte nicht, sie zu fangen, da ich glaubte, sie würde den Sommer über bleiben. Sie verließ uns aber nach einer Woche und beehrte uns erst im Herbst für die Dauer einer Woche wieder. Auch sie zeigte jeden Tag dieselbe Routine, flog nach Sonnenuntergang weg und kehrte vor Sonnenaufgang zurück. Im nächsten Frühling brachte sie einen wilden Partner mit. Sie bauten auf unserem Teich ein Nest, zogen vier Junge groß und verschwanden. Seitdem sind sie jedes Jahr wiedergekommen. Das Weibchen landet Mitte März im Hof vor unserem Haus und verkündet lauthals ihre Rückkehr. Ihr wilder Partner ist stets ein wenig verstört darüber, daß sie zu ihren Eltern zurückkehrt, und wartet draußen auf dem Teich, während sie uns begrüßt. Sie braucht nie lange, um ihr Nest vom Vorjahr zu erneuern, und innerhalb von ungefähr einer Woche legt sie ihre Eier, während ihr Partner Wache hält.

KAPITEL 7

Lebensunterhalt

WIR HATTEN VIEL FREUDE an der Arbeit mit den Gänsen, mußten natürlich auch Rückschläge einstecken, aber die Vögel waren nur ein Teil unseres Lebens. Im Jahr 1972 wurde unser Sohn Aaron geboren, und 1973 kauften wir unser wunderbares, gut 40 Hektar großes Anwesen in Purple Hill, auf dem wir seitdem leben. Viele meiner Projekte plante ich von da an in einer ehemaligen, in eine Werkstatt umfunktionierten Scheune, die mir vielerlei Möglichkeiten bot. Ich war fasziniert vom Industrie- und Möbeldesign, und wenn einer meiner Werkstattentwürfe sich als brauchbar erwies und sich gut verkaufte, ging er in Produktion.

Unser zweiter Sohn Geordie wurde 1975 geboren. Paula nutzte ihr Wissen über Textilkunst und entwickelte in den späten siebziger Jahren eine besondere Technik für die Herstellung gestrickter Pelzbekleidung.

Auf der Grundlage dieser Erfindung kreierten wir gemeinsam eine Kollektion aus Jacken und Mänteln, die sich in den noblen Modeboutiquen von New York bis Tokio hervorragend verkaufte. In der Anfangsphase fungierte ich als Modefotograf und Paula als Modell, und tatsächlich erschienen 1979 und 1980 in dem Modemagazin *Vogue* zwei unserer Fotografien.

Als Geordie geboren wurde, hatten meine Eltern mittlerweile gelernt, unseren unorthodoxen Lebensstil zu akzeptieren. Mein Vater hielt große Stücke auf Paula. »Sie war das Beste, was Bill je passieren konnte«, pflegte er gegenüber seinen Freunden zu äußern. Im Jahre 1965 verkaufte er die Farm (mit Aus-

Die Skulptur Tran-scending the Traf-fic *auf der Expo 1986 in Vancover, Kanada.*

nahme des Hauses) für weit mehr als nur ein paar Groschen an Stadtplaner, und zum ersten Mal in seinem Leben ging es ihm finanziell relativ gut. Als die Kreditraten der Banken Wucherniveau erreichten, steckte er sein Geld in unser aufstrebendes Unternehmen. Meine Mutter schien meine Karriere als Künstler stets zu unterstützen und hatte große Freude an ihren Enkelkindern. Auch Paulas Eltern förderten unsere beruflichen Ambitionen sehr, und ich gebe zu, daß wir es während jener mageren siebziger Jahre ohne die Hilfe beider Familien nicht geschafft hätten.

Seit seiner Gründung 1979 wuchs das Unternehmen meiner Frau zu einer Firma mit mehr als hundert Angestellten und Umsätzen in Millionenhöhe an, und wir beide waren im Management der Firma tätig.

Gleichzeitig arbeitete ich an Aufträgen von Canada's Wonderland, einem Erlebnispark nördlich von Toronto, Marineland bei den Niagarafällen und der Expo 86 in Vancouver, für die ich eine 26 Meter hohe Skulptur mit dem Titel *Transcending the Traffic* fertigte.

All das führte schließlich zu einem meiner ehrgeizigsten und meistgelobten Projekte, einer originalgroßen Replik von Großbritanniens berühmtem Stonehenge. Der Ursprung des Projekts war die Idee eines Werbefachmanns.

1986 war Peter Jarret von der Grant Tandy-Werbeagentur auf der Suche nach einem originellen Fernsehwerbespot, um die Aufmerksamkeit der Bevölkerung auf das alljährlich wiederkehrende Ritual der Automobilindustrie, die Ankündigung neuer Fahrzeugmodelle, zu lenken. In diesem Fall ging es um die Modelle Chrysler Dodge Shadow und Plymouth Sundance von Lee Iacocca, dem höchsten aller »Hohenpriester« der Branche.

Peter dachte, daß man Stonehenge, dieses faszinierende Monument, leicht mit Sonnentänzen und Schatten in Verbindung bringen würden. Ich bekam den Auftrag, sein Konzept zu verwirklichen. Meine Aufgabe bestand darin, dem Automobilgott einen heidnischen Tempel zu errichten, etwas wie Stonehenge, vielleicht aus Autos zusammengesetzt, das als Szenerie für den Werbespot dienen sollte. Die Vorstellung eines modernen Stonehenge aus Schrottautos begeisterte mich im Handumdrehen.

Nie zuvor hatte ich Stonehenge besucht, aber Tausende von Menschen haben das getan, und es gibt Tausende von Büchern darüber. Es scheint, als habe man es seit unvordenklichen Zeiten erforscht.

Meine Version sollte Stonehenge in Größe und Form gleichen, und auch der Ort mußte mit Bedacht gewählt werden. Das Ergebnis unserer Arbeit wurde später von Christopher Chippendale, einem Stipendiaten am Lehrstuhl für Archäologie an der University of Cambridge im Zuge einer Zusammenschau für eine Ausstellung unter dem Thema »Ansichten von Stonehenge« dokumentiert. Der Eröffnungskatalog brachte eine Fotografie meines »Autohenge«, und dasselbe Foto fand sich auf dem Einband von Chippendales Broschüre *Stonehenge Observed*, in der er schrieb:

> *Das so treffend mit Autohenge bezeichnete Werk ist ein kanadisches Stonehenge aus Schrottautos, die man zum Teil in einer Schrottpresse in Form gebracht und paarweise mit Stahlbändern zusammengebunden hat, um das richtige Verhältnis von Höhe, Breite und Tiefe zu erreichen. Es wurde im Jahre 1986 von dem hiesigen Bildhauer Bill Lishman auf einem Feld bei Blackstock im hügeligen Grasland von Ontario erbaut. Sein Durchmesser beträgt 30 Meter (was dem Original nahezu entspricht), und die senkrechten Blöcke erheben sich 4 Meter über den Boden (ebenfalls nahezu wie beim Original). Der Platz ist hervorragend gewählt: Wie Stonehenge steht es weder auf dem Gipfel eines Berges noch in einem Talgrund, sondern auf einer niedrigen Kuppe, zu der ein Feldweg führt, über den man sich dem Kunstwerk wie auf einer Art Prozessionsweg nähern kann. Aus einiger Entfernung gleicht seine Silhouette so genau der von Stonehenge, daß sich die meisten Leute von einer Fotografie täuschen lassen. Von nahem bezaubert die Kombination aus uralter, grandioser Form und – groteskerweise – seiner Funktion enthobenem, modernem Material. Es ist ein höchst eindrucksvolles Werk. Bei seiner Herstellung wurde peinlich genau darauf geachtet, daß die Proportionen denen des alten, echten Stonehenge gleichen; diese Sorgfalt wird in der von dem Kunstwerk ausgehenden Atmosphäre spürbar.*

Beim Bau von Autohenge gab es viele großartige Augenblicke. Mir blieben zwei Wochen, das Projekt zu planen, einen geeigneten Ort zu finden, die Autos ausfindig zu machen, aufzustellen, den Platz gärtnerisch anlegen zu lassen und alles für die Aufnahmen fertig zu haben. Morgens und abends schwang ich mich mit meinem Ultraleichtflugzeug in die Luft und flog so lange in geringer Höhe über das Land, bis ich fünf mögliche Plätze gefunden hatte. Dann fuhr ich mit dem Auto hin und inspizierte sie vom Boden aus. Der Platz, den ich schließlich auswählte, strahlte eine gewisse Magie aus, und auch die Wirkung von Sonnenaufgang und -untergang war perfekt. Durch meine Recherche in der Bücherei war ich auf alle nötigen Größen und die Winkel für die Ausrich-

Autohenge.
Foto: Steven Frank.

tung der Quader gestoßen. Ausgehend von diesen Informationen bastelte ich ein Modell aus Holzblöcken im Maßstab 1:50, stellte es in der Mitte des Platzes auf und richtete die Blöcke mit Hilfe eines Kompasses exakt aus.

Dieses Modell war später beim Aufstellen des großen Autohenge unsere Vorlage. Roy Robertson, dem das Land gehörte, auf dem die Skulptur errichtet werden sollte, war von dem Projekt begeistert. Zufällig besaß er ein Unternehmen für Erdarbeiten und ließ die Löcher für die senkrechten Blöcke ausheben.

Sein Sohn Art Robinson hatte einen Schrottplatz. Dort zu arbeiten, war sicherlich nicht mit dem Behauen der Steinquader von Stonehenge zu vergleichen. Während unseres gesamten Aufenthalts regnete es in Strömen, weshalb Schrott und Schlamm den Platz auf scheußliche Weise verunzierten. Ich mußte die Autos für mein Projekt sorgfältig auswählen. Es durfte kein Chrysler dabei sein, und sie mußten die richtige Größe haben. Art besaß einen riesigen alten Frontlader, einem gigantischen primitiven Insekt nicht unähnlich. Dieses Ungeheuer brummte und schnaubte durch die tiefen Schluchten zwischen den aufgetürmten Haufen aus Schrott auf den Plätzen verschiedener Schrotthändler und suchte sich die von uns zuvor gekennzeichnete Beute heraus. Sobald er sie gefunden hatte, ergriff der Frontlader die Beute mit seinen primitiven Klauen und wand sich durch die Massen verbeulten und verbogenen Stahls zurück zur Presse, wo er sie fallen ließ. Wie ein verhungerndes wildes Tier riß der Frontlader die Motorhaube auf, brach mit raschen, geschickten Bewegungen den Motor aus seiner Verankerung, rollte das Auto auf die Seite, bohrte seine Zinken durch die Fenster, hob es hoch und ließ den Motor mit ein paar heftigen Rucken zu Boden fallen, wobei Zuleitungen und Kabel zerrissen. Als nächstes bohrte er eine Zinke durch den Tank und riß ihn heraus. Die Karosserie verfrachtete er in die Presse, wo sie auf eine Höhe von etwa 46 Zentimeter zusammengepreßt wurde.

Ein zweites Autowrack kam hinzu und wurde ebenfalls plattgepreßt, so daß die Maße unserer Quader mit denen von Stonehenge übereinstimmten.

In dieser Manier verfuhren wir 3 Tage lang mit insgesamt 24 Autos und schafften sie dann zu unserem Platz. Der Regen hatte das Feld in einen Schlammsee verwandelt, und wir verloren einige Tage, da wir warten mußten, bis das Erdreich wieder einigermaßen trocken war. Dann hielt uns ein Streik der Kranführer erneut auf; endlich machte ich einen Kran ausfindig, der sich in Privatbesitz befand, dessen Besitzer zugleich der Kranführer war und überdies für uns arbeiten wollte, obwohl er damit riskierte, auf die schwarze Liste gesetzt zu werden. (Ob die Druiden mit ähnlichen Problemen zu kämpfen gehabt hatten?). Autohenge wurde rechtzeitig fertig, und die Filmaufnahmen für den Werbespot gingen reibungslos über die Bühne.

Der Regisseur hatte sich vorgestellt, ein paar Vögel vor die Kamera zu bekommen, also konnte ich meine Kanadagänse, die überallhin folgten, ins Spiel bringen. Meine ursprüngliche Idee war, sie in Formation mit dem Lazair fliegen zu lassen. Zum Zeitpunkt der Dreharbeiten hatte ich sie gerade soweit, daß sie hinter mir und dem Motorrad herflogen. Als nun der Regisseur nach Vögeln im Flug verlangte, bekam er sie sofort am richtigen Ort.

Ungefähr eine Woche nach den Dreharbeiten gaben wir für alle, die an dem Projekt beteiligt gewesen waren, in der Rotunde von Autohenge eine Party. Die Gänse kamen bei Sonnenuntergang herbeigeflogen und landeten genau auf dem Platz, als ob sie nicht von der Feier ausgeschlossen sein wollten. In der Mitte des Zirkels zündeten wir ein riesiges Freudenfeuer an. Der Effekt war geradezu phänomenal. Als Licht und Schatten sich flackernd auf den alten Autos abzeichneten, schienen diese wie fremde groteske Fratzen in die Mitte zu starren. Das Schauspiel wurde noch durch ein großartiges Polarlicht gekrönt, das uns – da bin ich mir sicher – die alten Götter der Druiden geschickt hatten.

KAPITEL 8

Ärgernisse

WÜRDE MICH JEMAND FRAGEN, wie ich die Jahre 1989 bis
1993 unserer Arbeit mit den Gänsen überschriebe, würde ich – obwohl alles
recht vielversprechend begann – »Ärgernisse« als Titel für die Anfangsphase
wählen. Nachdem es uns 1988 gelungen war, unsere zwölf Gänse auf das
Fliegen mit dem Ultraleichtflugzeug zu trainieren, sprach Bill Carrick immer
häufiger davon, wir sollten unsere Erfahrungen mit den Gänsen nun auf den
Trompeterschwan anwenden. Als ich noch ein Kind war, hatte mir meine
Mutter oft davon erzählt, daß viele Vogelarten ernstlich bedroht seien. Sie
erzählte mir vom Aussterben der Wandertaube, daß es auf der ganzen Welt
nur noch weniger als dreißig Pfeifschwäne gäbe und der Trompeterschwan
stark gefährdet sei. Die Mitglieder der Trompeterschwan-Gesellschaft hatten
sich bislang vor allem darum bemüht, kleine Gruppen von Vögeln aus der in
Alaska beheimateten Population einzufangen und wieder in ihren angestamm-
ten, über den ganzen Kontinent verteilten Habitaten einzubürgern. Die um-
gesiedelten Vögel waren jedoch nur zum geringen Teil oder gar nicht in der
Lage, neue und sichere Zugrouten zu finden, da dieses Wissen mit den ursprünglichen Populationen ausgestorben war. 1989 wollte Carrick, der Mit-
glied der Trompeterschwan-Gesellschaft ist, auf deren alle zwei Jahre in
Minnesota stattfindender Tagung einen Vortrag halten. Also flogen wir im
Herbst gemeinsam nach Minnesota und zeigten das Filmmaterial über unsere
vorjährigen Versuche mit den Gänsen. Die Reaktionen darauf reichten von

106

Spott bis zu großem Enthusiasmus. Am enthusiastischsten reagierte William J. L. Sladen, emeritierter Professor der Johns Hopkins University und nun wissenschaftlicher Leiter des nahe Warrenton in Virginia gelegenen Airlie Center, auf unser Projekt. Sladen ist eine eindrucksvolle Persönlichkeit und sehr redegewandt, wobei er sich als gebürtiger Brite in besonders gewähltem Englisch ausdrückt. Die Form seiner Nase weckte das Interesse des Bildhauers in mir: Sie ist die menschliche Version eines Schwanenschnabels. Später fand ich heraus, daß Sladen mehr ist als ein gewöhnlicher Vogelkundler. Als Junge in England hatte er stets die Wettbewerbe für die schönste Schmetterlingssammlung oder das schönste Herbarium gewonnen. Und er hatte dieses Interesse für die Natur auch während seines Medizinstudiums und in der Zeit, in der er sich als plastischer Chirurg um die Verbrennungsopfer aus dem Panzerkrieg Montgomerys gegen Rommels Afrikakorps gekümmert hatte, bewahrt. Er und Sir Peter Scott, ein bekannter Maler von Wasservögeln, Vogelkundler und Sohn des berühmten Südpolforschers Sir Robert Scott, wurden enge Freunde. Im Jahre 1947, er hatte in England bereits den Doktorgrad in Medizin erworben, schied Sladen aus dem medizinischen Dienst der Armee aus und begab sich auf seine erste Expedition in die Antarktis. An der University of Oxford promovierte er im Fach Zoologie mit seinen Forschungen über den Adelie-Pinguin. In den sechziger Jahren entdeckte er hohe Rückstände von DDT in antarktischen Robben und Pinguinen und hielt den Menschen auf der ganzen Welt vor Augen, daß moderne Chemikalien bereits ihren Weg in sämtliche – auch die entlegensten – Ökosysteme der Erde gefunden hatten. Danach wandte sich Sladen den Schwänen und Gänsen, das heißt deren Wanderverhalten, zu und führte die Radiotelemetrie ein*. Auch war er der erste Wissenschaftler der westlichen Welt, der eine Einladung der Sowjets erhielt, das Zugverhalten bestimmter Wasservögel zu erforschen. Im Frühling 1973 erlebten er und sein Team einige aufregende Monate, als sie mit kleinen Flugzeugen und gemieteten Autos Zwergschwänen auf ihrer Zugroute von der Chesapeake Bay zu deren Nistplätzen in der Arktis folgten – eine Weltpremiere.

Auf dieser Reise hängten die Schwäne das Flugzeug mit Leichtigkeit ab, da die Crew immer wieder zum Auftanken landen mußte, während das Bodenteam in den Autos auf dem Ohio Turnpike und anderen Straßen so nahe wie möglich an den Schwänen dranblieb.

---

*Dabei werden die Tiere mit Sendern versehen, um mit Hilfe eines Empfängers ihren jeweiligen Aufenthaltsort zu bestimmen (Anm. d. Übers.).

Ich schwimme mit den auf mich geprägten Gänsen, 1990.

Zu den zahlreichen Ehrungen Sladens zählt die Ernennung zum Member of the British Empire durch König Georg VI., die Verleihung der Polarmedaille durch Königin Elisabeth II. und die prestigeträchtige Auszeichnung durch den New Yorker Explorers Club, eine Ehrung, die zuvor Persönlichkeiten wie Thor Heyerdahl und Sir Edmund Hillary zuteil geworden war. Selbst ein Berg auf den südlichen Orkneyinseln wurde nach Sladen benannt.

Die Aufzählung dieser Verdienste mag den Eindruck erwecken, Sladen sei ein wenig steif und förmlich, doch dies täuscht, denn er hat sich seine jungenhafte Leidenschaft für die Natur bewahrt, und ganz besonders faszinieren ihn die Arten, die er als »Großvögel« bezeichnet. Seiner Meinung nach sind große Wasservögel wie Schwäne hervorragende Botschafter, da man ihr spektakuläres Zugverhalten dazu heranziehen könnte, eine größere Öffentlichkeit für den Schutz von Feuchtgebieten und ausgedehnten Landstrichen, lebenswichtigen Habitaten der Art, zu interessieren. Er plädiert dafür, den Trompeterschwänen und Schreikranichen die alten Zugrouten in Erinnerung zu bringen und sogar neue zu suchen, um damit die Arten zu erhalten und gleichzeitig einen Beitrag zum Schutz einer Reihe von Rückzugsgebieten und Rastplätzen entlang der Zugrouten zu leisten.

Die Trompeterschwäne wieder in der Chesapeake Bay, in deren Einzugsgebiet Airlie liegt, einzubürgern, paßte zu einem anderen Projekt, das Sladen am Herzen liegt. Er hat sich – bislang ohne großen Erfolg – für die Beendigung der Jagd auf Zwergschwäne in Virginia und North Carolina eingesetzt. Zwar lehnt er die Jagd nicht prinzipiell ab, vertritt jedoch die Meinung, die staatlichen Naturschutzbeauftragten hätten voreilig und ohne wissenschaftliche Basis die Sollzahl der Schwäne im mittleren Teil der Atlantikküste festgelegt und den »Überschuß« an Schwänen für die Jagd freigegeben. Er zitiert die Äußerung des ehemaligen Geschäftsführers der Smithsonian Institution Dillon Ripley, wonach das Abschießen eines Schwans mit dem Einwerfen einer bereits beschädigten Fensterscheibe gleichzusetzen sei. Im Gegensatz zum Zwergschwan ist der Trompeterschwan, der im gesamten Gebiet der Vereinigten Staaten unter Schutz steht, vom Aussterben bedroht. Diese Art wieder einzubürgern, meint Sladen, könne ausreichen, um der Jagd auf Zwergschwäne einen Riegel vorzuschieben, da ein Jäger die beiden weißgefiederten, sich aus der Ferne nur in der Körpergröße unterscheidenden Arten leicht verwechseln kann.

Fasziniert von unserem Erfolg mit den Gänsen, bot uns Sladen an, mit einer Schar Schwäne von Ontario zu seinem Forschungsinstitut in Virginia zu fliegen, was hervorragend zu Bill Carricks Plänen paßte und auch mich interessierte. Eine wunderbare Möglichkeit, meine Erfahrungen mit den Gänsen anzuwenden, dachte ich.

Natürlich war viel Arbeit zu bewältigen, bevor wir uns mit den beiden Ultraleichtflugzeugen, die Schwäne im Schlepptau, auf den Weg nach Virginia machen konnten. Noch im Herbst desselben Jahres, 1989, führten wir erste Versuche auf dem Scugogsee durch. Bill Carrick hatte drei Schwäne darauf konditioniert, hinter seinem Boot herzufliegen. Bei den Tieren handelte es sich um die ehemaligen Stars der 3-D-Imax-Filmproduktion aus dem vorangegangenen Jahr. Wir versuchten, diese auf das Boot geprägten Schwäne dazu zu bewegen, wie meine Gänse dem Ultraleichtflugzeug zu folgen. Ich schaffte mir ein neues Cosmos-Ultraleichtflugzeug an, das ich mit Schwimmern ausrüstete. Die drei Schwäne weigerten sich jedoch standhaft. Ganz offensichtlich fürchteten sie sich vor dem riesigen »Vogel«. In jenem Jahr gab es eine frühe Frostperiode, die den Scugogsee mit einer Eisschicht überzog, durchsichtig und gerade dick genug, um sie begehen zu können. Carrick und ich versuchten, die verschreckten Tiere einzufangen, und rutschten dabei über die dünne Eisschicht. Da die Schwäne nicht gelernt hatten, sich von einer Eisdecke aus in die Luft zu erheben, waren sie nicht in der Lage, den See aus eigenen

Kräften zu verlassen. Also schlitterten wir hinter ihnen her, doch all unsere Mühen waren vergebens. Später gelangte ich zu der Überzeugung, wir hätten mehr Glück gehabt, wenn wir uns noch mehr bemüht und uns noch mehr Zeit genommen hätten. Aber es gibt eben in jedem Jahr nur eine bestimmte Anzahl von Tagen, an denen das Wetter solche Flüge erlaubt. In jenem Herbst hatten wir also keinen Erfolg mit den Schwänen, einigten uns aber darauf, es im folgenden Frühling mit einem besseren Plan wieder zu versuchen. Wir wollten frisch geschlüpfte Schwäne auf mich und das Cosmos-Ultraleichtflugzeug prägen, also genau das wiederholen, was mit den Gänsen funktioniert hatte.

Wir fuhren an einem Wochenende nach Airlie, um uns Sladens beeindruckendes Forschungsinstitut aus der Nähe anzusehen: eine 1200 Hektar große ländliche Idylle, im sanft gewellten Hügelland Virginias etwa 80 Kilometer südwestlich von Washington gelegen.

Für unser Projekt würden wir mehr Leute benötigen, unter anderem weitere Piloten, die ein Cosmos-Ultraleichtflugzeug steuern konnten. Im Februar 1990 trafen wir uns zu fünft in Mexiko, um uns mit Ultraleichtflugzeugen, die wie der Cosmos ein dreirädriges Fahrgestell haben, vertraut zu machen. Diese Ultraleichtflugzeuge werden im Gegensatz zu herkömmlichen Ultraleichtflugzeugen, die mit Knüppelsteuerung und Rudern versehen sind, durch Gewichtsverlagerung gesteuert und wie Hängegleiter geflogen. Es handelt sich um sehr einfach gebaute Fluggeräte, die sich leicht montieren lassen. In Mexiko waren außer mir Joe Duff, Bill Carrick, Murray Cooper und Ajijic Mexico, ein freiberuflicher Journalist, mit von der Partie. Mit knapp fünfzehn Flugstunden Erfahrung im Cosmos wurde ich zum Fluglehrer bestimmt, und obwohl jeder von uns mehrere Stunden in dem gemieteten Ultraleichtflugzeug absolvierte, probierte Joe, ein Pilot mit langjähriger Erfahrung und einem sicheren Gefühl für die Luft, es als einziger im Alleinflug aus. Uns machte die Sache viel Spaß. Bill Carrick, mit damals 70 Jahren zum ersten Mal in Mexiko, war fasziniert von der Tier- und Pflanzenwelt und lehrte uns fachmännisch die lateinischen Namen all dessen, was wir zu Gesicht bekamen. Als wir einmal vor einem kleinen Laden anhielten und Joe hineinging, um ein paar Erfrischungsgetränke zu kaufen, hob ich einen perfekt gerundeten getrockneten Pferdeapfel von der Straße auf, reichte ihn Carrick und bat ihn, das seltsame Ding für uns zu identifizieren.

Nach sorgfältigem Studium erklärte er, daß es sich um eine Art Frucht handeln müsse. Ich teilte ihm mit, er habe recht, man nenne sie in Kanada »Pferdeapfel« und verwende sie in gefrorenem Zustand als Puck beim Straßenhockey. Der lateinische Name sei mir jedoch unbekannt – vielleicht *Equus pommus?*

DAMALS IM FRÜHLING 1990 war es Bill Carricks Projekt. Aufgrund seiner Erfahrung in diesen Dingen oblag es ihm, sich mit der Bürokratie in den Vereinigten Staaten und in Kanada auseinanderzusetzen, Genehmigungen einzuholen, und so weiter. Ich kümmerte mich um das Ultraleichtflugzeug und um die Kanadagänse, während Murray Cooper, auf dessen Anwesen es mehrere Teiche gab, das Prägen der Schwäne übernommen hatte. Mit der Zeit bekam Carrick eine Menge Ärger mit den Naturschutzbeauftragten, die uns die erforderlichen Genehmigungen ausstellen sollten. Die Beamten fanden unser Vorhaben zu bizarr, um es ernst nehmen zu können, was uns reichlich frustrierte. Ich übte starken Druck auf Carrick aus, um ihn zu einem noch größeren Engagement zu bewegen, worauf er mir vorwarf, ich risse ihm das Projekt aus den Händen. Im Verlauf unserer Debatte sprach ich die verhängnisvollen Worte aus: »Du schaffst es nicht ohne mich. Du brauchst mich.« Von diesem Augenblick an war unsere Trennung vorprogrammiert.

Als ich die Sache mit Sladen am Telefon besprach, teilte er mir mit, auf dem Gelände des Airlie Center gebe es ein Nest mit sieben Schwaneneiern, die kurz vor dem Schlüpfen stünden. Die Küken seien dann wegen der Schnappschildkröten auf dem Gelände in Gefahr. Falls wir sie prägen wollten, was für unser Projekt ja entscheidend sei, sollten wir die Eier sofort einsammeln.

Ich flog nach Airlie, holte die Eier und fuhr dann nach Richmond in Virginia, weil ich von einem staatlichen Tierarzt eine offizielle Erlaubnis für den Transport der Eier nach Kanada brauchte. Nach Ontario zurückgekehrt, schlüpften fünf Küken genau nach Plan. Lange Wochen arbeiteten wir an der Prägung dieser Schwäne und einer Schar Gänseküken. Wir wollten zunächst einige Überlandflüge mit den Gänsen unternehmen, da Schwäne wesentlich später flügge werden – gewöhnlich erst im September. Ich liebäugelte mit dem Gedanken, irgendwann einmal mit einer Schar Gänse nach Airlie zu fliegen, sie den Winter über dort zu lassen und abzuwarten, ob sie die Rückkehr nach Hause im darauffolgenden Frühjahr, den wichtigen zweiten Abschnitt ihrer Zugroute, allein schaffen würden. Aber das war nur so eine Idee, und die Zeit dafür war noch nicht reif; ich war überhäuft mit Arbeit. Zum einen vereinnahmte mich das Vogelzugprojekt, und zum anderen steckte ich mitten in den Vorarbeiten zum Bau eines neuen Heims für meine Familie. Ich dachte nicht im Traum daran, daß irgend etwas unseren lange gehegten Plan, mit den Schwänen nach Airlie zu fliegen, durchkreuzen könnte.

Doch es kam anders. Zunächst verlief das Training mit den Schwänen nicht so glatt, wie ich es mir vorgestellt hatte. Darüber hinaus mußte meine neue Schar von achtzehn Kanadagänsen permanent beschäftigt werden, wenn wir

*Die fremden Gänse,
1990.*

*Joe Duff und ich
reden mit unseren
nun ausgewachsenen
Flugkameraden.*

ein Zugexperiment mit ihnen durchführen wollten, was wiederum die Voraussetzung für den Flug mit den Schwänen war.

Die Gänse befanden sich bereits auf dem besten Weg zum Flugtraining, als wir Anfang Juli erfuhren, daß der Canadian Wildlife Service Carricks und meine Genehmigungen für die Vogelzucht und -haltung für ungültig erklärte. Der CWS, beziehungsweise ein ganz bestimmter Bürokrat namens Joe Carriero, blockierte damit unser Experiment. Joe Carriero schien seit langen Jahren eine Antipathie gegen Bill Carrick und Sladen zu hegen.

Am 22. Juni statteten Beamte des Umweltministeriums gleichzeitig mir, Murray Cooper, Bill Carrick und seinen Mitarbeitern Janet Huen und John Brouers Besuche ab. Al Giesche, einer der Untersuchungsbeamten, verlangte unsere Genehmigungen zu sehen. Wir legten sie ihm vor, und ich teilte Giesche mit, bei den Schwänen handele es sich um eine Kreuzung zwischen Trompeter- und Zwergschwan, die wir auf legale Weise von Sladen erworben hätten. Giesche und ein weiterer Beamter namens McQuay beschlagnahmten die Schwäne und erklärten sie zum Eigentum der Krone. Sie nannten keinen Grund für die Beschlagnahme, transportierten die Tiere mit Rücksicht auf deren Gesundheit allerdings nicht sofort ab. Sie bemerkten anerkennend, die Vögel seien gut versorgt, und ordneten an, sie dürften nicht von Coopers Anwesen entfernt werden. Mir blieb nichts anderes übrig, als ein Papier, das Giesche mir vorlegte, zu unterschreiben. Ich erklärte mein Einverständnis mit der Beschlagnahme der Vögel.

Nachdem ich mich mit Carrick und Harry Lumsden, einem pensionierten Biologen des Umweltministeriums und bekannten Spezialisten für Trompeterschwäne, besprochen hatte, rief ich Giesche einige Tage später an und forderte, die Beschlagnahme aufzuheben. Giesche ließ mich wissen, daß keiner von uns sich mit den Naturschutzgesetzen auskenne und der Fall noch immer untersucht würde.

Am 5. Juli gegen acht Uhr morgens trafen Giesche und ein Kollege von ihm auf Murray Coopers Anwesen ein, fingen die fünf jungen Schwäne und verfrachteten sie auf die Ladefläche eines gemieteten Transporters, ohne sich vorher auszuweisen oder uns irgendwelche Dokumente vorzulegen. Als ich sie fragte, in wessen Auftrag die Schwäne beschlagnahmt werden, antwortete Giesche: »Im Auftrag der Regierung.«

Ich fragte, wohin die Tiere gebracht werden sollten, und erhielt die lapidare Antwort: »Zu einer Einrichtung.«

Außerdem wollte ich wissen, ob man gegen uns Anklage erheben würde, was er nicht ausschloß. Wir filmten die Beschlagnahme mit der Videokamera, und anschließend verfolgten mein Sohn Aaron und ich den Transporter durch halb Ontario. Die Beamten versuchten, uns auf schmalen Landstraßen abzuhängen, was ihnen jedoch nicht gelang. Wir hatten nur wenig Sprit im Tank, fürchteten jedoch, sie zu verlieren, wenn wir anhielten, um aufzutanken. Schließlich kamen wir im Hof des Umweltministeriums in Hespeler an und hatten keinen Tropfen Benzin mehr im Tank.

Wieder fragte ich Giesche, warum die Schwäne beschlagnahmt worden seien. Er drohte, mich wegen Behinderung von Amtsgeschäften anzuzeigen, wenn ich nicht aufhörte, ihn und seinen Kollegen zu verfolgen, außerdem würde er mich später anrufen.

Da ich keinen Anruf erhielt, meldete ich mich am Morgen des 6. Juli um Viertel vor acht telefonisch bei Giesche und wurde darüber in Kenntnis gesetzt, daß mehrere Klagen gegen mich anhängig seien.

1. Die fraglichen Schwäne, gleichgültig, ob es sich um Kreuzungen handele oder nicht, würden als Zugvögel klassifiziert.
2. Die Vögel seien illegal ohne Ausfuhrgenehmigung aus den Vereinigten Staaten exportiert worden.
3. Dr. Sladen besitze weder eine Genehmigung für den Handel mit Zugvögeln noch eine Ausfuhrgenehmigung für Zugvögel aus den Vereinigten Staaten.
4. Obwohl mir selbst eine Genehmigung für Vogelzucht und -haltung erteilt worden sei, hätten sich die Vögel auf dem Anwesen von Murray Cooper befunden. Somit sei Cooper, der seinerseits keine entsprechende Genehmigung habe, im Besitz der Vögel gewesen.
5. Wir – Carrick, Cooper, Lishman und Sladen – hätten vor, die fraglichen Vögel in die Freiheit zu entlassen, was strafbar sei. Deshalb machten wir uns der Verschwörung zur Durchführung einer strafbaren Handlung schuldig und würden wahrscheinlich wegen Verschwörung angeklagt werden.

Murray Cooper wurde wegen des Besitzes von Zugvögeln ohne behördliche Genehmigung angezeigt. Da ich dieses Vorgehen nicht billigte, brachte ich die Angelegenheit in einer Live-Diskussion im Rundfunk (»Radio Noon« von CBS) vor, deren Moderator, Christopher Thomas, mir dabei behilflich war, ein Treffen zwischen mir und Carriero ein paar Tage später in Ottawa zu arrangieren. Bei diesem Gespräch drohte mir Carriero wie Big Brother mit dem Finger und erklärte mein Vorhaben, mit den Schwänen nach Airlie zu fliegen, für idiotisch. Außerdem besäßen Ultraleichtflugzeuge nicht genügend Reichweite für diesen Flug. Die Behörde behielt die Schwäne, wogegen ich klagte – und verlor. Ein Verbot, mit meinen Gänsen zu fliegen, ignorierte ich einfach. Nun mußte ich selbst zugeben, daß das Schwanenprojekt gestorben war. Gegen die Krone hätten wir nur unter erheblichem finanziellen Aufwand, der sich von selbst verbot, klagen können. Es war an der Zeit aufzugeben. Ich flog noch einen Monat lang mit den Gänsen, als ein weiteres Unglück geschah. Eines frühen Morgens brach der Hund eines Nachbarn in den Verschlag ein und tötete neun der achtzehn Gänse. Es dauerte mehr als eine Woche, bis ich und die überlebenden, traumatisierten Gänse wieder in der Lage waren, gemeinsam zu fliegen.

Es war ein trauriger Herbst. Die Auseinandersetzungen mit den Behörden hatten jeden einzelnen von uns und unser Verhältnis zueinander schwer belastet. Unser wunderbarer Plan schien gescheitert. Die beschlagnahmten Schwäne wurden an Sladen zurückgegeben, nachdem der CWS unseren jungen Schützlingen die Flügel gestutzt hatte, um sie für immer flugunfähig zu machen. Die Klage gegen Murray Cooper wurde fallengelassen.

KAPITEL 9

Erschöpft

NACH ALL DEN RÜCKSCHLÄGEN mit unserem Vogelzug-
projekt und den Anstrengungen, die der Entwurf und der Bau unseres neuen
Heims, eines Erdhauses, mit sich gebracht hatten, war ich ausgebrannt. Im
Herbst 1991 hatte ich sämtliche Energie und jeglichen Enthusiasmus verloren,
mein Magen war ständig gereizt, und am besten fühlte ich mich, wenn ich
schlief. Ich ging zum Arzt, um mich untersuchen zu lassen. Man unterzog mich
allen möglichen Tests – ohne definitives Ergebnis. Ich gab auf und suchte
einen bekannten Homöopathen auf, der mir nach gründlicher Untersuchung
mitteilte, ich sei vollkommen überarbeitet und könne mich am schnellsten
erholen, wenn ich Diät hielte, Mineralien und Vitamine zu mir nähme und
täglich Sport triebe. Ich befolgte seinen Rat und fühlte mich nach einigen
Monaten fast schon wieder wie ein Mensch. Aber erst sechs Monate später
besaß ich genügend Energie für neue Projekte. Im Herbst 1992 rief mich ein
Geschäftsmann aus Wisconsin an, der das Wiedereinbürgerungsprogramm für
Schreikraniche unterstützte und mich drängte, nicht aufzugeben. Als nächstes
erhielt ich einen Brief von George Archibald von der International Crane Foundation. Er fragte mich, ob ich interessiert sei, Experimente mit Ultraleichtflugzeugen und Kranichen durchzuführen. Wir unterhielten uns mehrmals am
Telefon darüber, und er legte mir dar, wie gefährdet die einzige, noch existie-
rende Schar von Schreikranichen sei. In dem Buch *Reflections: The Story of
Cranes* schätzen Biologen, daß es 1865 noch 1200 bis 1400 wildlebende Schrei-

116

kraniche gegeben habe, aber schon 1890 seien die Schreikraniche aus dem Kern ihres Brutgebiets im mittleren Norden der Vereinigten Staaten verschwunden.

Das Stahlgerüst unseres Erdhauses.

In mancher Hinsicht war dies die altbekannte Geschichte vom stetigen Rückgang einer Art, verursacht von Veränderungen und Störungen in den Brutgebieten durch Siedler, die die Prärie umpflügten und die Sümpfe entwässerten, um sie urbar zu machen. Außerdem wurden die Schreikraniche gejagt und ihre Eier als Musterexemplare für Sammlungen entwendet. 1941 wurde in Louisiana eine kleine Schar von Schreikranichen von einem Hurrikan beinahe ausgelöscht. Fünfzehn oder sechzehn Tiere an der texanischen Küste, im Aransas National Wildlife Refuge, blieben als spärlicher Rest übrig.

Wo die Schreikraniche den Sommer verbrachten, war nach wie vor unbekannt. Das Schicksal der Art schien besiegelt. Wie im Falle der Wandertaube würde man zur Erinnerung an den Schreikranich Denkmäler errichten, und sein Schicksal wäre es, wie Aldo Leopold es formulierte, »ewig zu leben, ohne am Leben zu sein«. Dann entdeckten Wildhüter, die von einem Einsatz zur Waldbrandbekämpfung zurückkehrten, in den Nordwestgebieten des Wood Buf-

117

falo National Park eine Familie von Schreikranichen. Endlich hatte man die Brutgebiete entdeckt! Diese letzte Schar, die in Kanada brütete und im Aransas-Schutzgebiet überwinterte, wurde über viele Jahre gemeinsam von kanadischen und amerikanischen Tierschützern beobachtet.

Doch diese Schar nahm eine gefährliche Zugroute etwa 2500 Meilen über Land von Kanada nach Texas, auf der die Kraniche unablässig der Verfolgung durch Jäger ausgesetzt sind. Die noch nicht geschlechtsreifen jungen Kraniche lassen sich nur schwer als Schreikraniche identifizieren. Darüber hinaus neigen Elternvögel und Geschwister aufgrund einer ausgeprägten Familienbindung dazu, bei einem abgeschossenen Vogel zu bleiben, was sie selbst gefährdet. Und Kollisionen mit Hochspannungsleitungen haben in all den Jahren auch ihren Zoll gefordert. In den westlichen Bundesstaaten, die die Kraniche auf ihrem Zug überqueren, sind sie beim Rasten auch dadurch gefährdet, daß das Wasser in den Bergbaugebieten häufig einen für Vögel tödlichen Säuregehalt hat. Ein weiterer Gefahrenpunkt ist die physische und genetische Schwächung, zu der es kommt, wenn von einer Art nur noch eine Restpopulation an einem Ort lebt. Ein sehr starker Hurrikan, eine Epidemie (offensichtlich für den Tod von elf Schreikranichen im Jahr 1990 verantwortlich) und sogar eine Explosion auf einem der petrochemischen Frachtschiffe, die häufig die Küste des Aransas-Schutzgebietes passieren, jedes dieser Ereignisse könnte der Existenz der letzten noch in freier Wildbahn lebenden Schreikraniche ebenso ein Ende bereiten wie der von einigen Wissenschaftlern befürchtete Mangel an genetischer Vielfalt. Aufgrund der geringen Populationsgröße könnte sich die Art auf lange Sicht Umweltveränderungen nicht schnell genug anpassen. Am Patuxent Wildlife Research Center plant man gegenwärtig, die Population auf mindestens 500 Individuen heranzuzüchten, um damit eine ausreichende, wenn auch minimale genetische Basis für ein dauerhaftes Bestehen der Art zu schaffen.

Archibald hob hervor, daß es eine »Rückversicherung« für die 130 bis 140 Individuen der gegenwärtig existierenden Schar sei, wenn man eine zweite Population aufbaute und dieser das Migrieren über eine kürzere Distanz beibrächte.

Ein solches Vorhaben könnte zwar auf unserem Gänseprojekt aufbauen, würde dessen Rahmen jedoch sprengen. Zum Beispiel können ziehende Gänse geeignete Rastplätze entlang der Zugroute sehr gut anhand von anderen, bereits rastenden Gänsen erkennen. Wohingegen Schreikraniche sich auf dem Zug nicht an Artgenossen orientieren können, weil es diese nicht gibt. Rastplätze entlang alternativer Zugrouten müßten daher sorgfältig ausgesucht werden, und überdies müßte man den Kranichen beibringen, sie auch zu nutzen.

Schreikraniche erweisen sich während der Paarungszeit als die exzentrischsten und elegantesten Tänzer überhaupt: Sie schlagen mit ihren großen Schwingen, sie verbeugen sich voreinander und biegen die Hälse nach hinten, sie hüpfen aufeinander zu und taumeln, wobei sie die Köpfe hin und her schleudern, sie springen blitzschnell in die Höhe. Selbst in ihren Überwinterungsquartieren bieten sie einen bemerkenswerten Anblick, wie eine alte Beschreibung in einem Magazin aus dem Jahre 1883, *Forest and Stream*, bezeugt:

> *»Bei schönem, ruhigem Wetter schwingt der Kranich sich gern in weiten, wogenden Spiralen bis zu einer Höhe von etwa 1000 Metern empor und segelt dann ruhig dahin, wobei er seine Nachbarn in den angrenzenden Territorien mit Schreien grüßt. Wenn er sein Gefieder nach Herzenslust gelüftet hat, gleitet er wieder hinab, manchmal spiralförmig wie beim Steigflug, andere Male mit großartigen, wilden und gefährlichen Sturzflügen, bis er in einer Höhe von etwa 15 Metern über dem Boden – die langen, dürren Beine von sich gestreckt – in einen sanften Gleitflug übergeht und landet.«*

Ich besprach das Schreikranichprojekt mit Sladen, auf dessen Vorschlag hin wir uns alle im Dezember 1992 im Airlie Center in Virginia trafen. Wir waren uns einig, daß wir das Vogelzugexperiment mit den Ultraleichtflugzeugen weiterführen mußten. Die Frage war nur, wie und mit welchem Ziel.

Einige Leute schlugen vor, zunächst mit dem Kanadakranich ein Experiment durchzuführen, eventuell einen Flug vom Norden Michigans nach Louisiana. Sladens Hauptinteresse hingegen galt der Wiedereinbürgerung der Trompeterschwäne im Osten. Zu dem Treffen war auch David Ellis vom U.S. Fish and Wildlife Service's Patuxent Research Center in Laurel, Maryland, angereist, der bereits Versuche zur Prägung von Kanadakranichen auf Lastwagen unternommen hatte.

Fraglich war, wie sich die finanziellen Mittel für ein solches Projekt beschaffen ließen. Sladen sprach davon, Fördermittel bei der National Geographic Society zu beantragen, George Archibald meinte, wir könnten Geldmittel von der International Crane Foundation erhalten, während Ellis keine Möglichkeit einer Unterstützung von dieser Seite sah. Um die erforderlichen Genehmigungen für ein derart riskantes Experiment, wie wir es nun anvisierten, zu erhalten,

Bevor die Erdschicht aufgetragen wird, gleicht unser neues Zuhause dem einer Erdwespe.

mußten wir erneut bürokratische Wege gehen, mit der Aussicht, wahrscheinlich abgewiesen zu werden.

Als ich Airlie verließ, war ich vollkommen verwirrt. Ich fuhr nach Hause, schlief darüber, und innerhalb von einer Woche kam ich zu dem Schluß, daß der einzig richtige Weg für uns darin bestünde, ein weiteres Experiment mit den Kanadagänsen durchzuführen. Sollte es mißlingen, hätten wir keiner gefährdeten Art geschadet. Ich kannte mich mit Gänsen aus und war lange mit ihnen geflogen, was den erfolgreichen Verlauf einer solchen Unternehmung wahrscheinlich machte. Allerdings sah ich keine Möglichkeit, einen Sponsor aufzutreiben, da das Projekt sowohl Kanadier als auch Amerikaner einschloß, und mir fiel auch kein geeigneter internationaler Sponsor ein. Also mußte das Projekt in erster Linie als wissenschaftliches Experiment, in bezug auf die Finanzierung jedoch als Filmprojekt angelegt werden. Das eine würde das andere nicht gefährden, eine gelungene Symbiose, wenn auch ein wenig riskant: Sollte das Experiment scheitern, würde auch aus dem Film nichts werden. Mein halbstündiges Video *Auf geht's, Gänse* über meine frühen Erfahrungen mit den Gänsen war finanziell mittelmäßig erfolgreich gewesen, aber ich erhielt weiterhin Briefe von Leuten,

120

*Im Tiefflug über eine
Wiese in Ontario.*

*Der seltene und
bedrohte Schrei-
kranich.*

denen die Story sehr gut gefallen hatte und die gerne eine Fortsetzungsgeschichte kaufen würden.

Ich rief die anderen an, und im Prinzip gefiel ihnen meine Idee. Es gab nur Bedenken dagegen, bei dem Experiment für kommerzielle Zwecke zu filmen. Manche Leute vertreten die Ansicht, Wissenschaft bleibe nur dann reine Wissenschaft, wenn sie mit keinerlei finanziellem Gewinn einhergehe. Außerdem waren einige Wissenschaftler und Behörden der Ansicht, die Filmindustrie nutze Tiere aus, und schließlich hieß es, das Experiment könne als Filmprojekt mißverstanden werden, was zu seiner Aberkennung als sauberes wissenschaftliches Experiment führen würde. Das waren die negativen Einwände. Ich selbst vertrat die Auffassung, es sei Aufgabe der Wissenschaft, Menschen aufzuklären, und Film und Video seien geeignete, moderne Medien zur Dokumentation unserer Ergebnisse.

Das Experiment bestand darin, eine Schar Kanadagänse aufzuziehen, auf ein Ultraleichtflugzeug zu prägen, mit ihnen in mehreren kürzeren Teilstrecken die 400 Meilen zum Airlie Center zu fliegen und dann abzuwarten, ob die Gänse im darauffolgenden Frühjahr aus freien Stücken nach Ontario zurückkehren würden. Flögen sie nicht, würden wir sie zurück nach Purple Hill geleiten und abwarten, ob sie im darauffolgenden Herbst nach Virginia zögen.

Die Vorarbeiten allein zu erledigen wäre unmöglich gewesen. Sladen wollte das wissenschaftliche Konzept ausarbeiten und sich um die nötige politische Arbeit kümmern. Wir brauchten aber noch einen passionierten Mann, der mich, sollte ich irgendwie verhindert sein, vollends ersetzen konnte. In den Jahren zuvor hatte ich mich auf meine Kinder verlassen, aber die waren inzwischen älter und sahen dem neuen Projekt eher gelangweilt entgegen.

Die für das Projekt geeignete Persönlichkeit mußte zahlreichen Anforderungen gerecht werden, vor allem Talent im Umgang mit Vögeln besitzen und ein Ultraleichtflugzeug hervorragend steuern können. Mein Freund Joe Duff war der richtige Mann. Er hatte das Projekt in den Jahren 1988 und 1990 mit großem Interesse »als Zuschauer« verfolgt. Ich mußte ihn nicht lange überreden, seine Karriere als erfolgreicher Fotograf für eine Weile zurückzustellen und das Abenteuer auf sich zu nehmen.

Das Projekt, das wir »Unternehmen Vogelzug« nannten, sollte durch die Profite aus Paulas Pelzbekleidungsfirma finanziert werden. Diese warf gute Gewinne ab, und falls unser Projekt scheitern sollte, würden wir es als Verlust abschreiben.

Gerade als ich mich bereit erklärt hatte, das nächste Vogelzugprojekt auf dieser Grundlage durchzuführen, ereignete sich etwas Unerwartetes.

Das Modeunternehmen »Paula Lishman International« war mit nunmehr einhundert Angestellten auf eine Größe angewachsen, die von der amtierenden Managerin nicht mehr bewältigt werden konnte. Seit einiger Zeit hatte es deshalb viel Ärger gegeben, und die Organisation war mangelhaft, was die Moral der Truppe schwächte und die erfolgreiche Weiterarbeit gefährdete. Paula, Präsidentin, Chefdesignerin und Händlerin in einer Person, war vollkommen überarbeitet und steckte gerade mitten in den Vorbereitungen zu einem dreiwöchigen Verkaufstrip durch Japan. Da sie ohnehin schon mit viel zu vielen Dingen belastet war, konnte sie sich nicht auch noch mit dem alltäglichen Verwaltungsgeschäft der Firma abgeben. Also mußte ich einspringen, bis wir jemanden gefunden hatten, der die Geschäftsleitung übernehmen konnte.

Und dann gab es noch ein anderes Problem: Ende November hatte ich an einer großen Skulptur zu arbeiten begonnen, keine Auftragsarbeit, sondern ein selbstgewähltes Projekt. Im November und Dezember hatte ich zunächst viele Stunden lang an den Tonstudien gearbeitet und dann noch vor Jahresende mit meinem langjährigen Mitarbeiter Richard Vanheuvelen die eigentliche Skulptur in Angriff genommen. Sie sollte etwa 7 Meter hoch werden und eine Schwangere darstellen.

Die Idee zu diesem Projekt war mir ein Jahr zuvor in den Sinn gekommen, als ich ein Interview mit der Autorin Camille Paglia in einem lokalen Fernsehsender verfolgt hatte. Sie hatte in einer Art und Weise über Feminismus gesprochen, die mich ansprach und mein Verständnis weckte. Ihre Devise lautete in etwa: *Vive la différence!* Ich hatte die Leute so satt, die Gleichberechtigung mit Gleichheit verwechselten. Paglia sagte, daß es sich bei Männern und Frauen ganz einfach um zwei verschiedene, auf demselben Planeten lebende Arten handele. Dies würde ich zwar nicht behaupten, bin aber der Meinung, daß es mehr als nur physische Unterschiede zwischen den Geschlechtern gibt und daß das eine Geschlecht das andere nie vollkommen verstehen kann. Gerade das interessiert uns ja aneinander. Für mich heißt das: je größer der Unterschied, desto interessanter ist es. Wie auch immer, meine Drahtskulptur einer Schwangeren sollte ein Statement zu diesem Thema sein. Die Figur sollte Überlebensgröße haben, damit der Fötus so groß wie ein erwachsener Mensch sein würde. Wenn man sich am Fuß der Skulptur befände, stünde man zu ihr im selben Größenverhältnis wie ein Neugeborenes zur Mutter. Die Mutter sollte als Drahtrahmen, der Fötus hingegen als kompakte Metallfigur gefertigt werden.

Das also war meine Situation: Ich leitete eine Firma mit hundert weiblichen

Hoch über den Farmen von Ontario.

Angestellten, versuchte eine 7 Meter hohe Skulptur fertigzustellen und steckte außerdem in den Vorbereitungen zu einem Flug nach Süden mit einer Schar Gänse im Schlepptau. Eines der Projekte mußte ich auf Eis legen. Ich entschied: Die Skulptur mußte warten. Ich würde mich dem Zugexperiment widmen und versuchen, so bald wie möglich einen Geschäftsführer für »Paula Lishman International« zu finden, während ich die Firma ein wenig umstrukturierte. Es gab Augenblicke, in denen ich das Gefühl hatte, die zwölf Aufgaben des Herkules auf meine Schultern geladen zu haben. Die schwierigste und für mich dringendste Aufgabe war das Vogelzugprojekt.

Die Drahtnetzskulptur einer Schwangeren vor der Geburt.

KAPITEL 10

Ein neuer Versuch

ERST ALS uns der Canadian Wildlife Service die erforderlichen Genehmigungen, die ungewöhnlich lange auf sich warten ließen, zugesichert hatte, konnten wir mit dem Unternehmen Vogelzug richtig loslegen. Sladen war nach wie vor voller Enthusiasmus. Obwohl wir zum damaligen Zeitpunkt nicht einmal wußten, welche Art von Genehmigungen wir benötigen würden, verfaßte er ein wissenschaftliches Konzept, die Voraussetzung für deren rechtzeitige Erteilung. Wie im Vorjahr hatte ich 1992 an den CWS geschrieben und gehofft, daß sich in Sachen Genehmigungen etwas rührte.

Ich hatte den Brief mit der Erklärung begonnen, der Filmproduzent Stephen Low aus Montreal habe von Sony in Japan den Auftrag erhalten, unter Verwendung des von Sony neu entwickelten High-Definition-Aufnahmesystems einen unterhaltsamen Lehrfilm zu drehen. Der Film solle international vertrieben werden und sei eine äußerst prestigeträchtige Auftragsarbeit, und im übrigen seien bereits zahlreiche von Lows Produktionen ausgezeichnet worden. Low wolle gemeinsam mit mir das Konzept zur graphischen Darstellung der gewaltigen Wanderungen des Kanadakranichs und/oder der Schneegans entwerfen. Ich bat höflich um die Erlaubnis, je eine Schar von Gänsen und Kranichen in Ontario aufziehen und an Ultraleichtflugzeuge gewöhnen zu dürfen, und fragte außerdem, ob man mir einen Biologen oder eine Gruppe von Biologen empfehlen könne, der/die sich mit Vogelzug auskannte und an einer Mitarbeit interessiert seien. Weiterhin könne der Film Forschungsarbeiten junger Wissenschaftler initiieren. Ich betonte, die Aufzucht der Vögel sei nur bis zu einem bestimmten Termin möglich.

Erst im Mai hatte ich eine Antwort auf meinen Brief erhalten, also viel zu spät, um mit dem Projekt noch im selben Jahr beginnen zu können. Nun, im Februar 1993, schrieb ich wieder an den CWS, schickte zwei Kopien des inzwischen fertiggestellten wissenschaftlichen Forschungskonzepts hin sowie Empfehlungsschreiben von mehreren bedeutenden Vogelkundlern, die wir bei der Erarbeitung unseres Konzepts um Rat gefragt hatten. In meinem Brief hob ich hervor, welche weitreichenden Konsequenzen das Experiment im Falle des Gelingens hätte, und erwähnte, daß unsere Erkenntnisse wesentlich zum Schutz und zur Wiedereinbürgerung des Schreikranichs beitragen könnten. Die Mitglieder der International Crane Foundation und verschiedener japanischer Organisationen hätten uns bereits außerordentliches Interesse bekundet. Ich erwähnte den schlechten Start unserer Zusammenarbeit mit dem CWS und schrieb, ich sei sicher, die Behörde werde uns diesmal unterstützen und uns qualifizierte Wissenschaftler zur Seite stellen. Ich schloß den Brief mit dem Hinweis darauf, daß Sladen das Projekt bereits dem Atlantic Flyway Council unterbreitet hatte und im Begriff stünde, die nötigen Genehmigungen für das Überfliegen der verschiedenen Staaten einzuholen.

Wir mußten die reservierte Haltung des CWS gegenüber unserem Projekt unbedingt mildern. Unter Druck würde die Behörde die Genehmigungen nur zögerlich ausstellen. Und vor allem mußten wir Joe Carriero für uns gewinnen. Einer meiner Freunde hörte mir bei einem ausführlichen Telefonat mit Carriero zu und lobte meine Geduld, wobei Geduld nun wirklich keine Stärke von mir ist. Danach erteilte Carriero die Genehmigungen schrittweise. Mitte März 1993 erhielten wir die Genehmigung für das Sammeln der Eier, dann eine Erweiterung dieser Genehmigung für das Prägen. Das Fliegen mit den Vögeln war uns ausdrücklich untersagt, solange nicht andere Genehmigungen aus den USA zu bestimmten Terminen eingetroffen waren.

Es wäre einem Pokerspiel gleichgekommen, zu diesem Zeitpunkt voll in das Projekt einzusteigen. Erst Anfang April hielten wir alle nötigen Papiere in Händen, und Joe Duff und ich begannen mit dem Suchen und Einsammeln der Eier.

Wir fuhren zuerst zum Hafen von Whitby am Ontariosee, wo es Kanadagänse im Überfluß gibt. Bei dem Gedanken, die Nester auszurauben, war uns trotz aller Genehmigungen ein wenig mulmig zumute. Wie würden wohl die Anwohner des recht belebten Ortes auf den Eierdiebstahl reagieren? Doch wir hätten uns keine Sorgen machen müssen, denn die Gänse nisteten am Rande

des Hafengebiets auf einer alten Werft mit einer Reihe vor sich hin rostender Boote und Haufen von Unrat. Von der vorbeiführenden Straße aus erspähten wir mehrere Gänsepaare, konnten uns aber nicht nähern, weil die Werft eingezäunt und das Tor verschlossen war. Es war Samstag. Zwar besaßen wir eine Erlaubnis zum Betreten des Geländes, doch es war niemand in der Nähe, der uns das Tor hätte öffnen können. Die einzige Möglichkeit, auf die Werft zu gelangen, bestand darin, Latten aus dem Zaun zu brechen.

Als wir unseren Weg durch vertrocknetes Gras vom Vorjahr, über alte Kabel und Teile ausrangierten Schiffszubehörs suchten, fühlten wir uns wie Einbrecher.

Das erste Nest, das wir ausfindig machten, befand sich auf einem mehrere Meter hohen Erdhügel direkt am Wasser. Als Kind hätte ich meine Ritterburg genau dort aufgebaut, wo das Gänsepaar sein Nest plaziert hatte. Das Weibchen brütete, hielt den Kopf tief geneigt und regte sich nicht, wohl in der Hoffnung, wir würden es übersehen. Der Ganter befand sich etwa 6 Meter vom Ufer entfernt im Wasser, zog enge Kreise und verfolgte mit hocherhobenem Kopf unsere Bewegungen.

Ich arbeitete mich zum Fuß des Erdhügels vor und schwenkte meinen Hut herum, um die brütende Gans zu verscheuchen. Sie richtete sich auf und hißte mit ausgestreckten Schwingen. Der Ganter näherte sich, flatterte um sie herum und landete wieder im Wasser – eine etwas eigenartige Demonstration von Stärke. Da sich das Weibchen mehrere Meter über meinem Kopf befand, fühlte ich mich ziemlich benachteiligt.

Dann aber erwachte ein alter Wikingerinstinkt in mir. Ich begann tapfer den Hügel hinaufzuklettern und fuchtelte erneut mit meinem Hut herum, wobei mir Joe den Rücken deckte. Wieder näherte sich der Ganter aus der Luft, hißte gegen mich und hielt flatternd inne. Ich stieß einen fürchterlichen Schrei aus und stieg weiter hinauf, wobei ich wie besessen mit meinem Hut um mich schlug. Die Gänse traten schließlich den Rückzug an, landeten beide im Wasser und schrien lauthals zu mir herüber. Vorsichtig nahm ich ein Ei nach dem anderen aus dem Nest. Während ich mehrere wunderbar warme Eier sorgfältig in einer Leinentasche verstaute, blieb ich auf der Hut vor einem Angriff der Gänse. Als ich mich mit meiner Beute davonmachte, bedrohte der Ganter mich erneut, aber es gelang mir, ihn durch einige Streiche mit meinem Hut zurückzutreiben.

Wir entdeckten noch fünf weitere Nester auf dem Gelände – ein wirklich guter Anfang. Die eigentliche Kunst war, die Nester aufzuspüren, da die Gänse sie so gut verstecken, daß man sie auch dann leicht übersieht, wenn man nur wenige Meter an ihnen vorbeigeht und genau in ihre Richtung blickt. Einmal waren Joe und ich nur etwa 60 Zentimeter von einem ungeschützt daliegenden Nest entfernt. Wir waren beide daran vorbeigegangen, aber Joe drehte sich noch einmal um, sah es und tippte mir auf die Schulter. Und kaum einen halben Meter von uns entfernt saß ein Muttertier, reglos wie seine Umgebung. In den folgenden Tagen strichen wir durch Feuchtgebiete und Sümpfe und folgten fliegenden Gänsescharen, stets auf der Suche nach den schwer zu entdeckenden Nestern. Meine Befürchtung, daß uns die Anwohner zur Rede stellen würden, wenn sie uns beim Nestraub beobachteten, erwies sich als grundlos. Das Gegenteil war der Fall: Kanadagänse kommen in jener Gegend sehr häufig vor. Die meisten Anwohner haben es ziemlich satt, daß die Gänse sich zum Äsen auf ihren gepflegten Rasen niederlassen.

Einmal schickte man uns sogar zu einem Teich auf einem Privatgelände, der uns als Revier eines Gänsepaares beschrieben worden war. Nach langer Suche, wir hatten die gesamte Umgebung des Teiches durchforstet, fiel mein Blick auf einen halb untergetauchten Baumstamm am Rande des Teichs. Plötzlich nahm ich eine kaum merkliche Bewegung wahr. Beim Näherkommen stellte ich fest, daß der »Baumstamm« aus zwei erwachsenen Gänsen bestand, die ein Täuschungsmanöver vollführten. Als wir dicht vor ihnen standen, entdeckten wir versteckt hinter dem Paar vier Gänseküken. Es war faszinierend, wie es dem Elternpaar gelungen war, uns an der Nase herumzuführen.

Als wir genügend Eier beisammenhatten, nahmen wir einen handelsüblichen Brutapparat in Betrieb. In eine Tabelle trugen wir Temperatur, relative Luftfeuchtigkeit und den Zeitpunkt des Eierwendens (das zu einem Ritual wurde) ein. Wir durchleuchteten die Eier zu bestimmten Terminen vor einer Kerze und sortierten unbefruchtete aus.

Eine Woche vor dem Schlüpfen der Küken flogen Joe und ich nach Dijon in Frankreich, um uns mit Gerard Thevenot von La Mouette, einem Hersteller von Hängegleitern, zu treffen und eine seiner neu entworfenen Tragflächen auszuprobieren, die er für »gänsetauglich« hielt. Wir verbrachten ein paar Tage bei Cosmos/La Mouette und testeten den Geschwindigkeitsbereich eines neuen, 16 Quadratmeter großen Flügels mit Doppelsegel, genannt »The Ghost«. Damals war uns kein Trike* bekannt, das, mit dem neuen Flügel montiert, ein unseren Anforderungen entsprechendes Ultraleichtflugzeug ergeben hätte. Gerard meinte jedoch, er könne den Flügel so umgestalten, daß

---

*Unterbau eines Ultraleichtflugzeugs mit Cockpit, Motor und dreirädrigem Fahrgestell (Anm. d. Übers.).

er in Kombination mit dem einsitzigen Echo-Trike von Cosmos für die von uns geforderten geringeren Geschwindigkeiten geeignet wäre.

Zwei Tage vor dem Schlüpfen der ersten Küken kehrten wir nach Hause zurück. Die Gänschen, zunächst noch feucht und verschmiert, konnten kaum ihre Köpfe heben, entwickelten sich aber innerhalb eines Tages zu lebhaften gelben Flaumbällchen, neugierig auf alles, was die Welt ihnen zu bieten hatte. Von da an waren wir von früh bis spät damit beschäftigt, uns um die rasch wachsenden Küken zu kümmern, die nächstfälligen Genehmigungen zu beantragen, die Foto- und Videoausrüstung zu besorgen, Verschläge zu bauen, einen Nachbau des Ultraleichtflugzeugs anzufertigen und einen zweiten Hangar zu errichten. Inzwischen war unsere Truppe auf vier Leute angewachsen. Meinen Sohn Aaron, der anfänglich gezögert hatte, eine weitere Saison mit den Gänsen zu arbeiten, hatte ich überreden können, und auch Richard Vanheuvelen, der seit 15 Jahren mit mir zusammenarbeitete, fand sich mehr und mehr in das Projekt einbezogen.

Joe und ich standen, was die Entwicklung der Tragfläche anbelangte, in ständigem Kontakt zu Cosmos/La Mouette. Gerard testete bereits den umgestalteten Flügel, aber sein Bericht klang wenig ermutigend. Es hatte den Anschein, als würde das von uns vorgeschlagene Trike in seiner Standardausführung nicht langsam genug fliegen. Ich hatte großartige Erfahrungen mit Sternmotoren von König gemacht. Der Easy Riser war mit einem problemlos mehrere hundert Stunden lang geflogen. Während der 45 Kilogramm schwere Rotax-Motor, mit dem das Cosmos-Trike ausgerüstet war, 50 PS hatte, verfügte der König-Motor nur über 28 PS und wog inklusive Elektrostarter, Propeller und sonstigem Zubehör halb soviel. Wir wollten eine Geschwindigkeit von nur 30 Meilen pro Stunde erzielen, und der König verbrauchte nicht mehr als 7 Liter Treibstoff pro Betriebsstunde.

Unsere Gänse legten mittlerweile ihren Flaum ab und sahen mit dem neuen Federkleid bald aus wie richtige Gänse. Ich bestellte das Trike von Cosmos, den Motor von König und den Flügel von La Mouette. Nichts davon traf rechtzeitig bei uns ein, so daß wir gezwungen waren, die Gänse zunächst am Boden an einen hastig gezimmerten Sperrholznachbau des Ultraleichtflugzeugs zu gewöhnen.

Am 1. Juli war das Gefieder der Vögel voll ausgebildet. Sie hatten in ihrer Schar bereits eine Hierarchie entwickelt, und nach und nach traten auch ihre unterschiedlichen Persönlichkeiten zutage. Da die Prägephase enorm wichtig ist, mußten wir möglichst viel Zeit mit den Gänsen verbringen.

Sooft es ging saßen entweder Joe oder ich in dem Nachbau des Ultraleichtflugzeugs auf der Rollbahn, von Junggänsen umgeben, den Laptop auf den Knien, das tragbare Telefon in der Brusttasche, und erledigten die Büroarbeiten. Anfang Juli fuhren wir die Strecke nach Airlie in Virginia ab, um mögliche Landeplätze entlang der Zugroute ausfindig zu machen. Zuerst hatten wir an Nationalparks und Schutzgebiete gedacht. Dann aber schreckte uns die Vorstellung, wieder mit Behörden verhandeln zu müssen, und wir wollten lieber in Erfahrung bringen, welche privaten Rollbahnen wir nutzen konnten. Ich nahm Kontakt mit der Experimental Aircraft Association in Wisconsin auf, und wir fanden acht Privatleute, die uns die Landeerlaubnis für ihre Rollfelder erteilten.

Das von Cosmos bestellte Echo-Trike kam als Kiste voller Einzelteile, jedoch ohne eine Anleitung für den Zusammenbau an. Innerhalb weniger Tage entwarfen und bauten wir, testeten die Festigkeit und Zuverlässigkeit der Motoraufhängung und des Gasgestänges und ließen den Motor sich einlaufen. Alle ein bis zwei Stunden machten wir eine Pause und trainierten die Gänse darauf, dem Holzmodell des Ultraleichtflugzeugs die Rollbahn hinauf und hinunter zu folgen. Um unsere Position als Scharführer zu behaupten, teilten wir die Schar in kleinere Gruppen und übten getrennt mit diesen.

Am 13. Juli fuhr ich das Ultraleichtflugzeug zwei Stunden lang am Boden ein und überprüfte es zweimal. Zu meinem Testflug mit dem Ghost-Flügel startete ich von Willy Casteels knapp einen Kilometer langer Rollbahn auf Scugog Island aus, da sich mein eigenes, holpriges, nur 300 Meter langes Rollfeld für Testflüge ganz und gar nicht eignete. Das Echo-Ultraleichtflugzeug flog von Anfang an sehr gut. Die Steigrate war zufriedenstellend, jedoch nicht mit der des 65 PS kräftigen Zweisitzers zu vergleichen, der in einem derart steilen Winkel nach oben schießt, daß man sich davor fürchtet, Vollgas zu geben. Die eher durchschnittliche Steigrate des Echo-Ultraleichtflugzeugs verlangte vom Piloten etwas mehr Vorsicht. Die Trimmung war in Ordnung; wie bei den meisten Hochleistungsflügeln mit Doppelsegel erforderte es allerdings eine gehörige Portion Muskelkraft, dem Rollen entgegenzuarbeiten. Die Luftgeschwindigkeit ließ sich zwar korrekt, aber umständlich ablesen, da der Windmesser stets nach dem Flügel ausgerichtet werden mußte. Wir fanden, daß man das Ultraleichtflugzeug nicht ohne große Anstrengung mit »Gänsegeschwindigkeit« fliegen konnte.

Als nächstes probierten wir es mit den Gänsen im Schlepptau aus. Die ersten Flüge verliefen enttäuschend. Die verschiedenen Gruppen von Gänsen verhielten sich völlig unterschiedlich. Einige flogen nur wenige Meter über den Baumwipfeln, manche hielten so großen Abstand vom Flugzeug, daß sie nicht

Der Sperrholz-Nachbau des Easy Riser.

über, sondern durch den Wald flogen, und andere landeten kurz nach dem Start wieder. Keine von ihnen wagte sich nahe an das Ultraleichtflugzeug heran. Die ersten Wochen waren enttäuschend und nervenaufreibend. Zum ersten Mal in meinem Leben stand ich morgens mit dem heimlichen Wunsch auf, das Wetter möge zu schlecht zum Fliegen sein. Wir versuchten immer wieder, die Gänse dazu zu bewegen, sich in der Luft hinter dem Ultraleichtflugzeug zu formieren. Man verlor die Vögel leicht aus den Augen, weil ihr Gefieder sich kaum vom sommerlichen Wald abhebt.

Glücklicherweise gab es nie Probleme mit dem Motor. Der König-Motor ist mit einer unabhängig arbeitenden Magnetzündung pro Zylinder ausgerüstet, und man kann selbst dann noch steigen, wenn nur drei der vier Zylinder arbeiten; mit zweien kann man die Höhe halten, und er läuft auch auf nur einem Zylinder. Außerdem hatten wir – parallel zu der vom Motor angetriebenen – eine zweite elektrische Treibstoffpumpe installiert. Auf diese konnten wir umschalten, wenn wir unsere widerspenstigen Flugkameraden in geringer Höhe zusammentreiben mußten.

Obwohl wir uns immer wieder zu beruhigen versuchten, daß das Gerät sicher sei, machte uns die Furcht vor einem Versagen des Motors zu schaffen. Wiederholt spielten wir in Gedanken durch, wie wir bei einer »Baumlandung« zu reagieren hatten. Die Regel hieß, das Flugzeug in Nadelbäume »hineinzukeilen« und es auf Laubbäume absacken zu lassen. Drei nervenaufreibende Wochen lang trainierten wir, wann immer das Wetter es zuließ, morgens und abends mit den Gänsen. Am Boden lief alles bestens, aber die Tiere brauchten unendlich viel Zeit, zu begreifen, daß sie mit uns fliegen sollten. Und dann landeten sie immer wieder an den eigenartigsten Plätzen, und wir mußten sie jedesmal suchen und zum Verschlag zurückbringen. Wir waren an einem Tiefpunkt angelangt. Niemand wagte mit uns zu sprechen. Nahe daran aufzugeben, rafften wir uns aber noch einmal auf und nahmen ein paar Veränderungen an unserem Flugzeug vor.

Dann schien unser Plan zu funktionieren. Zunächst flogen zwei, dann drei und schließlich alle achtzehn Gänse hinter dem Fluggerät her.

Doch kaum waren wir soweit, um nach Airlie zu fliegen, ließen uns neue Sorgen nachts keinen Schlaf mehr finden. Auf dem ersten Streckenabschnitt mußten wir 40 Meilen über dem Ontariosee zurücklegen. Würden uns die Gänse über diese riesige Wasserfläche folgen? Wie würden wir reagieren, wenn sie erschöpft wären und sich entschlössen, auf dem Wasser zu landen? Wie

konnten wir das Risiko eines Motorversagens minimieren? Wie gelangten wir während des Flugs an genaue, neueste Wetterberichte?

Das letztgenannte Problem wurde durch Met Tech, einen privaten meteorologischen Dienst in Montreal, gelöst. Man wollte uns in den Wochen vor dem Start und während der Reise mit detaillierten Wetterberichten auf dem laufenden halten.

Nun begannen wir, das Fliegen zu genießen, und gegen Anfang September war auch das zweite unserer Ultraleichtflugzeuge fertig. Wir stellten fest, daß wir am besten zurechtkamen, wenn wir ein langsames Fluggerät zum Führen und ein schnelles zum Antreiben der Gänse einsetzten. Das zweite Echo-Trike wurde mit einem gebrauchten König-Motor versehen, den wir komplett auseinandergenommen und den Spezifikationen des ersten entsprechend umgerüstet hatten. Bei den Testflügen mußten wir zweimal notlanden, doch glücklicherweise war die Situation in beiden Fällen nicht lebensbedrohlich. Wir konnten die möglichen Ursachen auf einen verstopften Filter vor der Schwimmernadel in dem winzigen Bing-Vergaser eingrenzen. Nachdem wir dieses Problem beseitigt hatten, gab der Motor nie wieder Anlaß zur Sorge.

Unser erster Überlandflug fiel zeitlich mit dem Beginn der Jagdsaison zusammen. Als Ziel hatten wir uns Herb Cunninghams Rollbahn, 35 Meilen von unserem Ausgangspunkt entfernt, ausgesucht. Zum ersten Mal würden die Gänse an einem ihnen fremden Ort landen, auch sollte es ihr bislang längster Flug werden. Die Strecke verlief entlang des Scugogsees und des Feuchtgebiets nördlich von unserem Rollfeld. An jenem Tag war das Wetter großartig, nur ein paar hohe Zirruswolken standen am Himmel, und es regte sich nahezu kein Lüftchen. Es war auch der erste Test für das Bodenteam und die Fahrzeuge. Auf diesen kurzen Ausflug mußten wir eine Menge Dinge mitnehmen. Es bereitete keinerlei Probleme, die achtzehn Gänse in die Luft zu holen und mit ihnen auf einen Steigflug von 50 Fuß pro Minute nach Nordwesten zu gehen. Als wir Port Perry unter uns sahen, flogen wir bereits in einer Höhe von 700 Fuß über Grund. Die Luft war vollkommen ruhig, und alles funktionierte wie am Schnürchen. Ich steuerte das langsame Ultraleichtflugzeug. Joe befand sich mit der anderen Maschine hoch über und etwas rechts hinter mir. Eine der Gänse, 007, hielt so wenig Abstand von der rechten Seite meines Cockpits, daß ich die Hand ausstrecken und mit meinen Fingern ihre Flügelspitzen berühren konnte. Sie kam mir vor wie ein liebes Haustier, das auf einem Morgenspaziergang ängstlich an der Seite seines Herrchens bleibt.

An unserem Zielpunkt, der Rollbahn der Cunninghams, mußten wir stundenlang schwierige Flugmanöver vollführen, um die Gänse zum Landen auf ihrem ersten fremden Rastplatz zu bewegen. Sie waren äußerst vorsichtig und flogen mehrmals über die Rollbahn hinweg, tiefer und immer tiefer, bevor sie sich schließlich niederließen. Dann entdeckten wir, daß sich ein Vogel mehr in unserer Schar befand; eine wilde Gans hatte sich uns unterwegs angeschlossen. Joe und ich übernachteten in einem Wohnmobil und waren drei Tage lang, die wir wegen schlechten Wetters am Boden festsaßen, Gäste der Cunninghams. Die fremde Gans begriff nicht, in welche Party sie da hineingeplatzt war. Für die anderen Gänse war sie eine Fremde und wurde übers Wochenende ausgesperrt. Am vierten Tag flogen wir mit den Gänsen im Schlepptau problemlos nach Hause zurück. Die fremde Gans kam mit, und als wir den Punkt erreichten, wo sie zu uns gestoßen war, scherte sie aus dem Verband aus. Ich sah, wie sie sich aus der Schar löste und sich entfernte, bis sie, nur noch als kleiner Punkt zu erkennen, auf dem Teich einer Farm landete.

In der darauffolgenden Woche unternahmen wir einen zweiten Überlandflug zu George Volks Rollfeld, etwa 50 Meilen westlich von unserem Ausgangspunkt. Beim Start lag die Temperatur unter dem Gefrierpunkt, und wir mußten die Flügel der Maschinen vom Eis befreien. Die Gänse ließen sich von jeder Kiesgrube, die wir überflogen, ablenken, und so dauerte der Flug über zwei Stunden. Auf dem Rollfeld der Volks saßen wir wegen schlechten Wetters wieder mehrere Tage lang fest.

Seit Mai hatten wir mit Abgasen und Gänsekot gelebt, hatten uns bei dem Versuch, Gänselaute nachzuahmen, heiser geschrien, waren viele Meilen zu Fuß marschiert, hatten uns die Finger abgefroren und nie ausschlafen können. Aber Mitte September waren wir fast davon überzeugt, daß uns die Gänse gut folgen würden, und der Flug nach Airlie rückte in greifbare Nähe. Mitte Oktober waren wir startklar. Met Tech hatte uns mitgeteilt, daß sich der 18. Oktober für die Überquerung des Sees eignen würde. Wir waren straff organisiert und hatten das Unternehmen bis ins kleinste Detail ausgearbeitet. Achtzehn Personen, die meisten davon Freiwillige, nahmen daran teil. Fünf Flugzeuge, zwei Rettungsboote und fünf Fahrzeuge standen uns zur Verfügung. Wir hielten gerade eine kurze Besprechung ab, um sicherzugehen, daß auch jeder unseren Plan verstanden hatte, als Met Tech uns darüber in Kenntnis setzte, daß wir am 18. Oktober mit Gegenwind zu rechnen hätten und den Start möglichst um einen Tag aufschieben sollten.

KAPITEL 11

Der Flug
nach Süden

WÄHREND WIR DEN 19. OKTOBER ABWARTETEN, bestand unsere wichtigste Aufgabe darin, die Sicherheit und Effektivität aller achtzehn an dem Unternehmen beteiligten Personen und unserer Ausrüstung zu gewährleisten. Neben den beiden Flugzeugen, von denen aus gefilmt und fotografiert werden sollte, gab es Echo 1, den langsamen Goose Leader, den ich steuern würde, Echo 2, den schnellen Goose Chaser, den Joe steuern wollte, und das Wasserflugzeug »Papa Zulu November« mit meinem guten Freund Clark Muirhead im Cockpit. Clark sollte über uns kreisen, während wir den Ontariosee überquerten, den wir für unser größtes Hindernis hielten, und Rettungsaktionen einleiten, wenn die Ultraleichtflugzeuge in Schwierigkeiten geraten oder die Gänse auf dem Wasser niedergehen würden.

An Bodenfahrzeugen führten wir mit: Groundhog 1, ein Bendix-Wohnmobil, und seinen Anhänger mit einem Ersatzflügel und mit dem Cosmos-Zweisitzer, Groundhog 2, meinen GMC-Transporter, der einen Anhänger mit den Verschlägen, Bottichen, Transportkäfigen, dem Generator, einem Wassertank, Schläuchen, einem elektrischen Zaun und den Motorrädern zog, und Groundhog 3, Don Lounsburys Suburban mit Anhänger.

Zusätzlich standen uns zwei Boote zur Verfügung, Rescue 1, 7 Meter lang, mit Jim Bishop als Skipper, und dessen Hilfsboot Rescue 2, falls es zu Wasserungen kommen sollte, die Joe und ich wegen der eisigen Wassertemperaturen innigst hofften vermeiden zu können.

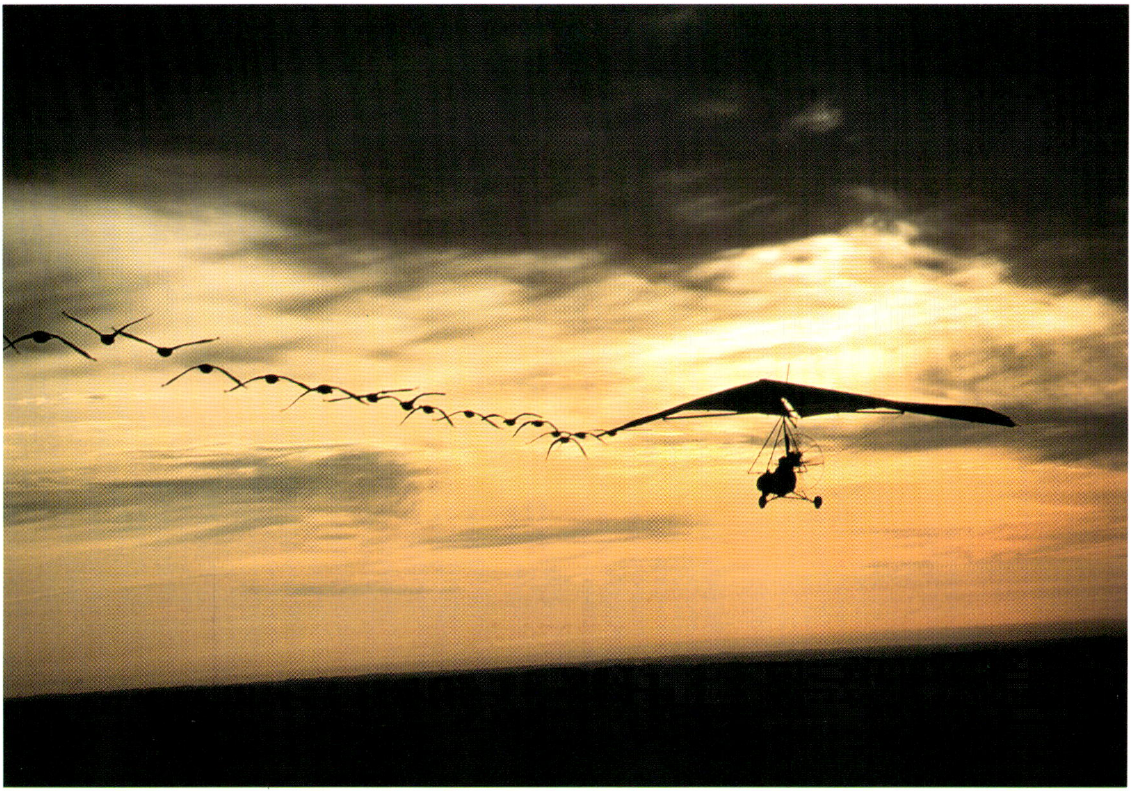

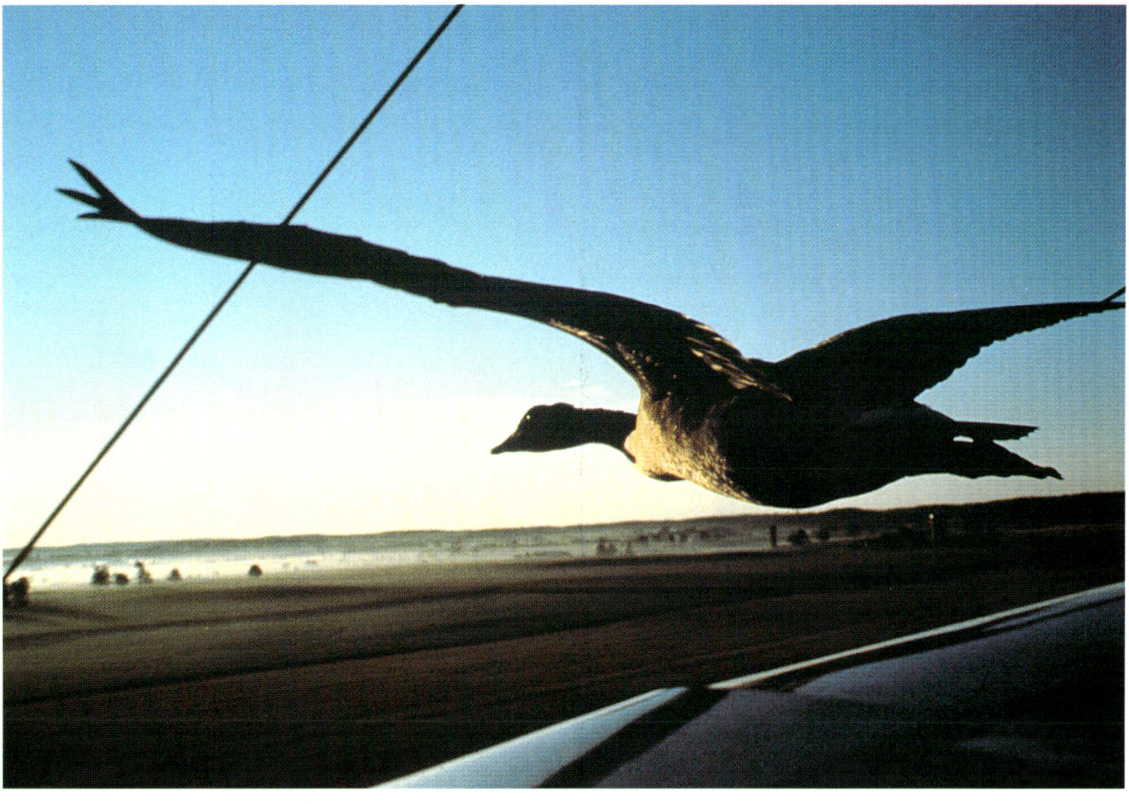

Wenn wir mit den Gänsen starteten, mußten die Boote bereits ihre Positionen auf dem See bezogen haben. Das Bodenteam fuhr einen Tag vor allen anderen los, um uns auf der amerikanischen Seite des Sees in Empfang nehmen zu können, wo die Verschläge für die Gänse schon bereitstehen würden.

MEHRERE SCHEINWERFERPAARE schicken ihr Licht durch die Baumgruppe in unsere Küche hinein. Es ist sechs Uhr morgens, und ich habe seit halb drei kein Auge mehr zugetan. Seit Wochen gehen mir sämtliche Unwägbarkeiten durch den Kopf. Wird es zu einer der schnellen Gänsejagden kommen, die wir schon so manches Mal erlebt haben? Werden die Gänse auf halbem Weg über dem See müde werden und auf dem Wasser landen? Werden wir Gegenwind haben und zwei ermüdende Stunden lang über den See fliegen?

Mir fällt ein, daß mich Radio Toronto um Viertel nach sechs anrufen wird. Ich meinerseits rufe Met Tech an, und man versichert mir, daß wir höchstens mit ein wenig Bodennebel rechnen müssen. Alles sieht gut aus. Wir sollten starten. Ich trinke einen Schluck Tee aus meiner Gänsetasse und rufe Murray Cooper an, der die Rettungsboote koordiniert. Nach längerem Läuten meldet er sich mit heiserer Stimme, und ich teile ihm mit, daß dies sein Weckruf ist.

Die Küche füllt sich mit Journalisten und Kameraausrüstungen. Ein Filmteam vom Fernsehsender ABC-TV hastet umher, kaum einer sagt ein Wort. Das Telefon läutet. Es ist der Rundfunksender. Sie behalten mich in der Leitung, und ich muß für scheinbar unendlich lange Zeit einem Werbespot zuhören. Endlich meldet sich der Moderator mit ziemlich geistlosen Fragen. Ich beantworte sie höflich.

Inzwischen wird es Zeit, zum Rollfeld zu gehen, aber noch ist pechschwarze Nacht. Am Himmel sind Wolken zu sehen, aber die Luft ist klar. Draußen ist Murray Cooper mit den aus Freiwilligen bestehenden Mannschaften der Rettungsboote eingetroffen, um meinen Sohn Aaron abzuholen. Die Leute scheinen guter Stimmung zu sein. Es fällt mir schwer, ebenso gutgelaunt zu sein wie sie. Mir liegt daran, daß sie sich auf den Weg machen, weil sie um sieben im Hafen von Newcastle sein sollen.

Joe ist schon auf der Rollbahn, hat sein Ultraleichtflugzeug aus dem Hangar geschoben und beleuchtet es mit dem Licht seiner Jeepscheinwerfer. Ich parke meinen Pontiac so, daß auch mein Fluggerät angestrahlt wird, und sehe Iain Mellow, der gerade sein »Fotoflugzeug« Kodak 2 abdeckt.

Noch immer ist es sehr dunkel. Ich gehe hinüber zum Verschlag und spreche ein wenig mit den Gänsen, die im Scheinwerferlicht des Transporters vom Nachrichtenteam stehen. Joe bittet die Leute, das Licht nicht direkt auf die Gänse zu richten. Wir sind sehr vorsichtig und möchten die Tiere an diesem besonderen Tag keinesfalls aus der Ruhe bringen.

Im Scheinwerferlicht des Pontiac ziehe ich meine Montur über. Die Leute von ABC möchten das gern filmen, aber dafür ist es noch zu dunkel. Sie bitten mich, fünf Minuten zu warten, bis sie weitere Scheinwerfer aufgestellt haben. Zögernd stimme ich zu und kontrolliere das Ultraleichtflugzeug. Der Schlauch eines Lastwagenreifens, eine Sicherheitsvorkehrung, befindet sich auf seinem Platz verstaut vor dem Sitz. Ich schalte das GPS-Navigationsgerät an und schaue zu, wie es den Satellitenfunkkontakt sucht.

Das Filmteam ist bereit zur Aufnahme. Ich steige umständlich in meinen Rettungs-Overall, befestige die Rauchpatrone in Hüfthöhe, ziehe die Moonboots an, lege den Pelzkragen um, schließe den Reißverschluß des Overall (aus unerfindlichen Gründen muß ich an Neil Armstrong und Buzz Aldrin denken, wie sie in der Mondlandefähre die Raumanzüge anzogen, bevor sie auf die Mondoberfläche hinunterstiegen), setze die Brille auf, streife die Michael-Jackson-Handschuhe über und ziehe die leuchtend orangerote, aufblasbare Rettungsweste an.

Colin Kemp meldet sich über das Funktelefon. Er hat Clark Muirhead (Papa Zulu November) erreicht, der in seinem Wasserflugzeug auf dem Flughafen von Oshawa bereitsteht. Jerry Cochrane meldet sich von den im Hafen von Newcastle stationierten Booten und berichtet von einer sanften Brise, ein wenig Dünung und guter Sicht. Die Boote Rescue 1 und 2 sind startklar. Iain Mellows sitzt bereits in voller Montur in Kodak 2. Er trägt eine verrückte, fratzenhafte Gesichtsmaske, der Schritt seines Overalls ist mit gelbem Klebeband kreuz und quer verziert.

Das Filmteam von ABC bittet mich, den Start zu verschieben, bis es heller ist. Ich bespreche mich mit Joe und stimme zögernd noch einmal einem Aufschub von fünf Minuten zu. Es fällt mir schwer, meine Ungeduld zu zügeln. Die fünf Minuten schleppen sich dahin. Auf dem Hügelkamm zeichnen sich gegen den erhellenden Himmel Silhouetten ab: Umgeben von ein paar neugierigen Kühen stehen dort unsere Nachbarn, die sich eingefunden haben, um dem Start zuzusehen.

Ich habe im Cockpit Platz genommen, schaue hinüber zu Joe und mache einen Radiocheck. Joe antwortet. Ich gebe Iain im Kodak 2 das Zeichen zum Start und warte, bis er in östlicher Richtung über dem Kamm verschwindet. Richard und Geordie stehen beim Verschlag. Ich gebe ihnen das Startzeichen: Daumen nach oben.

Die Gänse wagen sich zunächst nur langsam aus ihrem sicheren Verschlag, erheben sich dann aber alle auf einmal in die Luft. Unter Vollgas rollt der Goose Leader, mein mit Treibstoff und Sicherheitsausrüstung schwer beladenes Ultraleichtflugzeug, die Rollbahn entlang und schwingt sich in die Luft. Die Gänse befinden sich etwas entfernt zu meiner Linken. Ich schwenke zu ihnen hinüber, komme nur knapp am Windsack vorbei. Sie halten sich weiterhin nach links, überfliegen den Wald und dann das Feld im Nordosten.

Joe ist nun ebenfalls in der Luft, befindet sich links hinter mir. Er nähert sich der Flanke der Gänseschar. Die Vögel formieren sich locker hinter ihm. Er fliegt einen weiten Bogen, um auf südlichen Kurs zu gelangen, und passiert Zuschauer und Kühe auf dem Hügelkamm. Ich halte mich auf parallelem Kurs östlich von ihm. Die Gänse sind nun zwischen uns auf südlichem Kurs. Joe treibt sie weiter nach Osten, und sie formieren sich allmählich hinter einer Flügelspitze seines Ultraleichtflugzeugs. Wir stehen ständig über Funk in Kontakt miteinander: »Echo 2 hier ist Echo 1«, sage ich. »Verstanden«, antwortet Joe, wenn er meine Stimme über Funk vernimmt.

Noch fliegen wir ein wenig zu sehr nach Westen und möchten uns etwas weiter östlich halten, da ein Pressefotograf mit seiner Kamera nahe Enniskillen Stellung bezogen hat, um uns zu fotografieren. Wir verpassen ihn um eine halbe Meile. Der Himmel leuchtet nicht etwa in warmen Farben, sondern ist ganz grau, und wir haben leichten Gegenwind. Das GPS gibt eine Geschwindigkeit von 22 Meilen pro Stunde über Grund an. Das dunkle Grün des mächtigen, mit Fichten bestandenen Hügelkamms ist dem Fleckenteppich des Farmlands im südlichen Ontario gewichen. Wir gewinnen mühsam an Boden, halten in südwestlicher Richtung auf Newcastle, unseren Wendepunkt am Seeufer, zu. Meine Kopfhörer knacksen. »Echo 1 hier ist Papa Zulu November über dem See bei Newcastle. Bitte kommen.«

»Papa Zulu November hier ist Echo 1. Ich höre dich. Bitte kommen.« Papa Zulu November gibt als Relaisstation meine Mitteilung an die Rettungsboote weiter, worauf diese den Hafen verlassen.

Die Gänse haben sich von Joe entfernt und fliegen nun in einer zerrissenen Linie zwischen uns. Ich rufe, und sie kommen nach und nach zu mir herüber und formieren sich hinter meinem Fluggerät.

Einige von ihnen beziehen über der Vorderkante meiner linken Fläche Position, so daß ich den Bügel stark nach rechts drücken muß, um den Kurs halten zu können. Die Fläche vibriert im Takt mit dem Flügelschlag der Gänse. Schließlich weichen sie und reihen sich an der Spitze des linken Flügels auf. Die Küste des Ontariosees scheint erst nach einer Ewigkeit in Sicht zu kommen. Wir befinden uns in einer Höhe von etwa 1000 Fuß über Grund. Die Luft ist ruhig.

Als wir den Highway 401 überfliegen, gleiten die Gänse zu Joe hinüber. Etwa 5 Meilen vor der Küste steht eine niedrige Wolkenfront, die schwarz und bedrohlich aussieht. Papa Zulu November scheint meine Gedanken zu lesen und berichtet, er befinde sich 10 Meilen weit draußen über dem See, und obwohl es in unmittelbarer Nähe der Wolkenbank geringe Turbulenzen gebe, sei es dahinter ruhig. Die Wolken wirken zwar bedrohlich, sind aber wunderschön anzusehen. Jenseits davon schickt das Sonnenlicht kleine, strahlende Punkte durch die dichte Bewölkung – orangefarbene Spotlights auf einer azurblauen, sich von Horizont zu Horizont erstreckenden Bühne. Nach ein paar Minuten, die mir wie eine ganze Stunde vorkommen, überqueren wir die Uferlinie des Sees. Die Gänse lösen ihre Formation auf! Weder Joe noch ich sagen ein Wort. Das hat uns von Anfang an Kopfzerbrechen bereitet: Wird diese riesige Wasserfläche die Gänse beunruhigen? Werden sie tiefer fliegen, um zu landen, oder werden sie gar umkehren?

Unsere Sorgen erweisen sich als grundlos. Die Gänse fliegen zu mir herüber und formieren sich erneut hinter meinem Ultraleichtflugzeug. Wir gehen nun auf einen anderen Kurs, unsere Geschwindigkeit über Grund ist auf 35 Meilen pro Stunde gestiegen. Unsere Befürchtungen bezüglich der Seeüberquerung werden mit jedem zurückgelegten Kilometer kleiner. Das erste Boot, Rescue 1, bleibt während der gesamten Überquerung genau unter uns, während Al Griffen und Clark Muirhead in Papa Zulu November in einiger Entfernung über uns kreisen.

Als wir uns dem Seeufer auf dem Staatsgebiet der Vereinigten Staaten nähern, sehen wir Clive Beddall in einem der »Fotoflugzeuge«, dem Zweisitzer-Cosmos. Es ist ein schönes Gefühl, den See hinter sich zu haben. Die Gänse reihen sich wie Perlen an einem Faden an der rechten Flügelspitze meines Ultraleichtflugzeugs auf. In einer Höhe von etwa 700 Fuß drehen wir nun nach Osten ab. Es ist ein wenig dunstig, und der Geruch von Holzfeuer aus dem Schornstein eines Farmhauses heißt uns in den Vereinigten Staaten willkommen. Unser erstes Ziel, die Rollbahn Frenchy Downeys, ist nicht schwer zu finden. Etwa hundert Leute warten am nördlichen Ende des schmalen Grasstreifens auf unsere Ankunft: Zeitungsleute, Filmteams, Nachbarn. Ich fliege direkt darauf zu und setze, in der Annahme, die Gänse würden mir auf dem Fuße folgen, an einem ruhigen Teil des Rollfelds auf. Weit gefehlt. Nach der Landung bitte ich die Leute, am anderen Ende der Rollbahn zu bleiben. Joe ist noch in der Luft und treibt die Gänse zusammen. Sie sind kurzzeitig

Auf südöstlichem Kurs, um die Rettungsboote zu treffen.

Die glitzernde Fläche des Ontariosees erstreckt sich von Horizont zu Horizont.

148

Ein wunderbares Gefühl, das Rettungsboot in der Nähe zu wissen.

Kleinere Gewässer überqueren wir mittlerweile mit links.

außer Sicht. Wir hören Gewehrschüsse aus der Richtung, in die sie entschwunden sind. Das ist genau die Situation, vor der wir uns während der Jagdsaison ständig fürchten. Doch die Vögel tauchen alle wieder auf, und nach etwa zehn »Beinahe-Landungen« fliegen sie genau auf mich zu und landen vor laufenden Fernsehkameras inmitten der Leute. Jedermann applaudiert!

Wir bringen die Gänse in den Verschlag. Carla Hengerer von der US-Einwanderungsbehörde erledigt freundlicherweise die nötigen Formalitäten.

AM 20. OKTOBER müssen wir den Start wegen Bodennebel und Wind um zwei Tage aufschieben. Die Ortsgruppe der Experimental Aircraft Association bietet uns an, unsere Fluggeräte in einem ihrer Hangars unterzustellen. Wir nehmen dankbar an und schaffen die Ultraleichtflugzeuge zur nahe gelegenen Landebahn von Gaines Valley hinüber. Am folgenden Abend nehmen wir am monatlichen Mitgliedertreffen teil. Die Piloten haben ihre eigenen Fluggeräte aus dem Hangar gerollt, um für unsere Platz zu schaffen – wunderbare Leute.

Am Samstag, den 23. Oktober, morgens um halb acht, machen wir uns wieder auf den Weg. Wir halten mit südöstlichem Kurs auf Carl Perrys Rollfeld in Tuscarora im Staat New York zu. Mit günstigem Rückenwind kommen wir rascher voran als angenommen, landen daher nicht auf Perrys Rollfeld, sondern fliegen weiter bis zur Jalamtra-Landebahn nahe Bath, New York.

Ich telefoniere mit Met Tech. Sie raten uns, weiterzumachen. Die Gänse haben fast zweieinhalb Flugstunden hinter sich. Um Viertel nach vier starten wir erneut. Es weht nur eine leichte Brise, aber noch immer ist die Luft ein wenig turbulent. Mit leichtem Rückenwind überfliegen wir die Grenze zu Pennsylvania. Nun befinden wir uns im Gebirge und müssen auf eine Höhe von 3700 Fuß über dem Meeresspiegel gehen, um die Berge überqueren zu können. Das gut funktionierende Apollo-GPS weist uns den Weg zum Rollfeld von Jim Finks in Trout Run, nördlich von Williamsport in Pennsylvania gelegen. Diese Rollbahn, genannt Finkhaven (was soviel bedeutet wie Finks Oase), befindet sich in einem Talgrund zwischen 660 Meter hohen, steil ansteigenden Bergen.

Joe sagt: »Dort niederzugehen ist, wie auf dem Boden eines Glases zu landen.« Es dauert zwanzig Minuten, bis wir mit den Gänsen auf Platzhöhe gesunken sind. Wir landen um halb sieben bei Einbruch der Dunkelheit. Der Verschlag wird im Scheinwerferlicht des Transporters aufgestellt. Danach gehen wir alle zusammen in die örtliche Bar zum Essen und um ein paar Bierchen zu trinken und erfahren, daß die Toronto Blue Jays* die Weltmeisterschaft gewonnen haben. Was für ein großer Tag für kanadische Vögel in Pennsylvania!

SONNTAG, 24. OKTOBER: Da wir uns im Gebirge befinden, ist die Wettervorhersage unsicher. Der Morgen dämmert, es ist klar und windstill. Wegen der Feier am Vorabend kommt unser Team nur langsam in die Gänge. Die Gänse dagegen sind munter. Das »Zugfieber« hat sie erfaßt. Als wir um Viertel vor elf abheben, ist es immer noch windstill. Im Tal haben die Gänse Probleme, sich zu orientieren. Joe und ich drehen mehrere Runden, bevor sie sich uns anschließen. Wir gehen auf einen Kurs von 180 Grad und überfliegen den Susquehanna westlich von Williamsport.
Ich bemerke, daß unsere Geschwindigkeit über Grund auf 18 Meilen pro Stunde gesunken ist und die Luft turbulent wird. Wir fliegen weiter und queren den ersten Bergkamm. Ein großer Kessel westlich von uns erzeugt südwestliche Turbulenzen. Wir werden ordentlich durchgerüttelt. Unsere Geschwindigkeit über Grund ist mittlerweile auf 14 Meilen pro Stunde gesunken. In einem Tal, in dessen Mitte eine Fahrspur verläuft, erspähen wir eine Lichtung. Nach mehreren Runden lande ich dort. Auch die Gänse haben keine Probleme zu landen, und Joe folgt uns. Über Funktelefon können wir keine Verbindung herstellen, aber ich kann von einem nahe gelegenen Haus aus telefonieren und erreiche das Bodenteam, das sich noch immer in Finkhaven aufhält. Zur Überraschung der Familie Miller, auf deren Grund wir gelandet sind, entscheiden wir uns für eine außerplanmäßige Übernachtung.

25. OKTOBER: Wir starten im ersten, kalten Licht des Tages und gewinnen ostwärts auf einer Strecke von etwa 5 Meilen an Höhe, bis wir hoch genug sind, um den ersten Bergkamm zu überwinden. Wir müssen noch weiter hinauf, bis auf eine Höhe von 3500 Fuß über dem Meeresspiegel, um die hintereinanderliegenden, sich in Ost-West-Richtung erstreckenden Bergketten queren zu können. Unsere Geschwindigkeit über Grund beträgt 54 Meilen pro Stunde. Die Sicht ist ausgezeichnet, aus zahlreichen Schornsteinen steigt senkrecht Rauch auf. Der Susquehanna, verhüllt in morgendlichen Dunst, schlängelt sich östlich von uns nach Süden. Wir halten uns westlich der

* Blue Jays sind sperlingsgroße Vögel mit kräftig blauem Gefieder. Hier ist eine Sportmannschaft gemeint (Anm. d. Übers.).

Kontrollzone des Flughafens von Harrisburg und entschließen uns, eine geplante Landung (auf Lester Yosts Rollfeld in Sherman's Dale) auszulassen und weiterzufliegen.

Wenn die Flugverhältnisse so ideal sind wie in diesem Moment, dann schaltet mein Gehirn manchmal auf eine andere, tiefere Bewußtseinsebene um. Wenn wir erst einmal unsere Reisehöhe erreicht haben und die Formation aus Ultraleichtflugzeug und Gänsen vergleichsweise ruhig dahinzieht, kann ich den Flug der Gänse im Detail studieren. Die meisten fliegen in einer Linie, surfen auf der Druckwelle des unsichtbaren Wirbels, der an den Flügelenden entsteht und sich nach hinten ausbreitet wie das Kielwasser eines Schiffs. Ein oder zwei fliegen in Armlänge von meinem Cockpit entfernt.

Jeder Teil dieser Wesen ist ein Wunder an aerodynamischer Effizienz; eine wunderbare Welle der Bewegung breitet sich vom Kopf, dem stabilen Punkt des Tieres, zu jedem anderen dynamisch-fließend sich bewegenden Körperteil aus. Das Nervensystem steuert die Halsmuskulatur, die ständig in Bewegung ist, um den Kopf in einer stabilen Lage zu halten, wogegen der Körper als Reaktion auf den Flügelschlag rhythmisch auf und ab pendelt. Die Bewegung der Flügel mit dem Begriff »Flügelschlag« zu beschreiben, scheint mir eine grobe Vereinfachung des Vorgangs. Die Flügel und Federn bewegen sich in einer komplexen Symphonie, wobei jede Feder eine ganz besondere Rolle im Konzert des Fluges spielt.

Die kleinsten, dem Rumpf nächstgelegenen Federn zeigen die subtilsten Bewegungen, während die äußeren Federn der Armschwingen am meisten leisten müssen. Diese langen, schlanken Federn sind perfekt in Bau und Funktion; jede von ihnen besitzt eine ganz bestimmte Form, Struktur und Elastizität. Die beiden Flügel sind perfekte Spiegelbilder. Verblüffend ist die Sensitivität der Vögel für Luftbewegungen. Rasch finden sie die beste Position relativ zur Fläche des Ultraleichtflugzeugs, um ihren eigenen Auftrieb zu optimieren und möglichst kräftesparend zu fliegen. Oft formieren sie sich in einer Linie entlang der Vorderkante des großen Flügels, nutzen so die Druckwelle darüber aus, obwohl sie dabei häufig seinen Auftrieb stören. Wenn sie sich alle auf einer Seite befinden, kann man die Maschine kaum in der Horizontalen halten. Der Flügelschlag der Gänse versetzt die Fläche des Flugzeugs deutlich in Schwingung, die ich über den Steuerbügel spüren kann.

Die Gänse haben außerdem ein feines Gespür für Temperatur und Druck. Wenn ihre Körpertemperatur in warmer Luft zu sehr ansteigt, strecken sie ihre Beine aus, um sich Kühlung zu verschaffen. Mit zahlreichen Manövern kontrollieren sie Geschwindigkeit und Höhe. Wenn sie das Ultraleichtflugzeug einholen müssen, weil es einen Vorsprung hat, bremsen sie, kurz bevor sie es erreichen, ab, indem sie die Hälse biegen, was den Luftwiderstand erhöht und ihren Flug verlangsamt. Jeder Pilot weiß, daß man durch das Senken der Flugzeugnase an Höhe nicht verlieren kann, ohne an Geschwindigkeit zuzulegen. Die Gänse wenden in diesem Fall die »Trudeltechnik« an: Sie ziehen ganz einfach einen Flügel an, kippen nach der Seite ab oder lassen sich kopfüber fallen und sinken so im Handumdrehen um 10 bis 15 Fuß, ohne schneller zu werden. Meist beginnt eine Gans mit diesem Manöver, und die anderen ahmen sie rasch nach. Einem solchen Taumelsturz können mehrere folgen, so daß die Gänse nach unten flattern wie vom Baum fallende Blätter, bis sie in geringerer Höhe ihre Fluglage wieder stabilisieren …

WIR LANDEN SÜDLICH von Gettysburg, Pennsylvania, auf der Farm der Browns. Von der Familie ist niemand zu Hause.

Das Bodenteam braucht zwei Stunden, um uns einzuholen, und verpaßt dann auch noch die Zufahrt zur Farm. Ich springe auf, winke meinen Leuten wie wild hinterher und scheuche dabei unvermeidlicherweise die Gänse in die Luft. Mein Schrecken ist nur von kurzer Dauer, denn 10 Minuten später kehren sie zurück und landen vor meinen Füßen.

Nachmittags um halb vier ist die Luft bei einer Temperatur von 24° Celsius noch immer klar und das Wetter traumhaft. Wir begeben uns auf die letzte Teilstrecke nach Airlie. Zwar ist es zu warm für die Gänse, aber für morgen hat uns Met Tech schlechtes Wetter vorhergesagt. Auf dem gesamten, zweieinhalb Stunden dauernden Flug japsen die Gänse und weigern sich, zu steigen. Wir ziehen also in einer Höhe von etwa 500 Fuß über das liebliche, sanft gewellte Hügelland Virginias mit seinen stolzen Herrenhäusern. Spinnen, die sich an seidenen Fäden vom Wind tragen lassen, sammeln sich auf unseren Ultraleichtflugzeugen. Die Fäden schimmern silbern in der Nachmittagssonne. Dank des Apollo-GPS treffen wir um halb sechs in Airlie ein. Sladen, verschiedene Filmteams und einige Zuschauer erwarten uns schon. Wir landen im weichen Licht dieses Nachmittags, kein Lufthauch regt sich, die filmreife Szene erscheint unwirklich – und die Gänse brauchen dringend Wasser.

Allmählich wird uns bewußt, was wir nach all den Rückschlägen, die wir hatten, nun geleistet haben. Doch wir denken auch daran, daß dies nur der erste Teil unseres Zugprojekts war. Der kritische Test liegt noch vor uns: Werden unsere Gänse das Experiment vollenden und wie ihre wildlebenden Artgenossen aus freien Stücken im nächsten Frühjahr nach Ontario zurückkehren?

Die berühmten Gänse,
in der Luft und am
Boden fotografiert.

KAPITEL 12

Ein Winter in Airlie

WÄHREND UNSERES AUFENTHALTS in Airlie hatten wir Gelegenheit, zu lernen und zu genießen. Das Airlie Center, in der Nähe von Washington gelegen, wurde 1959 von Dr. Murdock Head errichtet, der damit seinen Traum, ein Konferenz- und Forschungszentrum in ruhiger, angenehmer und von der Außenwelt abgeschirmter Umgebung zu schaffen, erfüllte. Airlie, einst »Insel der Gedanken« genannt, ist ein wunderbarer Ort, um wieder Kraft zu schöpfen und um die Natur von ihrer schönsten Seite zu erleben. Hier können Städter, die dem täglichen Trubel entfliehen wollen, in Ruhe tagen und Pläne schmieden.

Um eine Villa gruppieren sich restaurierte Landhäuschen, die poetische Namen wie The Manor House, Groom's Cottage, Raven's Hollow und Clifton House tragen. Das 1200 Hektar große Gelände hat bewaldete Hügel, Steinwälle und Buchsbaumhecken, ist reich bestückt mit Teichen, Wasserfällen und Feuchtgebieten, die jährlich von Tausenden von Vögeln zum Überwintern oder zum Rasten aufgesucht werden.

Sladen ist *der* Vogelfachmann in Airlie, und seine Frau Jocelyn kennt sich in der Flora der Umgebung hervorragend aus. Sie wohnen auf Clifton Farm, einem charmanten alten Haus auf einem 320 Hektar großen Grundstück, ein wenig abseits der anderen Gebäude von Airlie gelegen. Man gelangt auf einer Straße dorthin, die sich durch herrliche Wälder schlängelt und an zwei großen Teichen vorbeiführt, wo sowohl Stand- als auch Zugvögel beheimatet sind.

Die Sladens mögen wilden Pflanzenwuchs und fördern auf ihrem Anwesen die Ausbreitung natürlicher Lebensräume von Vögeln und Kleintieren.

Sladen leitet das Umweltforschungsprogramm in Airlie. Ein Team von drei Biologen, die das Kommen und Gehen der Zugvögel überwachen und an einer Reihe von Forschungsprojekten beteiligt sind, unterstützt ihn.

Am Ufer des größeren der beiden Teiche auf Clifton Farm stehen zwei Beobachtungsstände, und es gilt in Airlie als *das* gesellschaftliche Ereignis des Tages, mit den Sladens in der Dämmerung in einem der Beobachtungsstände Sherry zu trinken und dabei die Schwäne aus allergrößter Nähe zu beobachten.

KURZ NACHDEM UNSERE GRUPPE von achtzehn Gänsen in Airlie eingetroffen war, taufte Sladen sie »Ultragänse« und legte ihnen etwas um den Hals, das aussah wie kleine Suppentassen! Den Vögeln gefiel das nicht sonderlich, aber aufgrund dieser Markierung konnten wir einzelne Individuen sowohl in der Luft als auch am Boden rasch erkennen. Praktisch, aber häßlich! Anfänglich wurden die Gänse zwar im Verschlag untergebracht, aber wir flogen täglich mit ihnen, so daß sie die Gegend kennenlernen konnten und als ihr Winterquartier akzeptierten. Allmählich nabelten sie sich von uns ab, und als am 1. Januar die Jagdsaison auf Gänse vorbei war, ließen wir sie frei. Jener Winter war der kälteste seit vierzig Jahren. Die Teiche in Airlie froren zu, aber elektrische Sprudleranlagen hielten einige Stellen eisfrei, so daß die Vögel stets Zugang zum Wasser hatten.

Zwei unserer Vögel überlebten den Winter nicht. Eine der Gänse muß aus Furcht unter das Eis getaucht sein und wurde ein paar Wochen später ertrunken aufgefunden. Die andere mußten wir, weil sie verletzt war, einschläfern. Den Winter über fuhren Joe und ich abwechselnd nach Airlie, um mit den Vögeln zu fliegen, wann immer das Wetter gut war. Wir wollten dafür Sorge tragen, daß sie im Frühjahr fit waren. Dann nämlich sollte es sich zeigen, ob sie aus freien Stücken nach Ontario zurückkehren würden, wenn auch ihre wilden, ziehenden Artgenossen Virginia verließen.

Am 1. April hielten sich die Gänse noch immer in Airlie auf. Wir waren der Ansicht, daß wir sie zusammentreiben und genau wie im vergangenen Herbst mit ihnen und den Ultraleichtflugzeugen zurück nach Ontario fliegen sollten – sofern sie nicht allein nach Kanada aufbrechen würden.

Schon zwei Wochen zuvor hatte die letzte der ziehenden Wasservogelarten Airlie verlassen, was bedeutete, daß wir vielleicht etwas nachhelfen mußten, damit sich unsere Gänse endlich auf den Weg nach Norden machten. Aber am nächsten Tag waren sie verschwunden! Einfach weg! Hatten sie sich auf den

Der Vogelfachmann von Airlie bei einem Interview.

Heimweg begeben? Das war die entscheidende Frage. Wir sorgten uns nicht allzusehr. Seit Beginn des Jahres waren unsere Gänse in Freiheit und hatten schon des öfteren kurze, ein paar Tage dauernde Ausflüge unternommen. Wir rechneten damit, daß sie wieder auftauchen würden, und wollten dann zusammen mit ihnen nach Norden ziehen.

Es vergingen Tage, eine Woche, und wir hörten und sahen nichts von den Gänsen. Nachdem wir beratschlagt hatten, was zu tun sei, schwangen wir uns mit unseren beiden Echo-Trikes, Goose Leader und Goose Chaser, in die Luft und suchten die Gegend um Airlie herum ab. Wir kontrollierten auch verschiedene Teiche, auf denen man die Gänse gesichtet hatte – weit und breit keine Ultragänse.

Jack Weber, ein guter Freund und Flugkamerad, hatte uns auf dieser Reise begleitet, um das Wohnmobil nach Hause zu fahren, falls wir zurückfliegen

160

würden. Joe, Jack und ich machten uns allmählich doch Sorgen, und wir wollten nun endlich losfahren.

Am 14. April waren die Gänse noch immer nicht aufgetaucht. Wir beschlossen, die Fluggeräte auf den Hänger zu laden, nach Norden zu fahren und auf unserem Rückweg an früheren Stopps nach den Gänsen Ausschau zu halten. Gettysburg: keine Gänse. Trout Run: keine Gänse. Im Staat New York: keine in Sicht.

Als wir nach Cohocton im Staat New York kamen (der Stadt mit den meisten Geschwindigkeitsfallen in den Vereinigten Staaten), waren wir alle drei bedrückt. Bei Frenchy Downeys Landebahn, dem letzten möglichen Rastplatz vor der Überquerung des Ontariosees, wollten wir ein letztes Mal halten. Ich holte das Funktelefon heraus und hämmerte Frenchys Nummer in die Tasten. Seine Frau Dorothy meldete sich, und ich sagte ihr, wir würden gern vorbeikommen. Einen Augenblick lang schwieg sie, dann fragte sie mich: »Haben Sie heute schon mit Ihrer Frau telefoniert?« Das hatte ich nicht. Dorothy berichtete, eine Stunde zuvor hätte Sladen angerufen, der von Paula einen Anruf erhalten hatte.

Auf ihrem Morgenspaziergang war Paula in Purple Hill von zehn Ultragänsen auf dem Rollfeld begrüßt worden. Sie hatten es geschafft! Wow! Wir konnten nicht anders, als das Wohnmobil an den Straßenrand zu fahren, aus dem Auto zu springen und ein paar Minuten lang herumzuhüpfen und Freudenschreie auszustoßen. Unsere Gänse hatten es geschafft! Was für ein Tag! Richard hatte die Nummern der Halsbänder notiert. Ein paar Tage später trafen noch zwei weitere Gänse ein. Somit waren zwölf von sechzehn heimgekehrt.

SPÄTER ERZÄHLTE UNS PAULA SELBST, was sich an jenem großen Tag zugetragen hatte. »Am Morgen war ich zweimal draußen gewesen. Ich bin früh aufgestanden. Geordie mußte um Viertel vor sieben zur Fahrstunde in Blackstock sein. Also habe ich ihn um halb sieben hingefahren. Ich habe zwar keine Gänse gesehen und gehört, habe aber auch nicht extra zum Rollfeld rübergesehen. Etwa gegen fünf nach sieben war ich zurück und habe eine halbe Stunde später das Haus verlassen, um mit Lynn und Joan (unseren Nachbarinnen) einen Spaziergang zu machen. Wir sind mit den Hunden übers Feld nebenan gelaufen, als Lynn zum Rollfeld rüberschaut und die Gänse entdeckt. Wir haben vor Freude gejohlt und sind schnurstracks zur Rollbahn rübergelaufen. Ich bin zu den Gänsen hin. Lynn und Joan sind mit den Hunden zurückgeblieben, weil wir die Gänse nicht aufscheuchen wollten. Dann habe ich die Halsbänder gesehen und wußte, es waren die richtigen Gänse, zwölf Stück, allerdings waren ein oder zwei fremde Gänse dabei. Ich bin auf sie zugegangen, und sie sind mir entgegengewatschelt. Sie kannten mich ja nicht so gut, aber immerhin gut genug, um mich auf ihre Weise zu begrüßen: mit wippenden Köpfchen. ›Jippie! Ihr habt es geschafft! Oh, schaut euch nur an, ihr seid den ganzen Weg zurückgeflogen!‹ Ich mußte ihnen gratulieren, wißt ihr. Es war wirklich aufregend, zu den Vögeln zu sprechen und sich zu ihnen runterzubeugen. Sie sind so stolz gewesen, das hat man ihnen richtig ansehen können. Sie haben nur leise, tiefe Laute von sich gegeben, so etwas wie Geschnatter. Dann haben wir Richard geholt, und er hat sämtliche Nummern der Halsbänder notiert. Schließlich haben wir die Vögel in den Verschlag gesperrt. Wir wollten verhindern, daß sie sich wieder aus dem Staub machen, bevor Bill sie gesehen hat. Im Verschlag sind sie trotz frischen Futters und Wassers sehr unglücklich gewesen.

Die wilden Gänse sind einfach weggeflogen, und eine von unseren Gänsen hat sich ihnen angeschlossen. Als ich nachts aufgestanden bin, habe ich bemerkt, daß die fremden Gänse ums Haus herumflogen und zurückgekommen sind. Die ganze Nacht über hat es ein ständiges Jap, Jap, Jap gegeben. Die Gänse haben sich fortwährend unterhalten: drei draußen vorm Verschlag und der Rest drinnen und außer sich.«

AUF UNSERER RÜCKFAHRT stellte ich mir viele Fragen: Wie haben sie das gemacht? Welcher Route sind sie gefolgt? Fragen über Fragen.

Unser Wiedersehen mit den Gänsen war die reinste Freude. Als wir sie aus dem Verschlag herausließen, strebten sie geradewegs dem Teich zu, um sich zu erfrischen. Sie blieben zwei Tage lang und flogen dann davon, um sich mit anderen, wilden Scharen zusammenzutun. In sämtlichen örtlichen Zeitungen wurde über ihre Rückkehr berichtet. Wir erhielten zahllose Telefonanrufe. Entweder gratulierten die Anrufer den Gänsen oder teilten uns mit, sie hätten eine Gans mit Halsband gesehen, die sie für eine unserer Ultragänse hielten. Als ich mich fragte, wie sich die Gänse wohl an ihren Rückweg erinnert haben, kam ich auf Gedanken, mit denen ich mich schon beschäftigt hatte. Die Ureinwohner Amerikas glauben, daß es in der Natur viele Geister gibt und daß jede Tierart ein kollektives Bewußtsein hat. Dieses Bewußtsein könnte man als Gott oder Göttin der jeweiligen Art betrachten, als Bibergott, Wolfsgott, Gänsegott. Dies ist eine Möglichkeit, ein ansonsten nicht erklärliches Massenverhalten zu verstehen. Wissenschaftler freunden sich im allgemeinen ungern mit solchen Gottheiten oder kollektiven Geistern an, da man deren Existenz nicht beweisen kann. Da ich eher Künstler denn Wissenschaftler bin, steht es mir frei, Dinge zu glauben, ohne sie beweisen zu müssen. Ich bin davon überzeugt, daß es ein kollektives Bewußtsein der Art gibt, eine Hierarchie der Gottheiten im Reich der Tiere. Wer ist denn Mutter Natur, wenn nicht das alles umfassende Bewußtsein sämtlicher Lebewesen? Wenn ich an die Millionen und Abermillionen phantastischer Lebensformen auf unserem Planeten Erde denke, glaube ich, daß es sich bei dem Prozeß, den wir Evolution nennen, um ein schöpferisches Kontinuum handelt und ganz bestimmt nicht um einen Zufallsprozeß, den man etwa mit der Formulierung »Überleben der am besten angepaßten Individuen« überschreiben kann. Obwohl der Zufall sicherlich eine Rolle in der Evolution spielt, ist dieser Prozeß viel zu kreativ, als daß man ihn allein auf zufällige Entwicklungen zurückführen könnte. Was die Wissenschaft anbelangt, so haben wir in ihr ein hervorragendes Werkzeug, Einzelheiten und Mechanismen dieses wunderbaren, schöpferischen Kontinuums verstehen zu können. Die Wissenschaft ermöglicht uns fortwährend die unglaublichsten Einsichten.

Während eines meiner Aufenthalte im Winter in Airlie träumte ich eines Nachts von meinen Jahren als Pensionär: Ich hatte mir irgendwo im Süden ein Haus gekauft, um den Widrigkeiten kalter, verschneiter Wintertage zu entgehen. Aufgrund dieses Traums begann ich, über das Zugverhalten des Menschen nachzudenken. Viele ältere Kanadier ziehen im Winter nach Süden, um sich nicht den harten Bedingungen der Wintermonate in Kanada aussetzen zu müssen. Sie leben von Anfang April bis Ende September (also sechs Monate) in Kanada. Dann fliegen oder fahren sie für sechs Monate nach Süden: nach Florida oder Arizona oder Mexiko. Sie entfliehen nicht nur der Eiseskälte, sondern auch der Dunkelheit jener langen Winternächte. Vögel machen das natürlich schon seit Millionen von Jahren. Wir verwenden den Begriff »Spatzenhirn« als Schimpfwort. Sind Vögel dumm? Lassen Sie uns ein wenig darüber nachdenken, etwa über Gänse.

Im Frühling geht es nach Norden. Sie nehmen sich Zeit und ziehen mit dem sich ändernden Wetter, verlängern dadurch für sich sowohl den Frühling als auch die Tage. Da sie sich im Luftraum frei bewegen können, nutzen sie die Vogelperspektive und suchen sich auf ihrer Reise in nördliche Gefilde hübsche Rastplätze aus – richtige Fünf-Sterne-Gänse-Hotels. Sie genießen die Wunder der sich wandelnden Natur im erwachenden Frühling. Wenn sie dann ihr weit im Norden gelegenes Sommerhabitat erreicht haben, kommen sie dort in den

Genuß der längsten aller Tage. In weitab gelegenen Flußmündungen und Feuchtgebieten beginnen sie im goldenen Zwielicht des nördlichen Tages ihre Balz und geben sich dem alljährlich wiederkehrenden Liebeswerben und Paaren hin. Ein Paar zieht seine Jungen gemeinsam groß und bleibt mit ihnen als Familie zusammen. An unzugänglichen Orten, an denen es keine Raubfeinde gibt, wechseln sie ihr Federkleid. Sie stoßen das ein Jahr alte, abgenutzte Gewand ab und erscheinen gegen Ende des Sommers in neuem Putz. Nun werden die Tage kürzer, und die Gänse sammeln sich für den Zug nach Süden. Sie müssen sich nicht damit plagen, Kleider für die Reise einzupacken oder ein Haus abzuschließen. Sie genießen die Bequemlichkeit, stets alles Nötige bei sich zu haben. Lediglich ihr Federkleid müssen sie in Schuß halten, eine Pflicht, der sie durch regelmäßige Pflege nachkommen. Kein Wecker weckt sie zur täglichen Arbeit. Sie müssen sich nicht mit Autos, Flugplätzen, Verkehrsstaus, monatlich fälligen Rechnungen, Einkommensteuer, Abfall, schmutziger Wäsche, Grenzübertritten und so weiter herumschlagen. Sie wissen, wann es Zeit ist, mit dem Wetter zu ziehen. Wenn sich die Großwetterlage entsprechend ihrer Zugrichtung ändert, erheben sie sich, lassen sich von einem Luftstrom erfassen und ziehen nur ein paar oder einige hundert Meilen auf einmal südwärts. Sie fliegen zusammen in riesigen V-Formationen, genießen die Kameradschaft ihrer Artgenossen und fliegen auf diese Weise wesentlich effizienter als allein. Die älteren unter ihnen führen den Zug an und geleiten den Verband zu angenehmen, nahrungsreichen und sicheren Orten. Sie halten an bevorzugten Rastplätzen an, um dort alte Freundschaften zu erneuern und neue Bekanntschaften zu schließen. Durch das Ziehen nach Süden verlängert sich für sie der Herbst, und sie können sich an der neuen Ernte gütlich tun. Im Norden werden die Tage nun kürzer, die Pflanzen stellen ihr Wachstum ein, und die Tiere bereiten sich auf einen langen, dunklen Winter vor, in dem sich nichts mehr regt. Aber die Gänse sind diesen harten Bedingungen, den heftigen Winden und langen, dunklen Nächten, entkommen. Dumm? Ich glaube kaum …

Innerhalb einer Gänseschar gibt es Sozialstrukturen, die denen menschlicher Gesellschaften nicht unähnlich sind. Wir kennen dieses Phänomen unter dem Begriff »Hackordnung«. Außerdem gibt es in jeder Schar eine Vielzahl unterschiedlicher Charaktere: den Geselligen, den Mürrischen, den Tyrannen, den Lieben und Freundlichen, den Kauz, den Furchtsamen, den Abenteurer. Für mich hat es eine tiefe Bedeutung, daß sich Gänse, oder besser gesagt Vögel, seit 35 bis 40 Millionen Jahren nicht wesentlich verändert haben – wir sprechen hier von einem Zeitraum, der zehnmal länger ist, als die Anfänge der

Spezies Mensch zurückliegen. Vielleicht hätten sie in diesen Millionen von Jahren eine komplexe Kultur hochintelligenter Wesen entwickeln können, differenzierte Technologien ebenso erforschen können, wie wir es gegenwärtig tun. Aber vielleicht dachten sie weit voraus in die Zukunft und erkannten, daß die hochentwickelte Technologie, gegenwärtig Teil und Bürde unserer Kultur und unseres Komforts, viel zu grobschlächtig und ineffizient ist und daß die Herstellung und Instandhaltung, die diese Technologie erfordert, reine Verschwendung ist, nicht zu vereinbaren mit dem Erhalt der anderen natürlichen Systeme auf unserem Planeten.

Vielleicht sahen sie die Probleme vorher, die mit der Überbevölkerung einhergehen, und erkannten, daß die Antwort darauf in der Kontrolle ihrer eigenen biologischen Entwicklung bestand.

Vielleicht entdeckten sie, daß sie ihr Sozialleben optimieren und gleichzeitig die Schönheiten des Planeten Erde mit seinen Jahreszeiten, seinen verschiedenen Klimaten und der großen Vielfalt an Vorräten frischer Nahrung am besten genießen würden, wenn sie sich zu Wesen entwickelten, die sich frei im grenzenlosen Luftozean der Erde bewegen können. Vielleicht wurde ihnen klar, daß es nicht wichtig ist, ein großes, logisch denkendes Gehirn zu haben; daß es statt dessen vorteilhafter ist, ein Minigehirn mit Verbindung zu einem Vogel-Internet zu entwickeln, um mit der Gesamtheit aller Artgenossen in Verbindung zu treten, ein kollektives Bewußtsein. Dieses telepathische, alle Individuen einer Art miteinander verknüpfende System mag ihnen Zugang zu einem allumfassenden Wissen über die Wettergeschehnisse auf diesem Planeten gewähren.

Auch waren sie in der Lage, ihren Körper so zu entwickeln, daß sie sich von den einfachsten, am häufigsten vorkommenden Pflanzen ernähren konnten. Sie erkannten, daß es am sichersten und besten war, sich auf oder in jedem der Elemente des Planeten Erde frei bewegen zu können, zu schwimmen, tauchen, fliegen. Da sie sich mit anderen Artgenossen über ihr telepathisches Gehirn verständigten, war ihre Beziehung zueinander tief und unmittelbar, und sie bedurften nur einer einfachen Vokalisation und Körpersprache als rudimentäres, zweites Kommunikationssystem. Letzteres wurde vor allem dazu benutzt, sich mit anderen Arten zu verständigen, die nicht auf ihr artspezifisches Internet abgestimmt waren. Was für ein wundervolles Leben konnten sie mit ihren Familien führen – den Planeten bereisen und dabei den Jahreszeiten folgen!

Diese Vorstellung ist wohl allzu phantastisch geraten. Denn auch in der Welt der Gänse, die in mancherlei Hinsicht idyllisch ist, gibt es zahlreiche Probleme.

Viele Gänse können nicht ziehen, da sie das Wissen über die Zugroute verloren haben. Solange es offenes Wasser und Futter gibt, sind sie in der Lage, extremer Kälte zu trotzen. Deshalb treiben sie sich in Stadtparks und nahe den Kühlwasserausflüssen von Kraftwerken herum und werden im Winter zu Clochards.

Der Tod der meisten Junggänse ist auf Raubfeinde zurückzuführen: Eulen, Bussarde und Adler greifen ohne Gnade aus der Luft an. Eulen greifen sogar ausgewachsene Gänse. Am Boden lauern den Gänsen oder ihren Eiern Fuchs, Kojote, Wolf, Wiesel, Nerz, Otter, Vielfraß, Waschbär und verschiedene Wildkatzen auf. Im Wasser fallen Gänseküken Schnappschildkröten und großen Raubfischen zum Opfer. Und natürlich gibt es da noch den schlimmsten aller Räuber, jenen Emporkömmling, jene zweibeinige Kreatur mit Namen Mensch.

Bevor das Jagen eingeschränkt wurde, gab es einen nahezu industrialisierten Massenmord an Wasservögeln. Mit Entenflinten so groß wie Kanonen, die ganze Scharen von Wasservögeln auf einen Streich auslöschen konnten, wurden mit einem Schuß hundert Gänse erlegt. Diese Flinten waren im 19. Jahrhundert über Jahre weit verbreitet. Aufgrund all dieser Faktoren wurden die Populationen der Kanadagänse bis in die vierziger Jahre unseres Jahrhunderts stark dezimiert. Wahrscheinlich wäre die Art ausgestorben, hätte der Mensch seine Jagd auf sie nicht eingeschränkt.

Mittlerweile haben sich die Kanadagänse wieder erholt – derart erholt sogar, daß man sie in manchen Gegenden als Plage betrachtet. Larry Hindman, Biologe und Gänsefachmann im Dienst des Bundesstaats Maryland, schätzt, daß der Zugkorridor zwischen North Carolina und Ostkanada von schätzungsweise einer halben Million nicht ziehender Gänse, sogenannter Standvögel, bevölkert wird. Sie sind das Ergebnis der Politik kanadischer und nordamerikanischer Wildparkmanager, welche Privatleuten jahrzehntelang gestatteten, Gänse getreu dem Motto »Je mehr, desto besser« aufzuziehen. Diese Gänse haben sich nur zu gut an die Gegenden in den Vorstädten gewöhnt, finden auf Golfplätzen und in Stadtparks Nahrung und das ganze Jahr über offenes Wasser. In jüngster Vergangenheit haben die nicht ziehenden Populationen – noch gefördert durch mehrere warme Winter – eine kritische Größe erreicht und befinden sich auf dem besten Weg, die Zahl der ziehenden Gänse zu übertreffen. Ein Ende des Populationswachstums ist bislang nicht in Sicht. Kanadagänse werden auf Flughäfen zur Gefahr, weil sie mit Flugzeugen kollidieren können; manche Teile von Golfplätzen und Parks sind wegen der Gänse nahezu unbegehbar.

Außerdem verschmutzen die Vögel Teiche und Flüsse mit ihren Exkrementen. »Ich prophezeie, daß die nicht ziehenden Kanadagänse sich zu einer größeren Plage entwickeln werden als der Weißwedelhirsch, der sich so hervorragend den Lebensräumen angepaßt hat, die er in Vorstädten, ja sogar in Städten findet«, sagte der Biologe Hindman vor einiger Zeit.

Einige Wissenschaftler nehmen an, daß die nicht ziehenden Gänse zum überwiegenden Teil aus Kreuzungen von Kanadagans-Unterarten abstammen, die nie zogen. Sladen und andere sind der Meinung, daß viele dieser Gänse das Ziehen ganz einfach nie erlernt haben. Er führt in dem Zusammenhang das Beispiel der fünf »Kontrollgänse« an, Kanadagänse, die zeitgleich mit unseren Ultragänsen nach Airlie gebracht wurden, die Strecke allerdings als Fahrgäste in einem Transportwagen zurücklegten. Diese fünf Gänse, die nie die Zugroute lernten, zogen auch nicht mit unseren Ultragänsen zurück nach Norden, als wir sie im Frühling freiließen. Ich bin wie Sladen der Meinung, daß wir einigen der Plagegeister das Ziehen – ein eigentlich instinktives Verlangen – möglicherweise wieder beibringen können.

Eines wissen wir sicher: Kanadagänse können uns immer wieder mit ihren Reaktionen auf künstliche, vom Menschen vorgenommene landschaftliche Veränderungen überraschen.

Ein wunderbares Beispiel dafür ist folgendes: Auf der Halbinsel Delmarva, auf der Delaware und Teile von Maryland und Virginia die Ostseite der Chesapeake Bay bilden, werden pro Jahr etwa 360 Millionen Hühner industriell in riesigen Geflügelfarmen aufgezogen. In den dreißiger und vierziger Jahren, als diese Industrie noch in den Kinderschuhen steckte, waren in jener Region nur vergleichsweise wenige Kanadagänse anzutreffen. Damals galt North Carolina als ihr Hauptverbreitungsgebiet an der Ostküste.

Als die Geflügelproduktion mit zunehmender Nachfrage auf dem Markt stieg, dehnte sich auch die landwirtschaftliche Fläche zum Anbau der nötigen Futtermittel für die Hühner immer weiter aus. Und auch die Ernteverfahren änderten sich mit der Zeit. Vermehrt wurden von den Bauern nun Maschinen eingesetzt, die zwar sehr viel effizienter arbeiteten, aber viel Korn auf den Feldern zurückließen. Die Gänse dachten wohl: »Warum nach North Carolina fliegen, wenn man auch in Maryland dick und glücklich werden kann?«, und sehr viele von ihnen änderten ihr Zugverhalten.

In den achtziger Jahren überwinterte nahezu eine dreiviertel Million Kanadagänse in der Chesapeake Bay. Und da in Kanada während der Brutsaison mehrere Jahre lang schlechtes Wetter herrschte, kam es seitdem im gesamten Zugkorridor zu einem weiteren Rückgang der ziehenden Populationen.

Ohne daß es den Wissenschaftlern und Wildparkmanagern aufgefallen wäre, nahm auch ein ökologischer Faktor Einfluß auf das Geschehen. Verschmutzte, in die Chesapeake Bay fließende Abwässer – Dünger aus den Futtermittelbetrieben und Jauche aus den Geflügelzuchten – reicherten sich an. In den siebziger Jahren starben die in der Bucht einst so weitverbreiteten Wassergräser, die natürliche Hauptnahrungsquelle der Gänse, in ungeahntem Ausmaß ab. Dies förderte noch das Abwandern der Gänse vom Wasser in die umliegenden Felder und Wiesen. Andere Wasservögel wie die Vallisneriaente und die Rotkopfente erwiesen sich als weniger anpassungsfähig; ihre Populationen reduzierten sich drastisch in der gesamten Bucht und haben sich trotz Schutzmaßnahmen nicht wieder erholt.

Sladen erzählt diese Geschichte sehr oft, um darauf hinzuweisen, daß das massenhafte Abwandern der Zwergschwäne aus den Futtergründen in seichten Gewässern ein frühes Warnsignal für das Absterben der Wassergräser ist. Da Virginia und Maryland diese Zeichen ignorierten, müssen sie nun Hunderte Millionen Dollar dafür ausgeben, die verschmutzten Gewässer zu reinigen und die Wassergräser, welche auch für viele andere Tiere lebenswichtig sind, angefangen von den Blaukrabben bis hin zu Dutzenden von Fischarten, wieder heranzuzüchten.

KAPITEL 13

Der zweite Flug nach Süden

VON DEN ULTRAGÄNSEN JAHRGANG 1993 kehrten im Frühling 1994 dreizehn aus freien Stücken nach Ontario zurück. Wir nahmen an, das seien zu wenig Tiere, um den Kern einer ziehenden, freilebenden Population bilden zu können. Unsere dreizehn Gänse hatten sich auf ansässige, wilde Gänsescharen verteilt (eine von ihnen wurde am 21. Juli zusammen mit achtzehn wilden Kameraden 50 Meilen von Purple Hill entfernt gesichtet). Wir alle fragten uns, ob die Ultragänse sich wieder zusammentun und im Herbst 1994 nach Virginia zurückfliegen würden, oder ob sie bei den ansässigen, nicht ziehenden, wilden Scharen von Südontario blieben. Wir mußten das Experiment mit einer neuen, größeren Schar wiederholen und elegantere Lösungen für einige Probleme finden, die wir 1993 hatten.

Als erstes mieteten wir, nur ein paar Meilen von unserem Haus entfernt, eine 40 Hektar große Farm mit Wiesen.

Die ebenen Wiesen der Farm würden uns wesentlich mehr Sicherheit beim Fliegen mit den Gänsen bieten als mein kleines Rollfeld in Purple Hill. Wir schätzten uns glücklich, daß das Biologenteam aus Airlie sich diesmal an dem Projekt beteiligte. Gavin Shire kam für ein paar Wochen von Virginia zu uns und überwachte die Entwicklung der Eier im Brutkasten. Nach dem Schlüpfen der Küken traf auch Kirk Goolsby ein, einer von Sladens Mitarbeitern. In den vergangenen Jahren hatte ich eine Vielzahl von Gänseküken geprägt und mich jeweils für die Dauer von sechs oder sogar mehr Monaten fast den ganzen

Tag über mit ihnen beschäftigt. 1993 hatte mich dann erstmals Joe Duff dabei unterstützt. Glücklicherweise machte Joe die Sache noch immer Spaß. Er zog in die gemietete Farm ein und arbeitete täglich mit den jungen Vögeln.

Ich hatte ein tragbares Fluggerät konstruiert, das dem wirklichen Goose Leader ähnlich sah und für die erste Trainingsphase mit den Gänsen taugte. Es war halb so groß wie das Original und hatte Tragriemen, so daß man es über die Schultern hängen konnte. Gavin Shire taufte dieses Gefährt »Goose Toddler«, was soviel bedeutet wie »Gänsewatschler«. Wir amüsierten uns köstlich, als es in Gebrauch genommen wurde, vor allem wenn Joe, der sich selbst für einen hervorragenden Piloten hielt, damit umging. Mit einem Ausdruck des Entsetzens auf dem Gesicht und in sich hineinbrummend, stapfte er die Wiese hinauf und hinunter, begleitet vom Dröhnen des Motors, das in voller Lautstärke aus dem eingebauten Kassettenrecorder kam, im Schlepptau eine Reihe eifriger Gänseküken. Die Szene hätte aus einem Film von Monty Python stammen können.

Unser Meisterpilot Joe Duff kurz vor dem Start im »Gänsewatschler«.

Während Joe hart arbeitete und sein Image großen Schaden erlitt, machten sich Kirk Goolsby und mein Sohn Geordie um das Prägen wohl am meisten verdient. Sie entwickelten eine sehr enge Beziehung zur neuen Gänseschar. Mit Ausnahme eines gelegentlichen freien Tages lebte Kirk buchstäblich Tag und Nacht mit den Gänsen. Er blieb bei ihnen, wenn sie nachts im Verschlag waren, und auch tagsüber war er nie weit von ihnen entfernt. Ich begann mich zu fragen, ob Gary Larsons Cartoon mit dem Titel »Wenn Prägungsexperimente schiefgehen«, in dem ein Mann gezeigt wird, der hinter ein paar Gänsen über die Straße läuft, nicht auf Kirk zutraf.

Ich fand es interessant mit anzusehen, welche Beziehung die beiden jungen Männer Kirk und Geordie zu den Gänsen aufbauten. Mit großem väterlichen Stolz nahm ich zur Kenntnis, wie Geordie sich in das Projekt vertiefte. Kirk hatte einen eher wissenschaftlichen Ansatz, machte sich Notizen über jegliche Bewegung der Vögel. Geordie hingegen hegte zu jeder Gans eine ganz persönliche Beziehung, einfach bewundernswert. Es war als würden Joe und ich in der Rolle der Großeltern einem jungen Elternpaar mit ihren achtunddreißig Babys zusehen. Sämtliche Vögel waren numeriert und trugen Ringe an den Beinen; außerdem hatten Kirk und Geordie vielen von ihnen Spitznamen gegeben.

Da gab es die Nummer 38, die in diesem Frühjahr als zweites Küken geschlüpft war. Da sie eine leicht deformierte Kopfform hatte und auch beim Gehen ein wenig hinkte, wurde sie nach Frankensteins Gehilfen Igor getauft. Fleck Neck erhielt ihren Namen, weil sie an einem eigenartigen Federwuchs auf der Rückseite ihres Halses (so als ob man einige ihrer Brustfedern dorthin verpflanzt hätte) zu erkennen war. Sie sah aus wie ein präpariertes Tier, dem ein wenig von der Füllung herausing. Sie besaß einen etwas rebellischen Charakter und ließ sich nur schwer in den Verschlag sperren, während die anderen Gänse von selbst hineinwatschelten.

Nummer 25, Ringneck, war ganz anders, ein mutiges Weibchen, das den Angriff eines Virginia-Uhus überlebte. Der Uhu hatte sechs ihrer Geschwister getötet und ihr beim Angriff den Hals rundum verletzt; auf einer Breite von knapp einem Zentimeter besaß sie weder Federn noch Haut. Lange glaubten wir, sie würde nicht wieder gesund werden, aber dank Mike Taylor, der unser Projekt schon das zweite Jahr als Tierarzt betreute, schaffte sie es. Kirk leistete ein wenig Erste Hilfe und nähte sie meisterhaft zusammen. Er rettete Ringneck das Leben.

Egghead besaß einen interessanten Charakter und wurde Geordies Liebling. Beim Schlüpfen hatte sie Probleme, sich von der Schale zu befreien, und blieb für etwa einen Tag stecken. Wir mußten die vertrocknete Eierschale weg-brechen. Übrig blieb ein Batzen Dotter, der eine Woche lang auf ihrem Kopf haftete. Den anderen Küken machte es großen Spaß, auf Egghead einzu-picken. Sie nahm lange Zeit nicht zu, und wir fürchteten schon, sie werde nicht durchkommen. Geordie behauptete, sie sei klüger als die anderen Küken ihrer Schar. Wenn alle im Gänsemarsch spazierengingen, fielen die Küken eines nach dem anderen in ein bestimmtes Loch auf ihrem Weg und hatten Mühe, wieder herauszukommen. Egghead aber hielt inne und ging darum herum.

Crash gehörte nicht zu den Klügsten. Sie flog nicht nur einmal, sondern gleich zweimal in den Masten der Überlandleitung nahe dem Verschlag und machte ein andermal mit der Hochspannungsleitung Bekanntschaft. Im Sommer löste sie sich mehrere Male auf Übungsflügen aus dem Verband, so daß wir sie mit dem Auto suchen und nach Hause fahren mußten. Wahrscheinlich war sie teilweise blind.

Auch eine kämpferische Gans gab es: Barnstormer. Sie hatte eine tiefe Stimme und war Menschen sehr freundlich gesinnt, forderte jedoch ungeteilte Auf-merksamkeit. Wenn sie mit einem von uns kommunizierte, hielt sie den Kopf hoch erhoben. Andere Gänse hielten ihn in solchen Situationen gesenkt und schwenkten ihn hin und her.

Danny Brown, ein fünfjähriger Junge, den wir auf unserem Flug nach Süden bei einem Aufenthalt nahe Gettysburg kennengelernt hatten, gab Barnstormer ihren Spitznamen. Diese Gans fing Kämpfe zwar nicht an, mischte jedoch stets mit.

Freckles, auch Jeremiah genannt, war die schüchternste der Gänse und blieb stets zurück oder hielt sich am Rande der Geschehnisse, egal was passierte.

Christmas Goose, die Nummer 47, erhielt ihren Namen, weil sie sich beim Fliegen so widerspenstig verhielt. Ich weiß nicht mehr, wie oft sie während unserer Trainingsflüge im Sommer einfach aus dem Verband ausbrach und zurück nach Hause flog – manchmal folgte ihr dabei die gesamte Schar. Mehr-mals drehte sie sofort nach dem Start wieder um und landete beim Verschlag, was natürlich alle Pläne durcheinanderbrachte. Wenn eine der Gänse als Weih-nachtsmahl hätte herhalten müssen, dann hätte sie sicherlich die besten Chan-cen gehabt.

Die Liste ist noch länger. Da gab es Spanky, Spot, Peckerhead, Peppy, Coffee, Sam (wer würde eine Gans schon Sam nennen?), O. J., Ogar, Eyes, Roman Nose, Homer, Bugler, Clunkhead und eine ganze Reihe weiterer Tiere, die nur bei ihren Nummern gerufen wurden.

Auf der Farm mit ihren weiten Flächen gepflegten Rasens zu arbeiten und zu fliegen war ein Genuß. Täglich rollten wir im Ultraleichtflugzeug, gefolgt von den jungen Vögeln, die Wiesen auf und ab. Mitte Juli waren sie flügge, und Mitte August absolvierten sie bereits halbstündige Flüge. Dann, im Oktober, waren achtunddreißig Gänse bereit für den Zug nach Süden. Wieder konnten wir bei der Überquerung des Ontariosees, dessen 40 Meilen offener Wasserfläche uns auf der gesamten Strecke wohl die größte Sorge bereiteten, auf die Unterstützung der Rettungsmannschaft zählen.

Am Dienstag den 11. Oktober 1994 hatte sich ein großes Hoch über unserer geplanten Reiseroute festgesetzt. Alles sah sehr gut aus. Im Vergleich zum Vorjahr waren Joe und ich diesmal die Ruhe selbst. Wir schliefen sogar ein paar Stunden. Ich stand in der Nacht vor dem Start mehrmals auf, um mir den Himmel anzusehen und den Wind zu prüfen. Vor Mitternacht wehte ein starker Wind aus nordwestlicher Richtung, aber um fünf Uhr morgens hatte der Wind wie vorhergesagt nachgelassen. Um Viertel nach sieben waren wir fertig eingekleidet und sahen in unseren aufblasbaren Mae-West-Sicherheitsanzügen – darunter mehrere Schichten von Unterwäsche, Rauchpatronen an der Hüfte und Notsender um den Hals – wie schwarze Michelin-Männchen mit gelben Halskrausen aus.

Es gab einen Hauch Bodenfrost, und die Fluggeräte machten uns beim Starten ein wenig Probleme. Schließlich starteten wir die Motoren von Hand, indem wir die Propeller anwarfen, so wie es früher üblich war, und ließen sie ein paar Minuten warmlaufen. Dann zwängten wir uns auf unsere Plätze in den vollgetankten Ultraleichtflugzeugen und rollten zur Startbahn hinüber. Joe und ich diskutierten über Funk, ob wir die Vögel aus der Luft abholen, oder ob wir landen und mit ihnen gemeinsam vom kurzen Rollfeld nahe den Verschlägen starten sollten. Aber mit unseren vollbeladenen Fluggeräten benötigten wir einen derart langen Startlauf, daß uns nur das Abholen aus der Luft blieb.

Richard stand mit einem schlecht funktionierenden, geborgten Funkgerät bei den Verschlägen. Obwohl wir uns nur schwer verständigen konnten, erkannte Richard unser Startzeichen und ließ die Gänse frei. Im Nu waren sie in der Luft. Bald formierten sie sich hinter Joes Ultraleichtflugzeug und zogen im dämmernden Licht eines vollkommen wolkenlosen Himmels mit südlichem Kurs über den Highway 7. Ich blieb etwas zurück und betrachtete die Vögel aus der Entfernung, genoß den Anblick von achtunddreißig »Gänseperlen«, aufgefädelt auf einen unsichtbaren Faden, der sich von Joes Ultraleichtflugzeug aus spannte.

Ihre Schwingen blitzten in der Morgensonne auf, während wir ruhig über die Felder mit verdorrtem Mais und über die Stoppelfelder im Süden Ontarios zogen. Die Vogelkette schwebte in wellenförmigen Bewegungen dahin; sie reagierte auf jede noch so geringe Luftströmung.

Knacks! Mein Funkgerät erwacht zum Leben: Papa Zulu November ruft mich. Die vertraute Stimme von Clark Muirhead meldet sich, der mit seinem zum Rettungsteam gehörenden Flugzeug 10 Meilen voraus gerade über Newcastle kreist. Als nächstes meldet sich Jim Bishop vom Rettungsboot. Als wir den Hafen von Newcastle in einer Höhe von 800 Fuß überfliegen, verläuft alles nach Plan. Unter mir am Pier sehe ich Leute, die uns zuwinken. Der See ist genauso strahlend blau wie im Jahr zuvor, und wir kommen uns über dieser riesigen Wassermasse vor wie Kinder mit Spielzeugflugzeugen. Unsere beiden Miniflugzeuge, gefolgt von einer Schar unerfahrener, fünf Monate alter Gänse, überqueren den See ohne Probleme. Wir sind häufig in Kontakt mit einem der Rettungsboote, Rescue 2. Als wir uns mitten über dem See befinden, ist es direkt unter uns. Mittlerweile nähert sich Papa Zulu November, das etwas größere Flugzeug, in einer langgezogenen ovalen Flugbahn, um Videoaufnahmen zu machen. Allmählich sorgen wir uns um das erste Rettungsboot, das nirgendwo in Sicht ist und mit dem auch niemand Kontakt aufnehmen kann. Papa Zulu November fliegt voraus zum amerikanischen Ufer des Sees. Noch immer kein Zeichen! Rescue 2 versucht, über das Funktelefon Kontakt aufzunehmen, aber vergebens.

Etwa auf halber Strecke teilt uns Papa Zulu November mit, daß hinter uns eine einzelne Gans fliegt. Ich frage, ob die Gans ihren Kopf hochhält. Das tut sie. Ich hatte so eine Ahnung, daß es sich um Crash, die Nummer 44, handeln könnte. Von Anfang an hatten wir wenig Hoffnung, daß sie den Flug durchhalten würde, hatten auch überlegt, ob wir sie zurücklassen sollten, uns dann aber dagegen entschieden. Falls sie ausscheren sollte, würden wir sie gewähren lassen und ihretwegen nicht den Rest der Schar in Gefahr bringen. Die anderen Gänse schienen ihr Verschwinden ohnehin nie zu bemerken.

Nun haben die Gänse ein paar hundert Fuß an Höhe eingebüßt und fliegen 500 Fuß über dem Wasser. Als wir das andere Ufer erreichen, sind sie bis auf eine Höhe von 200 Fuß hinuntergegangen. Wieder atmen wir erleichtert auf, als wir die weiten Felder unter uns wissen, drehen nach Osten ab und halten auf Frenchy Downeys Rollfeld zu. Leichter Gegenwind verlangsamt unser Vorwärtskommen, aber zwei Stunden und fünf Minuten nach dem Start landen wir auf Frenchys grasigem Rollfeld. Alle achtunddreißig Gänse haben es geschafft, was die Frage aufkommen läßt, wer wohl die einsame Gans war, die

mit Abstand hinter uns hergeflogen ist. Die Gänse lassen sich allesamt mitten in die Menge von etwa hundertfünfzig Zuschauern herab, die gekommen sind, um der Invasion aus der Luft beizuwohnen. Ich glaube nicht, daß die Leute erwartet haben, die Vögel aus nächster Nähe so unmittelbar zu erleben. Kinder mischen sich unter die Gänse und halten ihnen Grasbüschel hin, Kameras und Blitzgeräte werden mittlerweile überfordert.

Wir freuen uns, Frenchy und seine Freunde wiederzusehen; jedermann genießt das Treffen und die lockere Atmosphäre. Sobald die Gänse sicher in ihrem Verschlag untergebracht sind, wird Frenchys achtundneunzig Jahre alte Mutter, die in den letzten drei Tagen täglich auf der Veranda gesessen und auf unsere Ankunft gewartet hat, hinausbegleitet, um die Gänse willkommen zu heißen.

Nachdem die Gänse und wir uns bei einem königlichen Mahl gestärkt haben, führt Frenchy ein selbstgebautes Flugzeug vor, ein wundervolles Maschinchen mit dem Motor eines 1930er Modell-A-Ford. Er wirft den Motor an und gestattet uns einen Rückblick auf eine romantische Ära des Fliegens. Am Abend geben die Mitglieder eines Fliegerclubs zu Ehren unseres Besuches ein formloses Abendessen. Joe und ich erzählen vom Zugexperiment des Vorjahres.

12. OKTOBER, SIEBEN UHR MORGENS. Die Flügel der Fluggeräte sind mit einer dicken Schicht Frost überzogen. Wir versuchen, ihn abzukratzen, aber es ist wesentlich effektiver, sie mit Wasser aus Frenchys Gartenschlauch zu bespritzen. Wieder starten wir vor den Gänsen und holen sie in der Luft ab. Sie formieren sich an einem Flügel von Joes Maschine.

Unser Ziel ist die Jalamtra-Rollbahn in Bath. Den Erie-Kanal überfliegen wir in einer Höhe von 150 Fuß, halten uns dann westlich eines Gefängniskomplexes, dessen Umzäunung aus Stacheldraht drohend in der Morgensonne aufblitzt. Ein paar Gefangene halten inne, als sie uns erblicken, und mir kommt der nur allzu offensichtliche Unterschied an Bewegungsfreiheit zwischen ihnen und uns in den Sinn. Als wir den New York Freeway östlich von Batavia erreichen, ist unsere Geschwindigkeit über Grund auf 24 Meilen pro Stunde gesunken und nimmt weiter ab. Ich rechne und komme zu dem Ergebnis, daß wir bei dieser Fluggeschwindigkeit mehr als drei Stunden bis nach Bath benötigen. Ich beratschlage mich mit Joe, und wir beschließen, den Kurs in Richtung auf Carl Perrys Rollfeld südlich von Mount Morris zu ändern. Wir müssen das Bodenteam informieren, das sich auf dem Weg nach Bath befindet. Da wir den Funkkontakt verloren haben, bleibt uns nur das Funktelefon, das wir in der Luft jedoch nicht benutzen dürfen, da wir damit das System stören würden. Über weiten Feldern lasse ich mich auf eine Höhe von 100 Fuß hinab, und es gelingt mir tatsächlich, Richard zu Hause zu erreichen.

Carl Perry besitzt eine der schönsten Rollbahnen, die ich je gesehen habe. Neben dem Rollfeld liegt ein Teich, auf dem sich die Gänse schon kurz nach unserer Landung heimisch fühlen. Man hat Carl von unserer Ankunft unterrichtet, so daß wir ihn zu Hause antreffen. Bald haben wir aufgetankt und sind wieder in der Luft. Es ist elf Uhr vormittags, und die Vorberge der Appalachen werden immer höher. Die ersten umfliegen wir, da die Gänse noch nicht hoch genug sind, um sie überqueren zu können. Bald werden wir von den sich mittags bildenden Turbulenzen durchgeschüttelt. Joe meint: »Warum waren wir nur so blöd und sind mittags gestartet?« Ich muß ihm leider recht geben. Den Gänsen fällt es schwer, dicht bei uns zu bleiben. Da es um so turbulenter ist, je dichter wir über dem Boden fliegen, bleiben wir ein paar hundert Fuß hoch, während die Gänse in gleicher Richtung, aber etwa auf Höhe der Baumwipfel unter uns ziehen. Jeweils einer von uns bleibt zurück, bis sich das andere Ultraleichtflugzeug weit vor den Gänsen befindet, und übernimmt dann die Führung. Die Turbulenzen werden immer heftiger.

Joe teilt mir mit: »Ich werde landen.« Ich stimme ihm zu. Wir machen ein großes, auf einem einsamen Hügel gelegenes Feld ausfindig. Joe landet als erster, während ich so lange in der Luft bleibe, bis sich die Gänse am Boden um ihn versammelt haben.

»Ein höllisch holpriges Feld«, warnt er mich über Funk. Ich aber entdecke eine kleine Nebenstraße parallel zu dem Feld, auf dem Joe niedergegangen ist. Hochspannungsleitungen, die ein Landen auf der Straße unmöglich machen würden, gibt es keine. Außerdem verläuft sie genau in Windrichtung. Bald lande ich ein paar hundert Meter von der Stelle entfernt, wo Joe und die Gänse im Luzernenfeld versteckt sind. Wenig später taucht eine einzelne Gans auf und landet direkt neben mir. Es ist Crash, das Schlußlicht. Wo war sie nur? Wieder mühe ich mich mit dem Funktelefon ab. Schließlich erreiche ich Don Lounsbury, der bereits an unserem Zielpunkt Jalamtra eingetroffen ist. Ich teile ihm gerade mit, daß wir nicht die geringste Ahnung haben, wie das Bodenteam uns über die Straße finden kann, als ein ziemlich ramponierter Pick-up neben mir hält (ich stehe mitten auf der Straße und habe das Ultraleichtflugzeug in den Straßengraben geschoben). Am Steuer sitzt Jim Wellington, der Farmer, in dessen Feld wir eingefallen sind. Er erklärt dem Bodenteam, wie es fahren muß. Etwa eine Stunde später wird unser gesamter Fahrzeugtroß

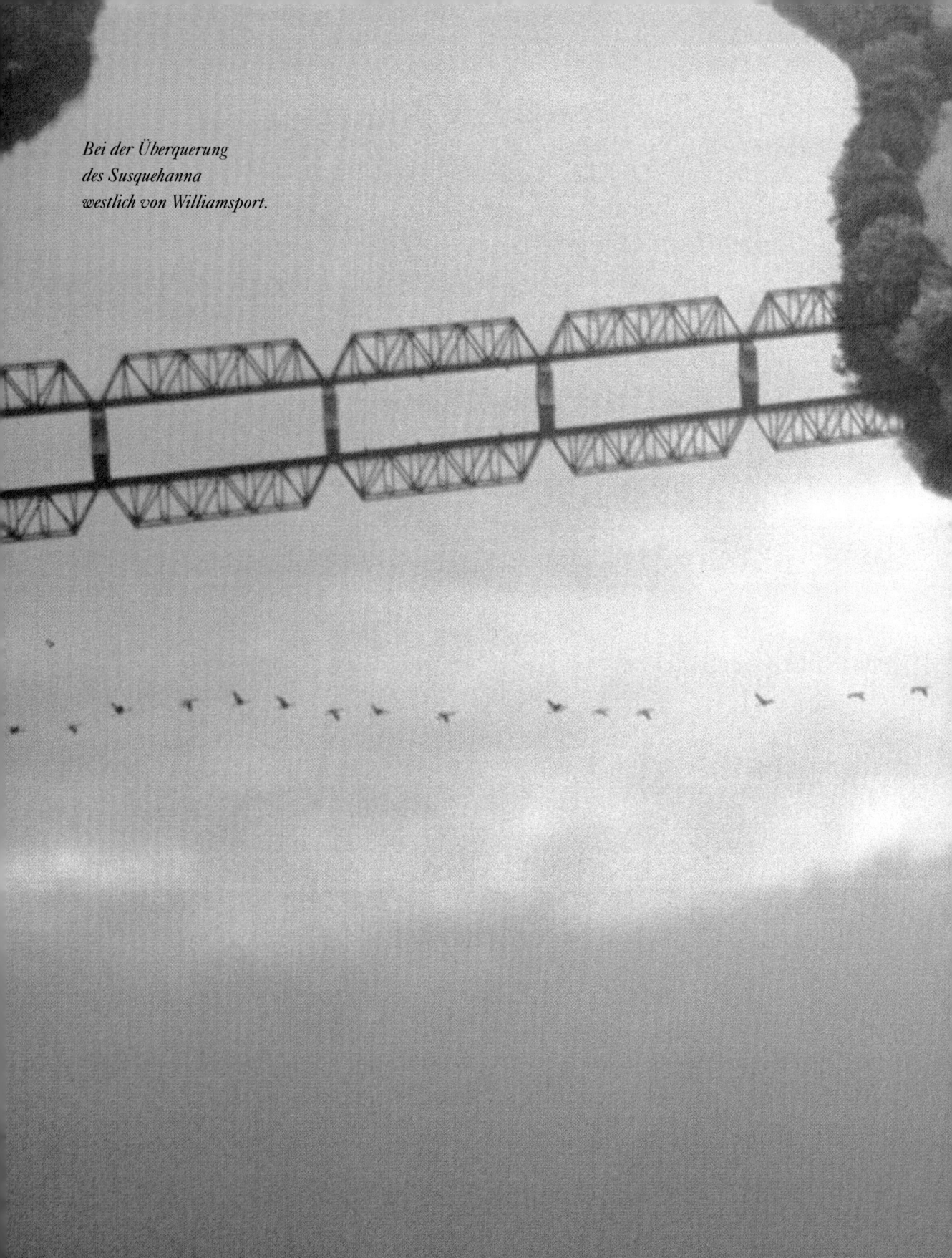

Bei der Überquerung
des Susquehanna
westlich von Williamsport.

durch eine Staubwolke auf der Straße in der Ferne sichtbar. Rasch haben wir die Gänse im Verschlag untergebracht. Sie werden von einem halben Dutzend Gratulanten umringt, die das Bodenteam die 25 Meilen von Jalamtra hierher geleitet haben.

Wir essen in der hundert Jahre alten Gemischtwarenhandlung von South Dansville zu Mittag. Gegen fünf Uhr nachmittags hat der Wind nachgelassen, und die Gänse sind unruhig. Der Weiterflug nach Jalamtra wird zum Kinderspiel.

Wir werden von Herb und Shirley Townsend willkommen geheißen, die für uns ein großes Buffet mit Traubenkuchen als krönendem Abschluß vorbereitet haben; die Gänse laben sich währenddessen in ihrem Verschlag an normalem Maisfutter. Am nächsten Morgen müssen wir uns wieder mit Frost auf den Tragflächen abmühen. Wie die Gänse pflegen auch wir unsere Flügel, damit sie möglichst effizient sind.

Einen Tag zuvor haben wir die Abbeys getroffen, ein Lehrerehepaar von der Tuscarora-Grundschule in Addison, New York, kurz vor der Grenze zu Pennsylvania. Während der letzten zwei Jahre haben sie die Odyssee der Gänse verfolgt und die ganze Schule mit ihrem Enthusiasmus für das Projekt angesteckt. Sie fragen, ob es möglich wäre, mit den Gänsen über die Schule zu fliegen. Ein Blick auf die Karte sagt mir, daß wir dazu nur ein paar Meilen von unserer geplanten Route abweichen müssen. Ich gebe die Koordinaten der Schule in das Apollo-GPS ein und verspreche den Abbeys, daß wir vorbeikommen werden, sofern das Wetter gut ist und wir rechtzeitig starten können. Um zwanzig vor acht morgens heben wir vom Jalamtra-Rollfeld ab und befinden uns genau um acht über der Grundschule von Addison. Siebenhundert Kinder starren durch den morgendlichen Dunst nach oben auf unser seltsames Gefolge. Für Joe und mich ist es ebenso aufregend, all die Kinder unter uns im Tal zu sehen, wie es für die Kinder aufregend ist, uns zu sehen. Letzteres hat man uns später berichtet. Wir sind ein bißchen früh dran. Wo immer die Busse anhalten, drängen Kinder aus ihnen heraus. Manche der Busse sind noch nicht bei der Schule angelangt, aber die Fahrer halten auf der Straße, damit die Kinder aussteigen und uns beobachten können. Wer bereits in der Schule ist, versammelt sich in der Kälte des frühen Morgens auf dem Tennisplatz. Wie viele Jahrhunderte lang haben Menschen innegehalten, um einen Moment nach oben zu sehen und ein wenig den großartigen Anblick einer rufenden, nach Süden ziehenden Gänseschar zu genießen? Ich stelle mir die Ureinwohner Nordamerikas vor, wie sie aus ihren Langhäusern heraustraten, in der Stille des Morgens verharrten und das Vorüberziehen der Gänse beobachteten – ein Augenblick des Träumens. Frühe Siedler hielten ihre Ochsengespanne an, Soldaten im Bürgerkrieg unterbrachen den Abbau ihres Lagers.

Roy Hughes besitzt auf einem Hügel nahe dem Tioga-Staubecken unweit der Grenze zu Pennsylvania ein großes, ebenes, 660 Meter langes Rollfeld. Ursprünglich wollten wir von Jalamtra gleich nach Trout Run nahe Williamsport fliegen, was einer Entfernung von 75 Meilen entspricht. Wir hatten uns Sorgen wegen Trout Run gemacht, das tief unten in einem Tal zwischen einigen der am stärksten zerklüfteten Bergen der Appalachen gelegen ist. Selbst wenn es nur ein bißchen Wind gibt, finden wir uns dort möglicherweise in Luftströmungen wieder, die wir mit unseren federleichten Fluggeräten nicht bewältigen können. Die Rollbahn der Hughes' befindet sich auf halbem Weg von Jalamtra nach Trout Run und eignet sich daher hervorragend als Zwischenstopp, an dem wir die Mittagsturbulenzen abwarten können, um dann in den ruhigen Bedingungen des Abends weiter nach Trout Run zu fliegen.

Auf dem Flug von der Grundschule in Addison zum Rollfeld der Hughes' zeigt sich die Landschaft in herbstlichem Gold und Rot und dann wieder von grünen oder hellbraunen Wiesen überzogen, darüber schwebende Schleier seidigen Nebels. Oft sehen wir Weißwedelhirsche, die still verharren und uns beobachten oder davonlaufen, um im Unterholz Deckung zu suchen. Beim Überfliegen eines Hügels scheuchen wir etwa ein Dutzend wilde Puter und ein paar Weißwedelhirsche auf. Mit »Gänsegeschwindigkeit« zu fliegen, bietet sicherlich die schönste Möglichkeit, die herbstliche Landschaft des nördlichen Pennsylvania in sich aufzunehmen.

Nach jeder Landung folgt eine Erholungsphase. Die Gänse kosten das Gras auf dem Rollfeld, bleiben nahe bei Joe und mir, während Roy und Betty Hughes Tee und Kaffee servieren. Bis zum Eintreffen des Bodenteams und neugieriger Nachbarn gönnen wir uns ein wenig Ruhe.

EINIGE STUNDEN SPÄTER geben wir die Koordinaten unseres nächsten Ziels, Trout Run, in unser Navigationssystem ein und machen uns wieder auf den Weg. Gleich vor uns liegt einer der ersten hohen Bergkämme der Appalachen. Es ist undenkbar, die Gänse direkt und ohne Umwege darüber zu bringen. Wir drehen nach Osten ab, wo wir auf ein schmales, in südlicher Richtung verlaufendes Tal treffen. Einigermaßen verzweifelt bemühen wir uns darum, die Gänse in Formation hinter eines unserer Ultraleichtflugzeuge zu bekommen. Allmählich erhöhen wir unsere Steigrate in der

Hoffnung, am Ende des Tals genügend Höhe gewonnen zu haben, um die Bergkämme überwinden zu können.

Wir wählen den am sanftesten ansteigenden Arm des Tals und schaffen es. Am oberen Ende angelangt, öffnet sich das grandiose Panorama des uralten Bergmassivs vor unseren Augen. Wir überfliegen Kamm um Kamm, Tal um Tal, die Berge werden zerklüfteter und steiler. Unter uns schlängelt sich die Route 15 dahin, folgt den tief eingeschnittenen Tälern in Richtung Williamsport.

In einer Höhe von 3600 Fuß sind die Farben der Landschaft besonders intensiv, zudem taucht die sinkende Sonne alles in ein warmes Licht und rundet das Schauspiel ab. Unsere achtunddreißig Vögel bilden wieder eine perfekte Linie. Einerseits bin ich glücklich und stolz über unsere Leistung, andererseits drückt mich die Last der Verantwortung.

In einer Höhe von fast 3000 Fuß umrunden wir den letzten Berg, und nun taucht, ins Tal geschmiegt, Jim Finks Rollfeld in Trout Run auf. Don Lounsbury meldet sich über Funk und teilt uns mit, es gebe leichten Wind. In einer Spirale sinken wir immer weiter hinunter. Joe ist gerade noch drei Fuß über dem Rollfeld, traut sich jedoch nicht zu landen, da eine der Gänse sich genau unter einer seiner Tragflächen befindet. Also dreht er noch eine Runde. Als er schließlich zur Landung ansetzt, fliegen zwei Gänse viel zu dicht hinter ihm – die Köpfe über der Tragflächenhöhe und die Körper darunter! Joe beschleunigt seine Maschine, und die Gänse setzen hinter ihm auf. Dann folgt der Rest der Schar. Diesmal scheinen die Gänse ein wenig unruhig, als wollten sie gleich wieder starten.

Jim Fink, der Besitzer der Rollbahn, kriecht unter dem Kipplaster hervor, den er gerade repariert, und heißt uns nun zum zweiten Mal in »Finkhaven« willkommen. Ich treibe einen Gartenschlauch auf und gebe den Gänsen Wasser, während Don und Joe versuchen, sie in der Nähe der Hangars zusammenzutreiben. Noch immer haben wir das Gefühl, daß etwas nicht stimmt. Die Körpersprache der Gänse zeigt uns, daß sie wachsam sind, die Hälse nach oben gereckt. Ich sehe, wie sich eine Katze in die Büsche verdrückt, vermute aber, daß sie zu weit entfernt war, um die Gänse aufzuschrecken. Was stört die Gänse? In diesem Augenblick treffen Wohnmobil und Transporter ein. Rasch haben Kirk und Geordie den Verschlag errichtet. Sie sind inzwischen wahre Meister darin. Wir führen die Gänse zum Verschlag und wollen sie hineintreiben, als sich plötzlich eine der Gänse in die Luft erhebt und in südlicher Richtung davonmacht. Kirk bemerkt trocken, daß uns eine Gans abhanden gekommen ist. Wir schließen den Verschlag und zählen die Vögel, doch selbst nach vier- oder fünfmaligem Zählen sind es achtunddreißig Gänse. Also hatte sich, von uns unbemerkt, ein wilder Artgenosse der Schar angeschlossen. Kein Wunder, daß die Gänse unruhig waren.

Im Hotel und in der Bar von Trout Run kennt man uns noch vom vergangenen Jahr. Beim Essen überkommt uns die Müdigkeit. Wir haben so viel erlebt, daß wir das Gefühl haben, schon seit Wochen unterwegs zu sein.

AM NÄCHSTEN MORGEN startet Joe als erster, um die Flugbedingungen zu ermitteln. Ich führe die Gänse an, und wir fliegen das Tal entlang nach Williamsport, folgen dabei einem neuen, noch nicht freigegebenen vierspurigen Highway. Dann geht es hinüber zum Susquehanna-Tal westlich von Williamsport und über den Fluß, dessen Wasserfläche heute glatt wie ein Spiegel ist. Der bewaldete Kamm vor uns, Bald Eagle Mountain, sieht bedrohlich aus. Wir drehen nach Osten ab und gelangen wieder in ein südwärts verlaufendes Tal. Die Gänse gewinnen genügend Höhe, um mit uns den ersten Kamm überqueren zu können. In dem dahinterliegenden engen Tal eröffnet sich die Sicht auf einen noch höheren Bergkamm, White Deer Ridge. Ich schwenke in westliche Richtung und versuche mit den Gänsen auf einer diagonalen Flugbahn zu steigen. Wir überfliegen Millers Rollfeld, die einzige Lichtung in diesem bewaldeten, zerklüfteten Tal. Dort suchten wir im vergangenen Jahr Zuflucht, als uns Gegenwind und Turbulenzen zu schaffen machten.

Die Vögel haben immer noch nicht die notwendige Höhe erreicht. Joe übernimmt die Führung, schwenkt mit den Gänsen um 180 Grad nach Osten und gewinnt auf einer Diagonalen vor dem Bergkamm weiter an Höhe. Es glückt. Nach drei oder vier Meilen suchen wir unseren Weg durch die Turbulenzen über dem Bergrücken, die Gänse auf Höhe der Baumwipfel, wir nur ein wenig darüber. Der Kamm fällt unvermittelt steil nach unten ab, und der Höhenmesser zeigt plötzlich eine Höhe von 1500 Fuß über dem Talgrund an. Unser Blick fällt auf herbstliche Felder und kleine Farmen, die die niedrigen, nun weit unter uns gelegenen Buckel schmücken.

Wir atmen erleichtert auf, da wir sicher in großer Höhe fliegen, die Gänse in perfekter Formation hinter mir. Dann verlieren sie allmählich an Höhe, und wir nähern uns schon dem nächsten Bergkamm. Unsere Geschwindigkeit über Grund liegt jetzt bei fast 40, die Windgeschwindigkeit bei etwa 35 Meilen pro Stunde. Zum ersten Mal schiebt uns der Wind ein wenig nach vorne.

Kurze Zeit später nehmen wir Kontakt mit Ken Roadcap auf, der bei Middleburg eine Rollbahn besitzt, einem Notstopp. Doch wir kommen gut voran und wollen zu Yosts Rollfeld in Sherman's Dale weiterfliegen. Die Luft ist ruhig, das Fliegen fällt leicht.

In Sherman's Dale halten wir uns nur kurz auf. Doch dann stellen wir fest, daß Igor fehlt. Keiner von uns hat bemerkt, wie er sich aus dem Verband gelöst hat. Wir beratschlagen, ob wir weitermachen oder bleiben sollen. Das Wetter ist einfach ideal. Wir könnten heute bis nach Airlie fliegen, aber wir fragen uns, ob wir den Gänsen nicht schon zuviel zugemutet haben. Schließlich treffen wir die Entscheidung, nach Gettysburg, also noch 35 Meilen, weiterzufliegen. Mit dem herrschenden leichten Gegenwind werden wir in weniger als einer Stunde dort sein.

Kurz vor dem Start trifft auf Einladung von Mrs. Yost noch die Reporterin eines örtlichen Fernsehsenders ein. Sie trägt einen schicken Tropenanzug, und ihr Haar ist perfekt gestylt. Sie hat nicht die geringste Ahnung davon, was wir vorhaben, und es dauert geraume Zeit, bis sie in Fahrt gekommen ist.

Als wir wieder in der Luft sind, stelle ich fest, daß ich mich getäuscht habe, als ich annahm, die Berge seien auf dieser Strecke leichter zu bewältigen. Es wird noch einmal anstrengend, mit den Gänsen drei weitere Bergkämme der Blue Mountains, zerklüftetes, bewaldetes Gelände, zu meistern. Die Vögel fliegen wieder auf Wipfelhöhe, und wir überwinden die niedrigsten Pässe, die wir finden können. Erneut wechseln wir uns beim Führen der Schar ab, einer von uns bleibt stets zurück und beobachtet, der andere fliegt über und vor den Gänsen.

Endlich haben wir alle Kämme passiert und überfliegen den Highway 81 – ein extremer Kontrast! Unter uns liegen Vorstädte und Einkaufszentren. Wir fliegen über einen großen Schulkomplex mit Sportplätzen. Fußballspieler halten inne und starren zu uns herauf. Unser Weg führt uns westlich an Gettysburg vorbei zum Rollfeld von Liz und John Brown. Joe hat aus lauter Sorge die Gänse bereits in der Luft gezählt. Eine erneute Zählung am Boden ergibt, daß zwei weitere Vögel fehlen: Fleck Neck und eine Nummerngans. Wir haben ihnen zuviel abverlangt. Es ist Zeit für eine Pause. Selbst Joe und ich spüren die Anstrengung der letzten vier Tage in unseren Schultern. Wir können nicht viel mehr tun, als uns telefonisch zu erkundigen, ob die vermißten Gänse zu einer der Rollbahnen, die wir benutzt hatten, zurückgekehrt sind. Das gesamte Team ist traurig. Wir hoffen, daß es den Gänsen gutgeht und sie sich auf irgendeinem See niedergelassen haben. Oder sind sie etwa in einem der Einkaufszentren gelandet?

Am Sonntagmorgen, den 16. Oktober, liegt auf den Tragflächen eine Schicht

Eis, die sich nur schwer entfernen läßt. Um Viertel vor acht verabschieden wir uns von den Browns. Danny, ihr altkluger fünfjähriger Sohn, der uns am Vortag bewiesen hat, daß er schon Traktor fahren kann, ist traurig über unseren Abschied. Wir starten problemlos und lassen die Gänse auf 700 Fuß steigen. Unsere Route verläuft parallel zu der sich in südwestliche Richtung erstreckenden Bergkette, die später in die Blue Ridge Mountains übergeht. Kurzzeitig überqueren wir eine Ecke von Maryland, fliegen dann westlich von Frederick über dichtbesiedeltes Gebiet. So früh am Sonntagmorgen sind nur wenige Leute unterwegs.

In der Nähe des Kamms verlieren die Gänse wieder an Höhe. Wir queren ihn bei Point of Rocks, wo der Potomac in einer Schlaufe fließt. Über dem sanft gewellten Hügelland Virginias passieren wir stattliche Herrenhäuser und ausgedehnte Pferdekoppeln. Eine Dame in einem hellblauen Kleid winkt uns vom Balkon ihres säulenbewehrten Herrenhauses zu.

Zehn Flugminuten von Airlie entfernt müssen die Gänse spüren, daß sie kurz vor dem Ziel sind, und ziehen nun wieder knapp über den Baumwipfeln hinweg. Als wir den Highway 66 überfliegen, geraten wir in heftige Turbulenzen. Wir werden so stark durchgeschüttelt, wie ich es nie zuvor erlebt habe. Dann erscheint unter uns das Haus von Till Hazel, etwa eine Meile nördlich von Airlie. Ein paar hundert wilde Gänse steigen vom Teich aus in die Luft. Wir werden arg gebeutelt. Unsere Gänse fliegen nun nicht mehr in gewohnter Formation, sondern als zerrissene Truppe zwischen Joe und mir. Einen Augenblick lang scheint es, als würden sie sich unter die wilden Scharen mischen wollen, die fast bis auf unsere Höhe gestiegen sind. Joe und ich rufen aus voller Brust nach unseren Gänsen – sie bleiben bei uns. Bald liegt die Rollbahn von Airlie direkt voraus. Eine Gruppe von Leuten erwartet uns schon. Es ist noch immer turbulent, aber wir bringen Gänse und Ultraleichtflugzeuge sicher auf den Boden.

Kurze Zeit später trinken wir Tee und schütteln Hände, während die Gänse durch die Menge der Gratulanten watscheln und sie auf ihre Weise grüßen. Irgendwann in dem Trubel treffen sich Joes und mein Blick; wir fühlen uns wohl. Wir haben zweifelsfrei den Flug vom Vorjahr wiederholt und uns damit bewiesen, daß unser Experiment keine »Eintagsfliege« war. Airlie liegt auf halbem Weg zu unserem neuen Ziel in South Carolina, wo es zwar Alligatoren gibt, Gänse aber nicht gejagt werden.

KAPITEL 14

Der letzte Streckenabschnitt

WIR WAREN ERLEICHTERT, wieder in Airlie zu sein. Hier konnten wir uns ein wenig ausruhen und die Wohltat frischer Betten, sauberer Kleidung und einer Dusche genießen. Fünf von uns hatten mit einem zwanzig Jahre alten Wohnmobil und einem Zelt auskommen müssen.

Sladen und seine Mitarbeiter wollten die Vögel etwa einen Monat lang in Airlie behalten, um Halsbänder für die Gänse auszuprobieren und Sender anzupassen. Joe und ich wollten unterdessen im Süden nach geeigneten Landeplätzen Ausschau halten. Unsere Zeitplanung wurde aber wegen einer Zusage durcheinandergebracht, die Sladen dem Explorers Club in New York gegeben hatte, wo wir am 28. November einen Vortrag halten sollten. Wenn wir uns nun Mitte November mit den Gänsen nach South Carolina auf den Weg machten, konnten wir diesen Termin nicht mit Sicherheit einhalten. Würden wir die Gänse aber früher nach South Carolina bringen, wären die in den Feuchtgebieten lebenden Alligatoren noch aktiv, die sich einen frischen Gänsebraten bestimmt nicht entgehen ließen. Überdies könnte es um diese Zeit noch zu warm zum Fliegen sein. Schließlich kamen wir überein, unser Zugexperiment nach dem 1. Dezember fortzusetzen.

Aber nun mußten wir erst einmal die Route festlegen, und daher fuhren Joe und ich los, um geeignete Landeplätze und ein gutes Winterquartier ausfindig zu machen.

Wir glaubten, es sei eine Sache von ein paar Tagen, doch so einfach war es

nicht. Obwohl es zahlreiche kleine Rollfelder gab, existierte weder eine vollständige Liste, noch fanden sie sich in den verfügbaren Landkarten. Einige waren zwar in den Flugkarten verzeichnet, sie auf dem Landweg zu finden, erwies sich jedoch als schwierig. In zwei Tagen hatten wir erst zwei mögliche Landeplätze gefunden. Da das nicht ausreichte, mieteten wir auf dem Flugplatz von Farmville, mitten in Virginia, eine Cessna und entdeckten in den folgenden zwei Tagen acht mögliche Landeplätze und drei als Winterquartiere geeignete Gebiete an der Küste South Carolinas.

Am besten geeignet schien das Tom Yawkey Wildlife Center auf der South Island Plantation, einem 8000 Hektar umfassenden Schutzgebiet mit drei der Küste vorgelagerten Inseln, Teil des Mündungsdeltas des Santee River etwa 80 Kilometer nördlich von Charleston. Bob Joyner, der leitende Direktor des Wildlife Center, begrüßte uns enthusiastisch. Während er uns die Insel zeigte, unterhielt er uns mit Geschichten aus der Zeit, als die Insel noch eine Reisplantage war, und mit Kurzvorträgen über die Flora und Fauna der Insel.

Recht zufrieden darüber, daß wir das bestmögliche Winterquartier und genügend Landeplätze gefunden hatten, fuhren Joe und ich nach New York zum Explorers Club.

Zurück in Airlie, hörten wir, daß sich während unserer Abwesenheit ein kleines Drama abgespielt hatte. Nach unserer Landung in Airlie hatte Kirk die regionalen Rundfunksender und Zeitungen in der Gegend in Pennsylvania, in der wir die drei Gänse verloren hatten, über den Verlust informiert. Ein paar Tage später hatten sich Gail und Bill Hunter aus Lockhaven, Pennsylvania, gemeldet, das etwas westlich von unserer Zugroute lag. Ihnen war Igor in einer Schar wilder Artgenossen aufgefallen, die sich vor dem Haus der Hunters zum Fressen eingefunden hatte.

Von unserem Projekt begeistert, wollten die Hunters uns helfen und lockten Igor in einen Transportkäfig, verstauten ihn auf der Ladefläche ihres Bronco und fuhren die 200 Meilen nach Airlie, um uns zu treffen. Kirk und Geordie hatten beobachtet, daß Igor vor seinem Ausbruch der Oberboß unserer Gänseschar gewesen war, und wir nahmen an, daß ihn seine Kumpane gebührend empfangen würden. Die Hunters trafen gegen Mittag am Raven's Hollow in Airlie ein, wo sich die Gänse niedergelassen hatten und wo wir uns alle versammelt hatten, um Igors königliche Begrüßung durch die Gänse mitzuerleben. Wir schafften ihn im Transportkäfig zu den Tieren und öffneten die Tür. Zögernd trat er hinaus – und es geschah etwas Unerwartetes. Er wurde von der Schar vertrieben. Jede einzelne Gans zeigte ihm ihre Ablehnung. Igor war ein Ausgestoßener. Von seiner Position an der Spitze der Schar war er bis ans untere Ende der Hackordnung gefallen, war zu einem Paria geworden.

Wir waren verblüfft und überlegten, ob sie so schroff reagierten, weil er kein Halsband trug. Zusätzlich zu den Fußringen, die alle Gänse den Sommer über getragen hatten, waren sie kurz vor Igors Rückkehr mit Halsbändern bestückt worden. Oder hatte die Gans, die während Igors Abwesenheit die Führung übernommen hatte, eine Kampagne gegen Igor angezettelt? Igor bekam wie die anderen ein Halsband, und ein paar Tage später nahmen ihn die Gänse wieder in die Schar auf, jedoch nicht als ihren Boß.

Wie geplant verließen wir Airlie am 1. Dezember nach sechswöchiger Pause und machten uns mit einem Gefolge von nunmehr sechsunddreißig Vögeln auf den Weg nach Süden. Die Bäume hatten bereits das Laub abgeworfen, und die Wiesen waren mit Rauhreif überzogen. Die Gänse, während ihrer Ruhepause faul geworden, machten keinerlei Anstalten zu steigen. Wir wichen nach Westen aus, um Warrenton nicht in einer Höhe von nur 100 Fuß zu überfliegen. Auf den ersten paar Meilen mußten wir manchmal um Bäume herum, statt über sie hinwegzufliegen. Nach und nach zogen wir die Gänse auf eine Höhe von etwa 150 Fuß. Joe und ich wechselten uns schon innerhalb der ersten Flugstunde mehrere Male in der Führung ab. Der Luftraum wimmelte von Scharen wilder Gänse.

Plötzlich brach eine unserer Gänse nach unten aus der Formation aus. Offensichtlich waren die Vögel müde. Direkt vor uns lag ein großer Teich, an drei Seiten von Bäumen umgeben. Westlich von uns befand sich eine Schar von fünfzig oder mehr wilden Gänsen. Sie querten unsere Bahn direkt vor Joe und den Ultragänsen, denen ich in einiger Entfernung und größerer Höhe folgte. Eine weitere Gans brach aus unserem Verband aus und setzte ihren wilden Artgenossen nach. Ich folgte ihr, und Joe drehte eine scharfe Rechtskurve. Die wilden Gänse landeten auf dem Teich, und unsere Vögel flogen darüber hinweg und schwenkten in eine Kreisbahn ein. Sie wollten zweifellos landen. Ich fing sie über den Bäumen in nördlicher Richtung ab und flog genau ins Zentrum der Schar, um sie hinter mir zu formieren. Aber ich war ein wenig zu schnell und schoß über die Schar hinaus. Als ich zurückblickte, sah ich, wie Joe zu den Gänsen herumschwenkte. Auch ich versuchte erneut, sie umzuleiten. Joe und ich diskutierten über Funk die beste Strategie. Doch nichts funktionierte. Die Gänse verloren immer mehr an Höhe. Etwas weiter westlich unter uns weideten Pferde friedlich auf einer Koppel. Dann rannte plötzlich eine Frau aus einem Gebäude neben dem Stall und gab uns Zeichen zu verschwinden. Aber wir konnten nichts tun. Unsere Gänse hatten sich bereits auf dem Teich niedergelassen und unter ihre wilden Artgenossen gemischt. Es war das erste Mal, daß sie ohne unsere Führung an einem für sie fremden Platz gelandet waren.

Ich überflog einen Hügel und entdeckte eine leere Weide, durch die diagonal ein Weg verlief. Sie befand sich ein paar hundert Meter vom Teich entfernt. Während Joe ein weiteres Mal im Tiefflug über den Teich strich, um die Gänse wieder in die Luft zu holen, landete ich auf dem Feldweg und rollte zu dem kleinen Gebäude oben auf dem Hügel hinüber. Einige Minuten später landete auch Joe, da seine Tiefflüge erfolglos verlaufen waren. Für einen Augenblick saßen wir einfach nur da; der Schreck war uns in die Glieder gefahren. Keiner von uns hatte eine Idee, was wir als nächstes unternehmen könnten. Aber das sollten wir bald erfahren. Nur wenige Minuten nach unserer Landung kam ein kleiner Pick-up auf uns zugefahren, und ein junger Mann mit Baseballmütze teilte uns mit, wir hätten unbefugt fremdes Gelände betreten. Ich versuchte ihm zu erklären, was uns hierher verschlagen hätte, aber meine Ausführungen klangen für mich selbst nicht überzeugend, und ich konnte in seinen Augen lesen, daß auch er dieser Meinung war.

Der Lotusschrein des Swami Sachidinanda.

Mit Gänsen fliegen? Was zum …? Ich versuchte es anders und bat ihn, uns zu dem Besitzer des Guts zu bringen. Er willigte ein, und wir stiegen in den Pick-up und fuhren auf dem Feldweg den Hügel hinunter. Die Ranch war in hervorragendem Zustand, weiß gestrichene Zäune umgaben die Weiden und teilten sie auf. Ein großes, weiß gestrichenes Herrenhaus thronte inmitten uralter Eichen auf einer Kuppe.

Wir fuhren an dem Haus vorbei und wurden zu einem kleinen, malerischen Bürogebäude gebracht, etwas abseits des Pferdestalls und nicht weit vom Teich entfernt, auf dem sich die Ultragänse mit ihren neuen Freunden amüsierten. Charlie, der Fahrer des Pick-up, führte uns in das Büro, wo die Frau saß, die uns fortzutreiben versucht hatte. Sie war offensichtlich beunruhigt, und noch bevor sie Joe und mich wahrgenommen hatte, teilte sie Charlie mit, sie habe unsere Kennzeichen notiert und die staatliche Luftfahrtbehörde FAA (Federal Aviation Administration) unterrichtet. »Eigentlich benötigen Sie die Kennzeichen gar nicht«, sagte ich zu ihr. »Sie haben ja die Piloten.« Nun blickte sie auf, und wir entschuldigten uns für die Störung und versuchten die Umstände unserer Landung zu erklären. Es dauerte einige Zeit, bis sie sich beruhigt hatte. Sie besaß äußerst wertvolle Pferde, die nicht verschreckt werden durften. Wir erklärten, wir wären nicht direkt über die Pferde geflogen, und im übrigen hätten diese unseren Auftritt mit großer Gelassenheit hingenommen. Schließlich erinnerte sich Miss Peggy Augustus daran, daß sie im Fernsehen schon einen Bericht über uns gesehen hatte, was sie freundlicher stimmte. Bald konnten wir von ihrem Telefon aus unser Bodenteam verständigen.

Das Drama fand ein gutes Ende. Die Verschläge wurden aufgestellt, und wir durften die Nacht über bleiben. Unsere Gänse antworteten glücklicherweise Kirks und Geordies Rufen und watschelten herüber, um die Nacht in ihren vertrauten Verschlägen zu verbringen.

Jeder Tag hielt ein neues kleines Drama für uns bereit – entweder am Boden oder in der Luft.

Unser nächstes Etappenziel war Yogaville im hügeligen Gelände am Südufer des James River. Yogaville ist der Ashram des Yogi Swami Sachidinanda. Auf unserem Flug dorthin hatten wir leichten Gegenwind und mußten mit einigen Turbulenzen fertig werden. Fünf Meilen vor unserem Ziel nahmen wir Kontakt zum Bodenteam auf, das schon vor uns eingetroffen war. Kurzzeitig folgten wir dem mäandrierenden Lauf des James River. Als wir den letzten Hügel überflogen, bot sich uns der wundervolle Anblick des Lotusschreins im Shangrila-Tal. Er schmiegt sich in Form einer Lotusblüte in die Landschaft und wirkt mit seinem Prozessionsweg, den man durch einen Torbogen betritt, wie ein miniaturisiertes Taj Mahal.

Die Gänse flogen mit mir. Zunächst zog ich einen großen Kreis um den Schrein. Als ich mich dann fast direkt über ihm befand, geriet ich in eine heftige Turbulenz, die mich seitlich versetzte. Die Gänse brachen ihre Formation auf. Während ich damit kämpfte, das Flugzeug wieder unter Kontrolle zu bringen, begann ich den Landeanflug. Joe meldete sich knacksend über Funk und fragte höflich, ob er zuerst landen dürfe, da sein Motor gerade ausgegangen sei. Kurz darauf standen wir umringt von unseren Gänsen auf dem nachlässig gemähten Rollfeld, das offensichtlich eher als Heuwiese denn als Landebahn diente.

Nach der Mittagsmeditation im Lotusschrein wurden wir eingeladen, im Ashram zu speisen. Und so verzehrten wir in meditativer Stille gesundes, vegetarisches Essen – außer Joe. Er war nach Scottsville gefahren, um sich einen Hamburger einzuverleiben und – viel wichtiger – neue Zündkerzen für seinen streikenden Motor zu besorgen.

Ich hatte den Swami zweiundzwanzig Jahre zuvor während unserer Kampagne gegen den Bau eines zweiten Flughafens bei Toronto kennengelernt. Er war damals nach Ontario gekommen, um unser Anti-Flughafen-Umwelt-Festival »Earth Days« zu eröffnen. Bei unserem Besuch in Yogaville bekamen wir ihn jedoch nicht zu Gesicht. Er war mit den Vorbereitungen für die Feierlichkeiten zu seinem achtzigsten Geburtstag, den er am darauffolgenden Tag in Charlottesville, 30 Meilen nördlich des Schreins, feiern wollte, vollauf beschäftigt. Nach dem Mittagessen ruhten wir uns aus und planten, am späten Nachmittag weiterzufliegen. Dann aber erfuhr ich, daß der Ashram um fünf Uhr nachmittags seine Tore schließen würde. Und da alle Bewohner des Ashram an der Geburtstagsfeier in Charlottesville teilnehmen würden, sollte er am folgenden Tag geschlossen bleiben. Das trieb uns zur Eile an, um noch vor Sonnenuntergang starten zu können, doch das Versagen meines Funkgeräts machte unseren Plan zunichte. Glücklicherweise sorgte Shiva, der »Hausmeister« des Ashram, dafür, daß wir übernachten konnten.

In der Morgendämmerung des folgenden Tages mußten wir nun schon zum dritten Mal eine Frostschicht von den Tragflächen entfernen. Die Flächen vom Frost zu befreien, war, als ob man mehrere Dutzend Windschutzscheiben freikratzen müßte. Es kostete uns eine volle halbe Stunde. Dann ließen wir das Tal des James River hinter uns und steuerten unser letztes Etappenziel in Virginia an, die Big-River-Ranch nahe South Boston.

Das Terrain wurde etwas flacher, aber die Luft immer unruhiger – richtig ungemütlich. Nach 15 Meilen gingen wir für eine kurze Teepause in der Nähe von Tim Hoags Haus nieder. Bereits eine halbe Stunde nach unserer Landung war ich zu einem Testflug wieder in der Luft und stellte fest, daß es nun ein wenig ruhiger war.

Wir brauchten diesmal drei Anläufe, um die Gänse zum Weiterfliegen zu animieren. Bei leichtem Gegenwind erreichten wir eine Fluggeschwindigkeit von nur 24 Meilen pro Stunde. Mühsam schleppten wir uns in geringer Höhe Meile um Meile über einen Wald aus Fichten und Eichen und fragten uns, ob wir es bis über den Big River schaffen würden. Dann änderten wir aber unseren Kurs und hielten auf die näher gelegene Landebahn von Jim und Solvi Smiley bei Clover zu. Es gelang uns, über Funk Kontakt mit unserem Bodenteam aufzunehmen und es zum Rollfeld der Smileys umzudirigieren. Irgendwie stimmten unsere Koordinaten im GPS nicht, denn wir suchten sehr lange über dichtem Wald nach dem Anwesen. Der Treibstoffvorrat ging zu Ende, und die Vögel wurden offenbar müde. Zum ersten Mal nahm ich in Joes Stimme einen Anflug von Panik wahr. Kirk und Geordie im Transporter hatten ihrerseits Schwierigkeiten, den Weg zu dem Anwesen zu finden, wie sie uns über Funk mitteilten. Während wir verzweifelt nach der Rollbahn Ausschau hielten, nahm unsere Anspannung zu. Wir zogen mehrere Kreise mit einem Durchmesser von einer halben Meile, und endlich erspähte uns Kirk und dirigierte uns zum Rollfeld. Wir landeten sicher und wurden von Solvi Smiley willkommen geheißen.

Unser Aufenthalt auf dem hübschen Anwesen war jedoch nur von kurzer Dauer, denn der Himmel überzog sich, und in den folgenden Tagen sollte es Regen geben. Also schwangen wir uns um halb fünf, eine Stunde vor Eintritt der Dämmerung, mit den Gänsen in die Luft und trafen eine halbe Stunde später auf der Big-River-Ranch bei Jim und Sandy Compton ein. Selbst im Zwielicht des grau verhangenen Himmels bot die Ranch am Ufer des Big River einen atemberaubend schönen Anblick.

Jim und Sandy stellten uns einen Hangar, groß genug für beide Ultraleicht-flugzeuge, zur Verfügung und hatten in ihrem Gästehaus ein vollständig möbliertes Apartment für uns vorbereitet. Auch die Gänse hatten es gut getroffen, weil sie sich im Fluß tummeln konnten. Noch am selben Tag begann es zu regnen. Aber einen besseren Platz, um schlechtes Wetter auszusitzen, hätten wir nicht finden können.

Jim Compton war über vierzig Jahre lang als Pilot einer Schädlingsbekämpfungsmaschine geflogen und unterhielt uns prächtig mit allerlei humorvollen Geschichten aus seiner aktiven Zeit.

Sandy war völlig hingerissen von den Gänsen. Es war ihr Hobby, heimische oder in der Gegend rastende Vögel zu beobachten. Während sie dazu jedoch meist ein Fernglas benötigte, erlebte sie unsere Gänse nun aus allernächster Nähe.

Wir saßen zwei Tage lang auf der Big-River-Ranch fest. Sonntags nahmen uns die Comptons zu einem Schlemmermahl in Ernie's Restaurant in South Boston mit, und danach durften wir mit Jim in seiner Cessna mit einziehbarem Fahrgestell fliegen. Was uns da geboten wurde, war kein gewöhnlicher Flug, sondern eine artistische Vorführung von Jim Comptons Künsten als Pilot. Im Tiefflug rauschten wir mit 130 Meilen pro Stunde über den Big River und warfen uns auf Bootshöhe in die Kurven! Eine ziemlich hohe Geschwindigkeit für uns, die wir daran gewöhnt waren, nur wenig schneller als ein Jogger durch die Luft dahinzutrotten.

IN DEN FOLGENDEN TAGEN hatte Joe Probleme mit seiner Maschine. Dave Woodhouse, ein Pilot, bei dem wir zu Gast waren, probierte das Ultraleichtflugzeug aus. Beim Steigflug stotterte und keuchte der Motor ein wenig, und David brachte das Fluggerät schnell wieder nach unten. Wir standen ratlos herum und versuchten herauszufinden, was kaputt war. Joes

Maschine war mit derart vielen Systemen doppelt bestückt, daß es eigentlich keine Probleme hätte geben dürfen. Wir vermuteten, die Treibstoffversorgung sei gestört. Joe zog den winzigen Kraftstoffilter heraus, der dem Vergaser direkt vorgesetzt ist. Er war sauber. Dann aber entdeckten wir eine Verstopfung in der Halterung des Filters.

Vor dem Filter hatte sich verfilztes Glasfasergewebe verfangen, das die Treibstoffversorgung des Motors bei Vollgas behinderte, bei normaler Reisegeschwindigkeit jedoch ausreichend Treibstoff durchließ. Außerdem fanden wir eine falsch plazierte Flügelrippe, die zudem nicht korrekt angebracht war. Das war nicht dramatisch, und es schien verständlich, daß man dies bei früheren Checks übersehen hatte, aber die Sache genügte, um das Fluggerät leicht nach rechts ziehen zu lassen. Nachdem wir die Fehler behoben hatten, testete Joe das Gerät, indem er es unter Vollgas steigen und ohne Hände am Steuerbügel fliegen ließ – und war zufrieden. Ich aber machte mir nun Sorgen um Glasfasern im Vergaser meines Ultraleichtflugzeugs. Wie sich herausstellte, besaß meines aber einen anderen Vergasertyp und auch nicht den gleichen Filter. Wir konnten wieder los.

Am folgenden Tag gab es ein wenig Bodennebel, und daher startete ich allein zu einem kurzen Erkundungsflug, der nichts ergab, womit wir nicht schon zuvor fertig geworden wären. Nun startete Joe, und wir holten die Gänse wie gewöhnlich von der Luft aus ab und gingen auf Kurs zum Rollfeld der Familie Wallace nahe Aberdeen in North Carolina. Der Morgen war herrlich. Die Sonne ging über den Nebelschwaden auf und ließ sie in den verschiedensten Farben erstrahlen. Später schlossen sich die Nebelflecken zu einer weichen, wallenden Decke. Wenn man direkt nach unten schaute, konnte man den Wald und die Felder verschwommen durch den wehenden Dunst erkennen. Hier und da ragten die Baumwipfel aus der Nebeldecke hervor, und über uns stand die Sonne am kürbisfarbenen Himmel. Es war das spektakulärste Bild des gesamten Flugs in diesem Jahr. Die Luftfeuchtigkeit war so hoch, daß meine Brillengläser beschlagen waren, und leider hatten wir dieses Problem auch mit den Kameraobjektiven, so daß wir die Szenerie weder auf Video noch auf Film bannen konnten, was uns frustrierte. Während wir dahinschwebten, konnten wir hin und wieder durch den Nebel Menschen erkennen, die uns zögernd zuwinkten. Wir winkten im Vorübergleiten zurück.

Ich stellte mir vor, ich stünde dort unten und würde die geisterhaft anmutende Silhouette der Fluggeräte und die Gefolgschaft der rufenden Gänse sehen. Ich hätte so gerne gehört, wie die Leute dort unten diesen phantastischen Anblick beschrieben.

Der Nebel löste sich nicht auf. Wir waren so sicher gewesen, daß die aufsteigende Sonne ihn vertreiben würde. Wir wollten trotzdem auf dem Rollfeld der Familie Wallace landen. Mit Hilfe des GPS konnten wir unser Ziel mit oder ohne Nebel finden, solange wir einen Horizont als Bezugspunkt für unsere Fluglage hatten. Als wir einen Monat zuvor mit der Cessna über Land geflogen waren, hatte ich die exakten Koordinaten dieses Rollfelds in das GPS eingegeben. Das war also kein – oder fast kein – Problem. Eine Bestandsaufnahme ergab, daß wir noch für vier Stunden Treibstoff hatten. Ich redete mir gut zu, daß unser Bodenteam in der Lage sein würde, unser Etappenziel zu finden. Wir könnten über dem Rollfeld kreisen, Kirk und Geordie könnten die Gänse zu sich hinunterrufen, und wenn der Nebel sich dann lichtete, würden auch wir landen. Wir flogen mit einer Geschwindigkeit von 28 Meilen pro Stunde über Grund und hatten nur noch 15 Meilen, das heißt eine halbe Flugstunde, zum Zielort.

Auf einmal tauchte unter uns in einem kleinen Nebelloch eine brandneue, frisch geteerte Rollbahn auf. Um sie herum wurde offensichtlich noch gebaut. Sie zog derart rasch unter uns weg, und wir waren so sehr mit unserem Problem beschäftigt, daß weder Joe noch ich auf die Idee gekommen waren, die entsprechenden Koordinaten in das GPS einzugeben. Beim Weiterfliegen bedauerten wir das Versäumnis. Wir hätten diese Rollbahn nutzen sollen. Zur Hölle, fluchten wir, bis zu den Wallaces war es noch eine halbe Stunde.

Zehn Minuten später kroch der Nebel zu uns hinauf, und die Erde unter uns war kaum noch zu erkennen. Über uns schloß sich eine dicke Wolkenschicht, so daß wir den Horizont vor uns nun gar nicht mehr sehen konnten. Die Welt um uns herum verschwand. Wir machten uns nun wirklich Sorgen. Unsere Stimmen verrieten die Anspannung. Die Gänse folgten uns vertrauensvoll, auch als wir eine Wende von 180 Grad ausführten.

Ich überlegte: Schnell, wie war unser Kurs? 208 Grad. Und wie war der entgegengesetzte? 208 minus 180 Grad macht 028 Grad. Mein Hirn hatte unter dem Druck der Situation Schwierigkeiten, diese simple arithmetische Aufgabe zu lösen. Die frisch geteerte Rollbahn lag drei oder vier Meilen hinter uns. Würde es uns gelingen, sie in dieser dicken Nebelsuppe wiederzufinden? Wenn wir mit unserem Kurs nur ein wenig danebenlagen, würden wir genau an ihr vorbeischießen.

Null zwei acht Grad. Aber wir hatten Seitenwind aus Südwest. Versuchen wir es mit 027 Grad, dachte ich.

Mit Rückenwind betrug unsere Geschwindigkeit über Grund fast 40 Meilen pro Stunde. Die Rollbahn müßte in fünf oder sechs Minuten auftauchen. Hatte

sich die Nebeldecke inzwischen auch über ihr zusammengezogen? Wir schwiegen und starrten in die weißen Schwaden auf der Suche nach dem Nebelloch. Fünf qualvolle Minuten vergingen … Dann die Erleichterung! Da war sie, noch immer gut zu sehen. Ein Stückchen Teer im Winkel von 90 Grad zu unserer Flugrichtung. Das Nebelloch war von einem Schutzengel offengehalten worden, der wußte, daß wir zurückkommen würden. Die Rollbahn hatte noch keine Markierungen. An einem Ende hatte jemand ein einzelnes Flugzeug vertäut, ein paar Bulldozer und andere Baumaschinen standen verstreut in der Gegend.

Mit den Gänsen hinter mir drehte ich einen Kreis und setzte zur Landung an, wobei ich hoffte, sie würden mir unverzüglich folgen. Joe blieb in der Luft und kreiste, wie es unserer normalen Routine entsprach. Ich landete sicher und rollte dann von der Bahn auf festgestampftes, rostfarbenes Erdreich. Beim Herausklettern aus meinem Fluggerät schrie ich aus Leibeskräften nach den Gänsen.

Joe landete vor den Vögeln, und wir beobachteten voller Freude, wie vorsichtig sie ihre erste Landung auf Teer angingen. Einige dachten wohl, es handele sich um Wasser, und versuchten, die Beine ausgestreckt, eine »Wasserskilandung«. Prompt stolperten sie ein wenig. Andere hingegen erkannten, daß sie auf festem Untergrund landen würden, und taten sich leichter, und einige ließen die Rollbahn links liegen und gingen lässig auf dem Erdreich nieder. Bald kamen Leute herbei, die uns hatten kommen sehen. Wir befanden uns in Carthage, North Carolina.

AN JENEM TAG wurde das Wetter abends noch so schön, daß wir bei klarem strahlendem Himmel doch noch unser eigentliches Ziel erreichten. Dawn Wallace führt eine Kindertagesstätte, und so wurden wir von etwa zehn Fünfjährigen willkommen geheißen. Kinder und Gänse fühlten sich sofort zueinander hingezogen, und es kam zu einem wahrhaft unterhaltsamen Miteinander dieser beiden Gruppen von Heranwachsenden. Dawns Ehemann Bunny warf den Grill an. Er hatte außerdem einen Scheffel frischer Austern von der Küste North Carolinas mitgebracht. Was für eine Schlemmerei! Ein großartiges Fest.

Am nächsten Morgen blies der Wind zu heftig, aber gegen Nachmittag machten wir uns weiter auf den Weg nach Süden. Nachdem wir die Grenze zu South Carolina überquert hatten, landeten wir auf dem Rollfeld von Sherman Hanke südlich von Clio. Uns blieben nur noch weniger als 90 Meilen bis zum endgültigen Ziel. Wir hätten die restliche Strecke fast an einem Stück hinter uns bringen können, nur war das Terrain wenig einladend. Auf diesem letzten Abschnitt erstreckte sich meilenweit mooriger Busch. Wenn es eine gottverlassene Gegend gibt, dann dort.

Bei einem weiteren Zwischenstopp, östlich von Lake City auf dem Anwesen von Thurman Batchelor, fing es tüchtig an zu regnen. Ich machte einen kurzen Erkundungsflug, während Joe bei den Gänsen blieb. Leider mußte ich Joe berichten, daß wir womöglich für den restlichen Tag am Boden festsitzen würden. Ich rief Bob Joyner an, den Biologen im Tom Yawkey Wildlife Center, unserem Zielort. Er erwartete uns jeden Augenblick. Und mit ihm warteten zahlreiche Leute, die zu der Insel hinausgefahren waren, um uns zu begrüßen. Ich sagte ihm, es bestünde wenig Hoffnung, daß wir an diesem Tag eintreffen würden. Eine Stunde später schien es aufzuklaren. Wir zogen uns die Montur über, und ich rief Bob noch einmal an und teilte ihm mit, daß wir nun doch kommen würden. Sobald ich aber aufgelegt hatte, erreichte mich Don Lounsbury, der 20 Meilen voraus war, und berichtete von heftigen Regenfällen. Erneut mußten wir absagen.

Als wir am nächsten Morgen erwachten, lag dicker Nebel über dem Land; dennoch hatten sich ungefähr zwanzig Leute eingefunden, um unseren Start mitzuerleben. Nach dem Frühstück hatte sich die Nebeldecke um ein paar hundert Fuß gehoben, und als wir uns nach dem Wetter auf unserer geplanten Route erkundigten, stellte sich heraus, daß es zwar ein bißchen ungemütlich werden würde, Georgetown, nördlich und nicht weit entfernt vom Yawkey Center gelegen, jedoch nebelfrei war. Für das Center selbst gab Bob Joyner grünes Licht.

Um elf Uhr vormittags waren wir in der Luft und krochen unter einer niedrigen Wolkendecke, die manchmal bis auf 100 Fuß hinabreichte, dahin. 20 Meilen weiter war ein heller Streifen am Horizont zu sehen. Es klarte immer mehr auf, bis wir nahe Georgetown in strahlendem Sonnenschein flogen. Die Silhouette der Stadt wird von Anlagen der Schwerindustrie beherrscht. Eine Papierfabrik und ein Stahlwerk spuckten riesige Dampf- und Abgaswolken in den Himmel. Wir wanden uns zwischen diesen künstlich erzeugten Wolken hindurch und überflogen dann ein im Hafen vertäutes Schiff; krasser hätte der Kontrast zwischen diesem Anblick und den riesigen Wäldern, die wir in den Tagen zuvor überflogen hatten, kaum sein können.

Die Gänse hielten sich an Joe. Ich flog in größerer Höhe hinter ihnen und versuchte mir einen Überblick über unseren Zielort zu verschaffen, der etwa 8 Meilen voraus lag. Wir hielten uns östlich des Flughafens von Georgetown

Fünfjährige Kinder und fünf Monate alte Gänse im Kindergarten von Dawn Wallace.

und informierten den Tower per Funk über unseren Transit. Vor uns lag eine große Nebelbank.

Von seiner Höhe aus konnte Joe nicht über sie hinaussehen. Ich gab Gas, um über die Wolken zu klettern. Aber bei Vollgas stotterte der Motor und kam nicht auf die maximale Drehzahl. Also nahm ich das Gas zurück, und sofort lief der Motor wieder einwandfrei. Ich war sicher, lose Glasfasern in der Treibstoffzufuhr waren daran schuld. Ein schneller Blick auf das GPS. Der Flughafen von Georgetown lag nun 3 Meilen hinter uns, bis zu unserem Ziel waren es noch vier.

Joe sagte: »Wir kehren um.«

Meine Maschine befand sich in einer Höhe von 1000 Fuß über Grund. Bei mittlerer Drehzahl lief der Motor normal, aber sobald ich Vollgas gab, stotterte er. Ich war damit zufrieden, daß er seinen Dienst nicht versagte, und hatte im Gleitwinkel eine Straße erspäht, die für den Fall der Fälle herhalten konnte. Ich überzeugte Joe davon, weiterzufliegen, denn die Nebelbank beunruhigte mich viel mehr als mein Motorproblem. Don vom Bodenteam setzte gerade auf der Fähre zur Insel über und berichtete über Funk, nördlich unseres anvisierten Landeplatzes gebe es Nebel. Joe konnte nur den Nebel sehen. Ich dagegen sah von meiner höheren Warte aus, daß das Südende der Insel frei von Wolken war. Also dirigierte ich Joe um die Nebelbank herum und ging in einen direkten Landeanflug über. Das Rollfeld bestand nur aus einer Lichtung in einem Fichtenwald.

Ich landete. Die Gänse drehten wie immer drei Platzrunden und folgten schließlich mit Joe. Wir wurden von Bob Joyner und Sladen, der zu diesem Ereignis aus Airlie gekommen war, begrüßt.

Unsere Odyssee war vorüber. Ein Gefühl großer Erleichterung überkam uns. Bobs Ehefrau Cornelia hatte eine riesige Platte mit Shrimps und Getränken für uns bereitgestellt. Die Gänse watschelten durch die Menge und keuchten, als seien sie durstig. Wir gingen mit ihnen hinüber zum Teich, aber seltsamerweise wollten sie nicht nahe herangehen, egal wie sehr wir sie auch mit Wasser bespritzten und ihnen zuredeten. Schließlich watete ich in den Teich hinein, um ihnen zu zeigen, daß er ungefährlich sei. »Keine Chance!« schienen sie uns zu sagen und blieben in sicherer Entfernung. Schließlich gab ich auf und stapfte zum Ufer zurück.

Etwas später an diesem Tag entdeckte Kirk in dem Teich einen stattlichen Alligator. Ich frage mich, welcher uralte Instinkt die Vögel wohl davor bewahrt hat, sich in Gefahr zu begeben? Offensichtlich besitzen sie einen Instinkt für Gefahren, der uns abhanden gekommen ist. Später nahm ich den Vergaser meines Ultraleichtflugzeugs auseinander und fand einen kleinen Messingfilter, verstopft mit winzigen Fasern. Zweimal knapp daneben, und das an einem Tag, dachte ich.

Als Tom Yawkey die 8000 Hektar Sumpfland, Strand, Küstenwald und Fichtenbestände der South Island Plantation kaufte, hoffte er, »damit etwas Gutes machen zu können«. Er stand zu seinem Wort. Baseball und die Natur waren seine beiden großen Leidenschaften. Das Tom Yawkey Wildlife Center zeigt sein Engagement für wildlebende Tiere. Für sie ist das Schutzgebiet ein Paradies. Zugvögel können hier – sieht man von natürlichen Feinden, Alligatoren und Rotluchsen, ab – sicher den Winter verbringen. Aus den ehemaligen Reisfeldern sind wieder Sümpfe geworden, die zahlreichen Wasservögeln als Refugium dienen. Zahlreiche bedrohte und gefährdete Tierarten haben sich in den Wäldern und Dünen niedergelassen. Meilenweite, unberührte Strände und Weiden aus sumpfigem Grasland bieten dem Besucher ein intensives Naturerlebnis.

Am 13. Dezember hatten wir fertig gepackt und waren bereit für die Heimfahrt. Unsere Schützlinge ließen wir in der Obhut des Yawkey Center zurück. Eigentlich hatten wir mehrere Tage lang vor Ort mit den Vögeln fliegen wollen, doch starker Wind machte dieses Vorhaben zunichte. Mir blieb nur die Möglichkeit zu einem kurzen, recht turbulenten Flug, um die Gänse zur Gänseweide hinüberzuleiten, einem Teil des Schutzgebiets, das seinem Namen alle Ehre machte und ein bestmögliches Habitat für Gänse war.

Während wir uns auf unseren Weg nach Norden begaben, weil wir die Weihnachtszeit mit unseren Familien und Freunden verbringen wollten, richtete Kirk sich häuslich ein, um die Gänse den Winter über zu beobachten. Es schien, als sei alles unter Kontrolle und in bester Ordnung.

Aber der Schein trog! Zwei Tage nach unserer Abfahrt war die gesamte Schar verschwunden. Zunächst machten wir uns wenig Sorgen, da wir glaubten, die Gänse würden in ein paar Tagen wieder auftauchen. Eine Woche verging, keine Gänse in Sicht! Weihnachten kam und ging vorüber, keine Gänse in Sicht! Kirk war außer sich und suchte sämtliche Teiche der Umgebung ab. Die Zeitungen und Rundfunksender von South Carolina brachten zahlreiche Berichte über die vermißten Vögel. Viele Leute riefen uns an, weil sie glaubten, die Vögel gesichtet zu haben. Schließlich lernte Kirk einen hilfsbereiten Piloten kennen und suchte mit ihm in dessen Cessna nach den Gänsen.

Alles vergebens. Es gab zahlreiche Berichte von Gänsescharen, aber nie trugen die fraglichen Gänse die leicht zu erkennenden Halsbänder der Ultragänseschar Nr. 2. Dann, am letzten Tag des Jahres, wurde Crash, Nummer 44, nördlich von Myrtle Beach gesichtet und per Auto zum Yawkey Center zurückgebracht. Sie lebte von nun an bei Kirk, der auch im Januar und Februar weiter nach den Gänsen suchte. Sämtliche Anstrengungen waren jedoch umsonst.

Über den Verbleib der Ultragänse wurden alle möglichen Mutmaßungen angestellt. Da sie keine Scheu vor Menschen kannten, konnte man ihnen übel mitspielen.

Sladen war sich sicher, daß die Gänse inzwischen in einer Tiefkühltruhe gelandet waren. Auch hörten wir von dem Gerücht, die Gänse seien von einer Gruppe von Fahrradfahrern als Weihnachtsschmaus verzehrt worden. Mitte März hatte keiner von uns mehr Hoffnung, die Gänse je wiederzusehen. Es tat weh, wenn wir nach ihnen gefragt wurden. Und wir selbst vermieden es meist, über sie zu sprechen, und lenkten uns mit einem neuen Ziel vor Augen ab: Wir wollten es nun mit Kanadakranichen versuchen.

ANFANG APRIL kehrten Joe und ich traurig in das Tom Yawkey Center zurück, packten unsere Ultraleichtflugzeuge auf den Anhänger und schafften sie nach Kanada. Auf der langen Fahrt nach Norden sprach keiner von uns lange über die Gänse, aber hin und wieder, wenn wir an bestimmten Landmarken vorbeifuhren, die wir im vergangenen Herbst überflogen hatten und nun vom Boden aus wiedererkannten, ließ es sich doch nicht vermeiden. Und immer wieder erwischten wir uns dabei, den Himmel und Teiche nach unseren Gänsen abzusuchen.

W IR WAREN NOCH NICHT EINMAL einen Tag lang zu Hause, als Gavin Shire vom Airlie Center in Virginia anrief und mitteilte, ein staatlicher Wildhüter hätte Igor in einem Park bei den Niagara-Fällen gesichtet. Wir saßen da und konnten es nicht fassen. Niagara lag 100 Meilen westlich der Route, die wir im Herbst für unseren Weg nach Süden gewählt hatten, und etwa 800 Meilen vom Yawkey Center entfernt. Aber es stimmte, das Halsband mit der Nummer K738 gehörte zu keiner anderen Gans. Wir hüpften vor Freude. Nun konnten wir Igor einen Sender umhängen, und sollte sich die restliche Schar in seiner Nähe befinden, würde Igor uns zu ihr hinführen. Gleich am folgenden Tag wollte ich mit Geordie zu den Niagara-Fällen fahren und Kirk dort treffen, der aus Airlie einen Sender mitbringen sollte.

In dem Moment, als wir das Haus verlassen wollten, klingelte das Telefon. Ein Arbeiter von der Farm, die wir angemietet hatten, berichtete, auf dem Rasen vor dem Haus seien neunundzwanzig Gänse mit Halsbändern angekommen. Einen Augenblick lang verharrten wir reglos und ungläubig. Dann rannten Joe und ich wie der Blitz zum Auto, und ein paar Minuten später jagten wir die Zufahrt zur Farm hinauf.

Und da waren sie: achtundzwanzig schreiende, schnatternde, wunderschöne Gänse und ein wilder Artgenosse. Wo hatten sie sich nur versteckt? Auf welchem Weg waren sie nach Norden geflogen? Wir ließen uns inmitten der Vögel aufs Gras fallen, genossen das Wiedersehen und fütterten sie mit Maiskörnern. Da waren Egghead, Ringneck, Spanky, Spot, Peckerhead, Peppy, Coffee, Sam, O. J., Ogar, Eyes, Roman Nose, Homer, Bugler, Clunkhead und andere. Später an diesem Tag tauchten noch vier weitere Gänse auf, drei wilde und Fleck Neck, die uns auf der Strecke von Sherman's Dale nach Gettysburg verlassen hatte und seit jenem Tag nicht mehr gesehen worden war. Igor war nicht angekommen. Er mußte bei den Niagara-Fällen aus dem Verband ausgeschert sein. Also beschlossen wir, dorthin zu reisen und nach Igor zu suchen. Doch am nächsten Morgen klingelte kurz vor unserer Abfahrt schon wieder das Telefon. Vier weitere Gänse mit Halsbändern waren eingetroffen. Wir rasten hinüber zur Farm, wo wir ein weiteres Wiedersehen feiern konnten.

Auf dem Rasen vor dem alten Farmhaus stand etwas abseits von den anderen die Gans mit der Nummer K738, Igor, und pickte so ganz nebenbei ein paar Maiskörnchen aus dem frisch sprießenden Gras auf – als ob sie nie fort gewesen wäre. Ich glaube, sie hatte einfach schon immer vorgehabt, die Niagara-Fälle zu besichtigen.

EPILOG

»WARUM MACHEN WIR DAS EIGENTLICH?« fragte ich Joe. »Was steckt wirklich dahinter, weshalb riskieren wir Kopf und Kragen? Warum sind wir bereit, einen großen Teil unseres Lebens diesem verrückten Projekt zu widmen? Nur aus Spaß? Oder um der Wissenschaft, des Ruhms und Abenteuers willen? Etwa um die Vögel zu retten? Oder versuchen wir gar, unseren Planeten Erde zu retten?«

Natürlich weiß ich, warum ich mit den Vögeln fliegen wollte. Seitdem der Mensch zum ersten Mal Vögel fliegen sah, bewunderte er deren Fähigkeit, sich frei im Raum bewegen zu können. Man muß sich einmal klarmachen, wie lange Vögel – ohne daß sich ihre Körperform wesentlich geändert hat – schon über den Köpfen der Menschen dahinsegelten, hoch in den Lüften, und uns erdgebundene Kreaturen verhöhnten! In den Millionen von Jahren, in denen wir uns vom Vierbeiner zum aufrecht gehenden *Homo sapiens* entwickelten, bevölkerten Vögel bereits den Himmel und das Land. Viele Jahrtausende lang sehnten sich die Menschen danach, die Welt auf dieselbe Weise zu erforschen und zu erfahren wie Vögel: hoch oben dahingleitend, durch den großen Luftozean tauchend. Erst in diesem Jahrhundert, das in der Zeitrechnung der Evolution nicht einmal eine Sekunde einnimmt, sollte unser Traum vom Fliegen wahr werden. Und erst in den letzten paar Jahrzehnten gelang es uns, mit der Geschwindigkeit von Vögeln zu fliegen. Mit derselben Gewandtheit und Bewegungsfreiheit den Luftraum zu genießen ist für den Menschen nach wie

Die nächtliche Unterkunft der Gänse.

Großartiges Willkommen im Tom Yawkey Wildlife Center in South Carolina.

Foto: Greg Hewson.

Sladen heißt uns als erster willkommen.

vor unmöglich. Joe und ich geben uns also dem uralten Menschheitstraum vom Fliegen hin, dessen Wurzeln tief im kollektiven Bewußtsein unserer Art verankert sind. Daß wir unsere Chancen testen, bedrohten Vogelarten Zugrouten »in Erinnerung zu rufen«, rührt – zumindest zum Teil – daher, daß wir eine starke Sehnsucht nach dem Fliegen haben.

Aber uns treibt noch eine andere Kraft voran, eine Kraft, die dem Schuldgefühl entspringt, welches viele von uns angesichts der Wunden verspüren, die wir Menschen unserem Planeten beigebracht haben. Astronomen behaupten, mit der Fläche eines in Armlänge gegen den Himmel ausgestreckten Daumens würde man etwa 50 000 Galaxien verdecken. Jede dieser Galaxien enthält Milliarden Sterne, von denen viele so groß oder größer als unsere Sonne sind. Viele dieser Sonnen verfügen wahrscheinlich über ein Planetensystem. Folglich muß es im Weltall Milliarden von Planeten geben, auf denen Leben möglich ist. Wenn wir nun mit der nötigen Bescheidenheit unsere Aufmerksamkeit wieder auf die Erde lenken, so müssen wir erkennen, daß wir unseren Planeten nicht genug ehren. Der meiste Ärger – Kriege, Umweltverschmutzung, Umweltkatastrpphen – geht nur von einer einzigen Art aus, der Art, die sich selbst stolz als die intelligenteste Lebensform auf Erden bezeichnet.

Was die Individuen anbelangt, so hege ich bezüglich dieser Behauptung keine Zweifel. Alle Lebewesen trachten danach, ihre Umwelt entsprechend ihren eigenen Bedürfnissen zu verändern und auszubeuten, aber mit Ausnahme des Menschen werden alle Lebewesen von einem vergleichsweise begrenzten und festgefügten Muster instinktgesteuerter Verhaltensweisen gelenkt. Wir Menschen sind dagegen in der Lage, zu wählen und zu verändern, was uns eine bemerkenswerte Überlebensfähigkeit bescherte. Wir laufen jedoch auch Gefahr, Veränderungen einzuleiten, die wir nicht völlig übersehen und verstehen. Noch fehlt uns der Überblick über sämtliche Vorgänge und Zusammenhänge der Natur. Sicherlich sind wir intelligent, aber wir sind nicht allwissend. Allmählich dämmert uns, daß wir durch unser Streben nach Komfort, Sicherheit und Überfluß unser Nest beschmutzt haben. Aus dieser Erkenntnis erwächst Angst und ein Gefühl kollektiver Schuld. Wir möchten Änderungen herbeiführen, Fehler wiedergutmachen. Die Ansichten darüber, wie wir das am besten anstellen sollten, sind zahlreich, und sie weichen stark voneinander ab; bei vielen handelt es sich mehr um reflexartige Reaktionen. Die beiden hervorragenden Eigenschaften des Menschen sind das bewußte Denken und sein Sprachvermögen. Aber wir stehen in der Tradition des Turmbaus zu Babel und neigen zu Streit, statt uns zu klarem Denken und gemeinschaftlichem Handeln durchzuringen. Besorgniserregend ist die Entwicklung, daß es täglich aufs neue zu Konfrontationen kommt: zwischen Waldfällern und Waldschützern, Jägern und Gegnern der Jagd, Stadtplanern und Landschaftsschützern, »grünen« Revolutionären und Weltuntergangspropheten.

Eine der am wenigsten hilfreichen Auffassungen zu unserem Problem vertreten diejenigen, die glauben, man könne sämtliche Probleme dadurch lösen, daß der Mensch die Natur sich selbst überläßt. Tatsächlich sind die Einflüsse der menschlichen Zivilisation beinahe in jedem Winkel und in jeder Ritze dieses Planeten zu spüren. Selbst für den Fall, daß es jemand damit wirklich ernst meint, steht in Zweifel, ob überhaupt noch ursprüngliche Ökosysteme existieren, die man sich selbst überlassen könnte. Ob es uns nun paßt oder nicht, wir sind Teil der Natur und dürfen uns der Verantwortung für sie nicht entziehen. Wir sind weit aufs offene Meer hinausgesegelt und können jetzt nicht einfach das Ruder loslassen. Das bedeutet, daß wir manchmal als Räuber auftreten und unseren Anteil von dem einstreichen, was die Natur bereitstellt, und manchmal agieren wir als Führer und Beschützer, nehmen bedrohte Arten unter Schutz und sichern ihre Habitate. Handeln aber müssen wir, und alles, was wir tun, beeinflußt die Natur im positiven oder negativen Sinne. Dies zu verleugnen ist Unsinn, gefährlicher Unsinn.

In den letzten beiden Jahrzehnten fand ich mich in genau diese Debatte verstrickt. Paula indessen ließ ihre Schaffenskraft in die Herstellung und den Verkauf wundervoller, auf Pelz basierender Stoffe einfließen. Unsere Familie vereint, was viele Leute als entgegengesetzte, unvereinbare Standpunkte bezeichnen würden. Überraschenderweise treffe ich oft Leute, die glauben, ich würde Gänsebraten nicht mögen. Tatsächlich schmeckt mir Gans besser als Huhn. Deshalb gibt es dieses Jahr zu Weihnachten auch einen Gänsebraten, aber es wird sich dabei nicht um die Gans Nummer 47 handeln. Das Schicksal wird eine Mastgans treffen, aber eben doch eine Gans.

Wie ich schon sagte, wuchs ich auf einer Farm auf. Wir Kinder mochten die Kühe gut leiden, aber im Herbst wurden sie geschlachtet und das Fleisch eingefroren. Manchmal waren wir Räuber.

Vor einiger Zeit erhielt ich einen Anruf und wurde um eine Stellungnahme zu dem Problem der Verschmutzung zahlreicher Parks an der Küste Torontos durch den fortlaufend anwachsenden Gänsebestand gebeten.

»Lassen Sie in den Parks Füchse und Kojoten frei«, schlug ich vor. Schockiertes Schweigen am anderen Ende der Leitung. »Oder machen Sie aus den Gänsen Gänsebraten.« Man legte auf.

Ich erzähle dies nicht, um mich über den Anrufer lustig zu machen. Ich möchte nur klarstellen, daß es nicht mein Ziel ist, Gänse zu Kultobjekten zu erheben,

so wie Brigitte Bardot es mit ihren Robbenbabys macht. Ich hoffe, mit meiner Arbeit dazu beizutragen, einige wundervolle Vogelarten wieder in ihren ursprünglichen Habitaten ansiedeln zu können.

In Zusammenarbeit mit Sladen und seinem Biologenteam leisten Joe und ich einen bescheidenen Beitrag zu wissenschaftlichen Erkenntnissen, die möglicherweise unser Verständnis des Phänomens Vogelzug verbessern werden. Wenn dadurch unser Wissen insgesamt erweitert und unsere Vorstellungen vom großen Ganzen klarer werden, könnten wir vielleicht auch die Position des Menschen im Gesamtgefüge der Natur besser verstehen. Wir könnten lernen, mit unserer Umwelt in Harmonie zu leben und das Überleben und Wohlergehen sowohl der Spezies Mensch als auch der Individuen sicherzustellen. Vielleicht ist das der eigentliche Grund, vielleicht ist das unser Antrieb, mit den Gänsen zu fliegen.

Wenn ich mich frage, warum wir soviel erreichen konnten, dann muß ich an all die Leute in der Vergangenheit denken, deren Wissen uns zur Verfügung stand: Die Liste reicht von Otto Lilienthal bis Konrad Lorenz, von Bill Carrick bis Bill Sladen. Auch meine Familie darf ich dabei nicht vergessen und all jene, die sonst noch zu diesem Projekt beigetragen haben. Joe und seine Freunde, die mit uns die Tiefs des Projekts durchgestanden und sich mit uns über die Erfolge gefreut haben.

JENER SEPTEMBERMORGEN, an dem ich zum ersten Mal inmitten einer großen Schar von Enten dahinflog, liegt schon viele Jahre zurück. Inzwischen ist einiges geschehen, und es hat gute und schlechte Zeiten für unser Projekt gegeben. Heute glauben Joe und ich daran, daß wir in der Tat einen wesentlichen Beitrag zur Wiedereinbürgerung und zum Schutz der beiden größten Vogelarten Nordamerikas leisten könnten.

Noch liegen zahlreiche Hürden vor uns. Der Trompeterschwan ist dreimal größer als eine Gans. Außerdem ist sein Verhalten beim Flug etwa dreimal so schwierig vorherzusagen, was das Fliegen mit ihm wesentlich riskanter macht. Zwischen dem Schlüpfen und dem ersten Flug liegt beim Trompeterschwan ein doppelt so langer Zeitraum wie bei der Gans; er geht erst dann auf den Zug, wenn bereits der erste Schnee droht. Will man mit Trompeterschwänen arbeiten, muß man auch eine Menge umweltpolitischer Gesichtspunkte in Betracht ziehen. Zum Beispiel sind einige Leute davon überzeugt, daß der Trompeterschwan nie östlich des Mississippi beheimatet war.

Was Schreikraniche anbelangt, so gibt es andere Probleme: Die Prägung verläuft anders als bei Gänsen, und es soll sogar gefährlich sein, sie auf Menschen zu prägen. Einige Experten sagen, auf Menschen geprägte, erwachsene Kraniche würden diese als Artgenossen ansehen und angreifen, wenn sie in ihr Territorium eindringen.

Es gibt sicherlich noch zahlreiche, bislang unerkannte Probleme. Wir befinden uns erst am Beginn unserer Reise. Aber eines Tages könnten wir uns – wie bei meinem ersten Flug mit den Gänsen – in einer nicht weniger wundersamen Schar von Schreikranichen oder Trompeterschwänen wiederfinden!

DANKSAGUNG

MEIN DANK GILT Scott Young, Allen Herscovici, Owen Neil und Christina Fox, die mir beim Verfassen des Textes geholfen haben. Inspiriert und unterstützt hat mich vor allen anderen meine Familie, und ihr gilt mein tiefster Dank: meiner lieben Frau Paula, meinen Söhnen Aaron und Geordie und meiner Tochter Carmen. Richard Vanheuvelen, der in den vergangenen siebzehn Jahren mit mir zusammengearbeitet hat, kann ich eigentlich auch schon zu meiner Familie zählen. Ohne ihre ausdauernde Unterstützung wären viele Dinge nicht durchführbar gewesen. Was das großartige Abenteuer des Fliegens mit Vögeln und die beiden Reisen nach Süden anbelangt, möchte ich Joseph Duff, William Carrick und Dr. William Sladen für ihren großen Einsatz danken.

Zahlreiche Leute wurden durch das großartige Abenteuer des Vogelzugprojekts inspiriert und machten oft das Unmögliche möglich. Sie alle aufzuführen würde zahlreiche Seiten füllen, aber der Leser wird bei seiner Lektüre ohnehin auf viele der Namen stoßen. Während unserer Flüge nach Süden berührte mich, welche große Hilfsbereitschaft und Gastfreundschaft man uns entgegenbrachte. Die Liste unserer Gastgeber reicht von Dorothy und Frenchy Downey bis zu Jim und Sandy Compton, von Miss Peggy Augustus bis zu Bob und Cornelia Joyner, um nur einige zu nennen.

Auch Bruce Westwood von der Westwood Lord-Agentur, der so tief in das Projekt einstieg, daß er zu einem freiwilligen Gründungsmitglied des Unternehmens Vogelzug wurde, möchte ich an dieser Stelle meinen Dank abstatten. Die meisten Fotografien, vor allem die während des Flugs aufgenommenen, stammen von Joe Duff.